El autoritarismo y la improductividad
en Hispanoamérica

Diseño de tapa: María L. de Chimondeguy / Isabel Rodrigué

JOSÉ IGNACIO GARCÍA HAMILTON

El autoritarismo y la improductividad
en Hispanoamérica

EDITORIAL SUDAMERICANA
BUENOS AIRES

A864   García Hamilton, José Ignacio
GAR   El autoritarismo y la improductividad en Hispanoamérica.- 1ª. ed. - Buenos
       Aires : Sudamericana, 2003.
           256 p. ; 23x16 cm.

       ISBN 950-07-2097-3

       I. Título – 1. Ensayo Argentino

Primera edición en Editorial Sudamericana: diciembre de 1998
Tercera edición y primera en esta colección: noviembre de 2003

IMPRESO EN LA ARGENTINA

Queda hecho el depósito
que previene la ley 11.723.
© 1998, Editorial Sudamericana S.A.®
Humberto Iº 531, Buenos Aires.

www.edsudamericana.com.ar

ISBN 950-07-2097-3

© 1991, José Ignacio García Hamilton

A Graciela Inés Gass,
con quien sobrellevamos muchos avatares
propios de nuestra cultura autoritaria,
tratamos largamente estos temas,
me impulsó a escribir y además,
durante esos años, me daba seis hijos.

PRÓLOGO

por Carlos Alberto Montaner

Este libro forma parte, y de manera notable, del más antiguo e importante debate latinoamericano: ¿Por qué Hispanoamérica es la zona más inestable y pobre de la civilización occidental? ¿Por qué el desempeño económico y social de los latinoamericanos es inferior al de estadounidenses y canadienses, pese a que todas las capitales latinoamericanas y media docena de universidades ya habían sido fundadas cuando Chicago no existía y Nueva York sólo era un caserío barrido por un viento helado? ¿Por qué la Argentina, que en el período comprendido desde la caída de Rosas (1853) hasta la de Yrigoyen (1930) pasó a ser uno de los países más prósperos y desarrollados del planeta, a partir de ese punto comenzó una lenta agonía en la que cada momento de recuperación y esperanza va seguido de una nueva catástrofe?

José Ignacio García Hamilton —profesor en la Universidad de Buenos Aires, periodista, polemista— despliega brillantemente su respuesta en *El autoritarismo y la improductividad*. Vale la pena detenernos en el título porque ya señala la tesis central de la obra: la ausencia de valores y principios democráticos genera un modelo de sociedad que no es el más apto para la creación de riquezas. Unas relaciones personales que no están basadas en la búsqueda de consenso y en la tolerancia no fomentan la crítica ni la corrección de los errores. Unas sociedades que no descansan en la fortaleza del Estado de Derecho, sino en la irracionalidad intrínseca que se expresa en la veneración por los caudillos y los hombres fuertes, inevitablemente son más propensas al fracaso, a los desórdenes periódicos y a las arbitrariedades que conducen a la pobreza.

Naturalmente, García Hamilton busca (y encuentra) en la historia el origen de estas formas de conducta tan frecuentes en América Latina. La conquista y la colonización españolas son el elemento clave. García Hamilton da cien ejemplos bien elegidos, desde las encomiendas de los indios y la esclavitud de los negros hasta el tipo de organización burocrática transmitido por la Metrópoli, pero no lo hace con el ánimo absurdo de "culpar" a España (que sería una forma de culpar a sus propios abuelos), sino con el de entender, acaso porque sólo cuando se llega al fondo de los problemas es que somos capaces de solucionarlos.

García Hamilton sabe que los españoles no podían ni sabían transmitir otras formas de vida que las mismas que ellos tenían en España. Existía, sí, la voluntad de controlar casi totalmente la vida de los habitantes del Nuevo Mundo, lo que dio origen a un tipo de gobierno minuciosamente dirigista, altamente centralizado, generalmente corrupto, que luego se transmitió a las repúblicas, pero no se trataba de un empeño deliberadamente malvado de gobernar despóticamente, sino de la tradición española, o árabe-española y hasta hispanorromana, porque de la misma manera en que la historia latinoamericana se hunde en el pasado español, éste, a su vez, se remonta, cuando menos, a la época en que las legiones romanas impusieron una lengua, un derecho y unas construcciones civiles y religiosas que llegan hasta nuestros días.

De todo este legado cultural, ¿qué aspectos nos hacen más improductivos? Hay dos que García Hamilton destaca: el peso de la Iglesia Católica y el militarismo. Se trata de dos estructuras de poder verticalmente organizadas, ambas dominadas por varones generalmente autoritarios, dispensadoras de privilegios y canonjías. En el catolicismo, además, García Hamilton, de la mano de Max Weber, cree ver elementos contrarios al espíritu del capitalismo. Mientras los pueblos de religión protestante aprecian el triunfo económico legítimo como una forma de cumplir con los designios de Dios, entre los católicos subyace una sorda censura contra la acumulación de riquezas. Los militares, por otra parte, a partir de cierto momento se apoderan de la esencia del patriotismo y se reservan la función de definir lo que conviene o perjudica a la nación. Pero todavía hay algo más grave: en la Argentina, incluso, militarismo y catolicismo acabaron trenzándose en una alianza que dio sus peores frutos durante la dictadura de los años setenta del siglo XX.

El mayor inconveniente de esta hipótesis estaría en el análisis de casos recientes de algunas sociedades católicas y, a ratos, militaristas de nuestra estirpe, que aparentemente han dado el paso a la modernidad. España y Chile son los casos más elocuentes. Sorprendentemente, de la España de Franco, quintaesencia del autoritarismo católico, tras la muerte del Caudillo surgió una democracia capaz de profundizar con ímpetu ciertas reformas liberales ya iniciadas en tiempos del Generalísimo. Algo muy parecido a lo sucedido en Chile: el abandono del viejo modelo populista decretado en tiempos de Pinochet fue luego respetado por los gobiernos de la democracia. Tanto los democristianos como los socialistas comprendieron que el mercado, la descentralización administrativa, la moderación en el gasto público, el estricto control monetario y la liquidación del Estado-empresario eran aciertos económicos de la época de la dictadura en los que había que insistir, dado que en el curso de una generación habían situado a Chile a la cabeza de América Latina.

Otro ejemplo interesante es el de la muy católica Irlanda, hoy calificada como "tigre europeo" por sus altísimos índices de crecimiento —los mayores del Viejo Mundo—, "milagro" también logrado aplicando el recetario liberal con criterios bastante ortodoxos. Hasta hace unos años el país más pobre de Europa Occidental hoy ha superado con creces a España, Grecia y Portugal, y se acerca rápidamente a los niveles de prosperidad de Italia. Se puede, pues, ser católico y ser, al mismo tiempo, eficiente y exitoso.

García Hamilton, claro, no niega que el cambio sea posible. Por el contrario: su libro tiene como finalidad propiciarlo. La Argentina posee algunos de los componentes importantes de la prosperidad. Los más obvios son las riquezas naturales y la existencia de una población saludable y bien educada. Pero las carencias son también notables

11

y se inscriben en ese oscuro mundo de los valores, los principios, la historia, las normas de relación que prevalecen en la sociedad, y la distorsionada información predominante entre un número notable de argentinos.

Hace casi medio siglo el sociólogo norteamericano Edward C. Banfield se dedicó a estudiar con todo cuidado las causas de la pobreza en un pueblo del sur de Italia y escribió *The Moral Basis of a Backward Society*. Éste fue el punto de partida de una nueva escuela moderna de pensadores culturalistas e institucionalistas que rompieron con la entonces vigente tendencia marxista que creía encontrar en la economía y en las relaciones de propiedad las explicaciones básicas del subdesarrollo. El libro de García Hamilton se inscribe en esta tendencia: la de Fukuyama, Huntington y Harrison, la de su compatriota Mariano Grondona, la de los peruanos Hernando de Soto y Enrique Ghersi, la de los Premio Nobel Douglas North y Gary Becker. Hay que celebrar una nueva edición de esta obra, especialmente hoy, cuando la Argentina, producto de los errores de sus gobernantes, y, en definitiva, de la conducta de la sociedad, afronta una terrible crisis que puede desembocar en cualquier pesadilla. Es bueno recordar, de la mano de García Hamilton, que, en cualquier caso, el autoritarismo no es la solución. Por el contrario: seguramente es una de las mayores causas del problema.

Madrid, 2 de mayo de 2002

RECONOCIMIENTOS

Alrededor de 1983, cuando la dictadura militar argentina agonizaba y comenzaba la reconstrucción de la democracia, inicié mis tareas como profesor de Historia del Derecho en la Universidad de Buenos Aires. Con las herramientas de comprensión que proporciona la historia, y aplicando la idea de que la verdadera enseñanza consiste en aprender juntos, comencé una tarea de estudio y diálogo con los alumnos tendiente a esclarecer las causas del autoritarismo hispanoamericano.

En ese camino advertí que la faena servía también para contestar tardíamente un interrogante que nuestro profesor de historia del Colegio del Sagrado Corazón de Tucumán, el sacerdote francés Jean Marie Tapies, nos había planteado en 1957 cuando yo era un adolescente de 14 años que iniciaba el ciclo secundario: por qué los Estados Unidos de América habían obtenido un alto grado de desarrollo, mientras la América Latina se mantenía postergada.

Mi principal reconocimiento, por tanto, va para los maestros que me generaron inquietudes y para mis estudiantes y ayudantes docentes de la Facultad de Derecho de la Universidad de Buenos Aires que me proporcionaron ideas y materiales que utilicé en el presente ensayo, publicado por primera vez en 1990. Rindo un particular homenaje a la memoria de Diego Joffe, el talentoso alumno, cálido auxiliar, creativo artista y entrañable amigo, cuya vida se tronchara prematuramente en 1996.

Al visitar México y profundizar en su apasionante historia, completé la visión del autoritarismo continental con el paralelismo entre los procesos de ese país y la Argentina, acaso paradigmas de una cultura hispanoamericana común, aunque el acentuado predominio indígena mexicano y el matiz europeo de una parte de la población argentina parezcan mostrar tonalidades diferentes.

Raúl Castellano, Ramón Villagra Delgado y Luis González Souza me ayudaron con generosidad en este tramo, pese a no coincidir con algunos de mis enfoques. Claudia Silva Fernández, a su vez, pasó en limpio los originales y Julieta García Hamilton y Regina Laszevicky colaboraron en su corrección.

Nuestros hijos Bernabé, José Ignacio, Julieta, Luis Enrique, Delfina y Manuel, por su parte, sobrellevaron durante su infancia y juventud nuestra pasión por estos temas. Este libro, precisamente, es el resultado de lecturas y experiencias de toda una vida y también un intento de poner afuera el autoritarismo que todos llevamos dentro de nosotros mismos.

INTRODUCCIÓN

Poco antes de 1930, algunos grandes países de América Latina parecían encontrarse en una etapa de completa estabilidad institucional y pleno desarrollo económico. México en el norte y la Argentina en el sur eran las naciones que reflejaban más cabalmente esas características.

Desde que Porfirio Díaz empezara a gobernar México en el último cuarto del siglo XIX, el país había iniciado una significativa expansión económica. Se liberalizó el comercio interno eliminándose el impuesto de alcabalas y el integrado mercado nacional pasó a vincularse con el mundo exterior. La agricultura, la minería y la industria crecieron, y la construcción de caminos, telégrafos y ferrocarriles se aceleró: de 638 kilómetros de vías en 1876 se había pasado a 19.820 en 1910.

En setiembre de 1910, al celebrarse el centenario del grito de Independencia y los 80 años de vida de Porfirio, el país inauguraba importantes obras públicas como la Estación Sismológica y el canal de desagües de la capital, en medio de la admiración de los representantes extranjeros.

La carencia del "Porfiriato", en cambio, había sido política. En 1871 Díaz se había alzado en armas contra el presidente Benito Juárez bajo el lema de "Sufragio efectivo, no reelección", pero cuando en 1876 llegó él a la primera magistratura sintió más que nadie la tentación de retener el poder. Con el solo y breve intervalo de 1880 a 1884 en que gobernó su compadre Manuel González, Porfirio ocupó la presidencia hasta 1911, cuando fue derrocado por una rebelión encabezada por Francisco Madero, líder del Partido Nacional Antirreeleccionista.

Esta vez, sin embargo, no se trataba de un golpe palaciego o de una revolución incruenta o de pequeñas minorías. Se produjo una verdadera Revolución Mexicana que iba a extenderse por diez años y, sacudiendo las estructuras sociales y pretendiendo satisfacer los ancestrales reclamos de indígenas y mestizos por sus tierras usurpadas, iba a culminar con la iniciación de un período de democracia aparentemente consolidada[1]. La reelección presidencial fue eliminada de la Constitución y todo parecía indicar que las tendencias republicanas habían terminado de arraigar en el suelo mexicano. El futuro, tanto en lo económico como en lo político, se presentaba brillante para el país azteca.

Al llegar a la década de 1990, sin embargo, los mexicanos habían caído en una gran sensación de frustración. Aunque no habían tenido golpes de Estado, el periodismo y los sectores opositores comenzaban a denunciar que el continuismo del Partido Revolucionario Institucional (PRI) en el poder se debía a un fuerte sistema de autoritarismo y corrupción y que, por tanto, el régimen democrático no funcionaba plenamente en la nación.

En lo económico, el sentimiento de postergación no era menor y los índices mostraban un alto grado de estancamiento e ineficiencia.

La matanza de estudiantes en la plaza de Tlatelolco en 1968 y la crisis de la deuda externa en 1982 fueron manifestaciones que evidenciaban un serio deterioro y, a la vez, produjeron un tremendo desencanto. En 1990, la revista *Este País* publicó una sorprendente encuesta que afirmaba que la mayoría de los mexicanos no estaba orgulloso de su nacionalidad y preferiría formar parte de un solo país con los Estados Unidos si eso pudiera significar una mejora en su nivel de vida[2]. El primer día de 1994 hizo su aparición en la selva Lacandona, en el estado de Chiapas, un grupo guerrillero denominado Ejército Zapatista de Liberación Nacional, que declaró estar motivado por la miseria y el atraso de los indígenas de la zona, y alcanzó una gran repercusión mundial. Ese mismo año resurgió el fantasma de la cesación de pagos de la deuda estatal, fenómeno que preocupó al mundo financiero internacional y cuya repercusión fue bautizada como "efecto tequila".

Aunque la Argentina no tiene un pasado indígena tan importante ni tan extendido como el mexicano, la evolución de estos períodos nos muestra un notable paralelismo. Los gobiernos "liberales" surgidos después de la Constitución de 1853 promovieron la inmigración y lograron un singular desarrollo económico, pero a fines del siglo XIX era evidente que el fraude electoral reemplazaba en la práctica a la voluntad de las mayorías.

De la propia entraña de estos sectores liberales (como había sido el caso de Francisco Madero en México) surgió un partido "radical" que decidió abstenerse de participar en los comicios hasta que no se respetara totalmente la libertad de sufragio. Este planteo de presión moral fue complementado con algunas insurrecciones cívico-militares, por lo que finalmente el "régimen" se vio obligado a ceder y, en 1912, se dictó la ley Sáenz Peña que estableció el voto secreto, universal y obligatorio, con utilización del padrón militar para eliminar la posibilidad de fraudes.

En 1916 el candidato radical Hipólito Yrigoyen ganaba las elecciones presidenciales en comicios limpios, y eso parecía significar que la nación se lanzaba ya de lleno a una etapa de plena expansión, no solamente económica, sino también política y democrática.

El importante diario *La Nación* de Buenos Aires, en 1925, respondió en forma implícita a las proclamas militaristas del poeta Leopoldo Lugones, diciendo: "No somos un pueblo militar y no se percibe la menor tendencia al militarismo. Hemos aceptado al ejército como una necesidad ineludible y le hemos dado una organización que no le otorga ni un realce particular ni un lugar preponderante. Es un órgano de nuestra soberanía que sirve para fines muy precisos, sin salir de sus límites naturales o de la misión que se le ha asignado"[3].

Y en 1929, un destacado estudioso de la realidad política hispanoamericana, Cecil Jane, escribía: "La Argentina es hoy uno de los Estados más estables y organizados, no sólo de América sino del mundo. Una revolución allí resulta tan inconcebible como en Inglaterra"[4].

Ambas afirmaciones no parecían aventuradas, si tenemos en cuenta que en el país, desde 1862 hasta entonces, la sucesión presidencial se había efectuado, al menos formalmente, según los cánones de la Constitución.

En el aspecto económico, las cifras del crecimiento argentino eran tan impresionantes que el optimismo no era menor: la exportación de cereales, que en 1885 llegaba a 389.000 toneladas, había alcanzado en 1914 la cantidad de 5.294.000[5]. El área sembrada con trigo, que en 1872 era de 72.000 hectáreas, había trepado en 1912 a 6.918.000 hectáreas[6].

Ya en 1889, al inaugurar el pabellón argentino en la Exposición Universal de París, el vicepresidente Carlos Pellegrini informaba con entusiasmo: "Aquí no se habla más que de la República Argentina"[7].

Y al llegar al centenario del primer gobierno patrio, en 1910, un publicista podía expresar, con encendido entusiasmo: "Tomad la historia de la humanidad de todos los tiempos y de todos los pueblos, recorred una por una todas sus páginas, y decid cuál es la agrupación formada por hombres, cuál es la nacionalidad que en un solo siglo de existencia soberana, y con el número de habitantes que cuenta la Argentina, ha podido llegar no sólo a reunir la colosal fortuna, las inmensas riquezas materiales que posee ésta, sino también alcanzar el grado de civilización y cultura que ha alcanzado la patria de los héroes de mayo"[8].

Pero en 1930, un golpe militar derrocó al presidente Yrigoyen (que había iniciado dos años antes su segundo período presidencial) y, hasta 1983, el país tuvo doce presidentes de facto.

Hasta el advenimiento del gobierno democrático, en ese año, sólo dos presidentes constitucionales habían podido terminar sus mandatos: Agustín P. Justo en 1938 y Juan Domingo Perón en 1952. Pero ambos eran generales y, si bien llegaron al poder por elecciones, lo hicieron como culminación de anteriores procesos golpistas y contando con el apoyo de las fuerzas armadas.

En el plano económico, el deterioro no fue menor: después de haber estado a principios de siglo entre los diez países más importantes del universo según varios indicadores, en la década del 80 la Argentina se encontraba corroída por una inflación persistente y profunda, que en algún momento fue la más alta del mundo. Según algunos de aquellos parámetros, la nación había caído por debajo del puesto número ochenta.

¿Qué había pasado? ¿Dónde estaban las causas del estancamiento y de los retrocesos?

Pensando que las causas últimas de la recurrencia autoritaria y del deterioro económico de los países de Hispanoamérica reposan en el terreno cultural, el objetivo de nuestro trabajo ha sido buscar, en la historia de nuestra evolución, la formación de algunos elementos que constituyen la trama ideológica que nutre y posibilita aquellos fenómenos.

Partimos del supuesto de que existe en nuestras sociedades una cultura política autoritaria, entendiendo por tal un conjunto de creencias, sentimientos, ideas, opiniones, esperanzas y actitudes que hacen posible la aceptación de tutelajes y la renuncia al autogobierno, situaciones que a menudo conducen, no solamente a negar los derechos de minorías, sino también a ejercer sobre ellas la crueldad y el genocidio.

Entendemos que también existen en nuestra vida social algunas convicciones y valores que han impedido o retardado el crecimiento económico.

Nuestra intención, entonces, ha sido rastrear en nuestro pasado y en el de los pueblos que nos precedieron la formación de algunas de estas instituciones que hoy integran, como parte importante, nuestra base cultural.

Creemos que muchos de estos rasgos, plasmados particularmente en los siglos coloniales, tienen una profunda persistencia y periódicamente vuelven a manifestarse en nuestra vida social.

Lógicamente, hemos debido llegar a la historia de España y a la propia configuración de la madre patria, para establecer la debida filiación de algunos de estos aspectos.

También hemos creído interesante, al ir estudiando el desarrollo de nuestros rasgos americanos, confrontarlos

19

con la evolución paralela de las colonias inglesas del norte. Los procesos han sido distintos y la comparación sirve, sin duda, a la mejor comprensión del tema que nos ocupa; es decir, cómo se fueron modelando a través de nuestra historia los pilares que hicieron posible esta cultura del autoritarismo y de la improductividad.

NOTAS

[1] Enrique Krauze, *Siglo de caudillos*, Tusquets, México, 1994, págs. 25, 304 y 308.

[2] Carlos Fuentes, *Nuevo tiempo mexicano*, Aguilar, México, 1995, pág. 84.

[3] Diario *La Nación* del 20 de octubre de 1925, citado por Alain Rouquié, *Poder Militar y Sociedad Política Argentina*, Hyspamérica, Buenos Aires, 1988, tomo I, pág. 173.

[4] Cecil Jane, *Liberty and Despotism in Spanish America*, con prefacio de Salvador de Madariaga, Nueva York, 1966, pág. 166 (primera edición: Oxford, 1929); citado por Alain Rouquié, *El Estado militar en América Latina*, Emecé, Buenos Aires, 1984, pág. 12.

[5] *Extracto estadístico de la República Argentina correspondiente al año 1915*, Dirección General de Estadísticas de la Nación, págs. 214 y 215; citado por Carlos Escudé, *La Argentina, ¿paria internacional?*, Editorial de Belgrano, Buenos Aires, 1984, pág. 102.

[6] Ernesto Tornquist, *El desarrollo económico de la República Argentina en los últimos 50 años*, Buenos Aires, 1919, pág. 26, citado por Carlos Escudé, *ob.cit.*, pág. 102.

[7] Carlos Pellegrini, *Discursos y escritos*, Estrada, Buenos Aires, 1959, pág. XCI; citado por Alain Rouquié, *Poder militar...*, tomo I, pág. 31.

[8] Manuel Chueco, *La República Argentina en su primer centenario*, s.e. 1920, tomo I, pág. 531; citado por Alain Rouquié, *Poder militar...*, tomo I, pág. 37.

Capítulo I

LAS ENCOMIENDAS

Al analizar el proceso de la conquista y colonización, es fundamental tratar, en primer término, el sistema de encomiendas, no sólo por su enorme importancia económica, sino porque atañe al principal componente de la sociedad: la base humana de nuestro territorio.

Estudiando dicho régimen, puede advertirse que la mayoría de los autores suele aludir a la finalidad religiosa que tuvo la figura.

Juan B. Terán, por ejemplo, afirma que "fue una institución mediante la cual la Corona de España aspiraba a desempeñar el fin primordial de la conquista: la evangelización de las razas gentiles. Era, pues, una carga que la Corona imponía a los conquistadores y pobladores, como delegados de la tarea que había asumido. Para que la doctrinación pudiera cumplirse, era necesario dar a los encomenderos imperio sobre los indios. Tal fue el origen del sistema"[1].

Es necesario, sin embargo, formular una precisión histórica. Los repartimientos de indígenas nacen, en realidad, durante el tercer viaje de Cristóbal Colón, con la rebelión en la isla La Española (hoy Haití y Santo Domingo) del alcalde Francisco Roldán. El Almirante había acordado con algunos caciques del lugar el pago de un tributo en especie por cada indio comprendido entre los catorce y los sesenta años, pero la institución no funcionaba plenamente por la oposición de los naturales.

Es en ese momento cuando se produce la revuelta contra

Colón de algunos españoles descontentos, acaudillados por el tal Roldán, hombre díscolo y pendenciero, quien olvidó que "había comido del pan del Almirante", como dice una crónica de la época. Los rebeldes se repartieron entre ellos un número determinado de aborígenes aptos para el trabajo personal y luego exigieron a Colón la aceptación de este régimen, en vez de la tributación que éste había acordado[2].

Colón aceptó la imposición y así, de este modo tropical y laico, forzado y violento, surgió la institución que tanto vendría a caracterizar y marcar a nuestro suelo.

Por todo lo que se sabe del carácter de Roldán, muy lejos de su ánimo debe de haber estado la preocupación religiosa. La historia no ha puesto en su boca una frase tan terminante y esclarecedora como la de Francisco Pizarro, "No he venido a evangelizarlos sino a quitarles su oro", pero los testimonios de su rebelión contra el Descubridor lo muestran solamente preocupado por la fortuna y el futuro económico de los españoles. En su conducta están ínsitas la codicia y la anarquía que tanto arraigarían en nuestra América, más que el afán espiritual que luego evidenciaron la Corona y algunos frailes doctrineros.

La reina Isabel no aceptó estos repartimientos de tan espurio origen como naturaleza, y ordenó al gobernador Nicolás de Ovando que pusiera en libertad a los indios, fijándoseles "tributos como vasallos libres", según instrucciones dictadas en 1501. Pero la costumbre había ya penetrado en el suelo americano y en el temperamento y la bolsa de los colonizadores, de modo que funcionó desde entonces sin interrupciones, en forma simultánea con la tributación.

En un documento de la Corona española de 1503 se toleran las encomiendas y, en una carta-poder que el rey Fernando el Católico dirige en 1509 a Don Diego Colón, la institución adquiere relieves jurídicos: se autoriza al hijo del Almirante a hacer nuevo repartimiento de indios, "para que las tales personas a quien así se encomendaren, se sirviesen de ellos en cierta forma y manera"[3].

Hacia 1510, cuando los misioneros dominicos llegan a La Española, toman conciencia de los malos tratos que los encomenderos daban a los aborígenes; y consideran que la institución es contraria a los principios de humanidad y al derecho natural. Así lo denuncia un domingo desde el púlpito Fray Antonio de Montesinos, quien abandona con sus palabras su condición de oscuro párroco, para representar el papel de primer adelantado de la defensa de la dignidad de los indígenas y noble antecesor de Fray Bartolomé de las Casas.

Su sermón es hoy famoso y sus frases todavía retumban en América: "Decid: ¿con qué derecho y con qué justicia tenéis en tan cruel y horrible servidumbre aquestos indios? ¿Con qué autoridad habéis hecho tan detestables guerras a estas gentes que estaban en sus tierras mansas y pacíficas, donde tan infinitas de ellas, con muertes y estragos nunca oídos, habéis consumido? ¿Cómo los tenéis tan opresos y castigados, sin dalles de comer ni curallos en sus enfermedades, que de los excesivos trabajos que les dais incurren y se os mueren, y por mejor decir los matáis, por sacar y adquirir oro cada día? ¿Y con qué cuidado tenéis de quien los doctrine, y conozcan a su Dios y Creador, sean baptizados, oigan misa, guarden las fiestas y domingos? ¿Éstos no son hombres? ¿No tienen ánimas racionales? ¿No sois obligados a amallos como a vosotros mismos? ¿Esto no entendéis, esto no sentís? ¿Cómo estáis en tanta profundidad, de sueño tan letárgico, dormidos?"[4].

Pero en aquel día de fiesta de la isla, las acusaciones de Montesinos no resonaron en las conciencias del gobernador Diego Colón ni de los otros encomenderos, sino que chocaron con sus concepciones del descubrimiento y la conquista.

Escandalizados por la actitud del fraile y contando con el apoyo de algunos religiosos franciscanos a quienes se habían repartido indios, llevaron sus quejas contra Montesinos al prior de su orden, quien respaldó al párroco y dijo que sus palabras representaban la opinión de la congregación.

Al domingo siguiente, entonces, no hubo rectificación sino reafirmación de la condena a los abusos de los encomenderos por parte del dominico, por lo cual los reclamos de ambos grupos se trasladaron a la península. El vehemente Montesinos representaba los derechos de los naturales, mientras que, reproduciendo aquello de la "España de campanario", el franciscano Fray Antonio del Espinal asumía en la Corte la defensa de los intereses de los titulares de encomiendas en las Indias.

El rey Fernando convocó, ante el problema, a Junta de Teólogos y Juristas, quienes despacharon en 1512 las llamadas Leyes de Burgos, completadas al año siguiente en Valladolid: disponían que los indios fuesen libres y que se los instruyera en la fe; que se los podía mandar a trabajar, pero que las labores no deberían impedirles la instrucción de la religión y tendrían que ser provechosas para los indígenas y para el Reino; y ordenaban que por el trabajo debía abonárseles algún salario.

En síntesis, que las encomiendas o repartimientos de indios podían continuar. Y en la práctica, aunque la ley declarara o reconociera su condición de hombres libres, este sistema implicaba ya la servidumbre o esclavitud de los indígenas.

No sólo la servidumbre, como hemos visto, sino también los malos tratos y la crueldad. Es cierto que las mismas Leyes de Burgos establecían minuciosamente las obligaciones de los encomenderos y los derechos de los naturales: debía construírseles casas o bohíos; trabajarían cinco meses y luego tendrían cuarenta días de holganza; debía dárseles en las estancias pan, ajos, ají y, los domingos y fiestas, su olla de carne; y en las minas pan, ají y una libra de carne cada día, o si no pescado o sardinas; debían además tener un jornal anual de un peso oro para comprar vestidos; las mujeres preñadas de más de cuatro meses no debían ir a las minas; los menores de catorce años no debían trabajar.

Pero las normas españolas fueron tan minuciosas como incumplidas. No eran las Leyes de Indias, como los fueros en España, cristalización de costumbres que se venían cumpliendo. Las Reales Cédulas constituyeron aquí expresiones de deseos de la Corona, como con tanto acierto lo han señalado Juan B. Terán y Juan Agustín García, que son dos de los autores que mejor han comprendido la realidad americana de la conquista y colonización[5].

Como esos anhelos regios no se cumplían, comienzan entonces las quejas del legendario Fray Bartolomé de las Casas, quien dedicó cinco décadas de su larga existencia (92 años) a denunciar las crueldades que se hacían con los indios y a luchar por sus derechos.

Contradictor de quienes pensaban que "la pólvora contra

los infieles es incienso para el Señor", fue Las Casas quien condenó "las dos maneras" de opresión de los españoles: "la una por injustas, sangrientas y tiránicas guerras", y la otra por "la más dura, horrible y áspera servidumbre en que jamás hombres ni bestias pudieron ser puestos, después que han muerto todos los que podían anhelar o pensar en libertad".

En relación con las "batallas", Las Casas ha descripto cómo los españoles atravesaban con la espada a las madres y los hijos juntamente, o quemaban vivos a los indios "de trece en trece a honor y reverencia de nuestro Redentor y los doce apóstoles". Y sobre la esclavitud, fue este valiente dominico quien denunció que los aborígenes eran manejados con perros mastines, que pasaron por ello a ser bienes de alto costo, y que hasta los niños de cuatro meses eran marcados con hierros candentes en los rostros para denotar su condición servil.

Tan intensa fue la labor acusadora de Las Casas, que cuando el rey Carlos V supo que en 1523 Hernán Cortés había conquistado en México el imperio de los aztecas, mandó a reunir nuevas juntas de teólogos y funcionarios para reglamentar el trabajo de los naturales ante esta dilatación del territorio de las Indias.

Siguiendo el consejo de las Juntas de Valladolid, el emperador dispuso que en Nueva España (o sea México) no se hiciesen repartimientos de indios, pero cuando la orden llegó a América, ya Cortés había otorgado encomiendas a todos sus subalternos. "Si hemos hecho tantos sacrificios, ha sido para esto", fue también esta vez el razonamiento general de los conquistadores. Por ello, el vencedor de los aztecas y disfrutador de los encantos y compañía de la Malinche, se limitó a alzar sobre su cabeza la Real Cédula, como signo de sumisión a la Corona, y declaró que "se acataba pero no se cumplía" con sus prescripciones, ejercitando esta paradójica institución de "legal desobediencia" que refleja el espíritu y el alma de la colonización hispánica[6].

El trono español volvió a inclinarse ante la realidad del nuevo mundo y las prohibiciones fueron revocadas, pero limitándose a trescientos indios cada encomienda. Continuaron entonces los repartimientos y los malos tratos a los indígenas, a la vez que las ordenanzas reales seguían encareciendo a los hispanos la benevolencia hacia los naturales.

Cuando Francisco Pizarro conquista, en 1532, el reino del Perú, también procede a repartir tierras e indios, con la conformidad real. En 1536, la Corona autoriza la sucesión de las encomiendas por una segunda vida, dado que, hasta ese momento, terminaban con la muerte del primer encomendero.

Pizarro y los conquistadores del reino de los incas no dieron a los naturales mejor tratamiento que el brindado por los hombres de Roldán o de Cortés. El extremeño no sólo desnudó su pensamiento en la frase que hemos transcripto anteriormente, sino que obligó al infatigable padre Las Casas a redoblar su tarea, ya ímproba y tenaz.

En 1539, el dominico volvió a la península, enviado por el Obispo de Guatemala, y propuso al presidente del Consejo de Indias algunas reformas sustanciales en la legislación sobre naturales.

Carlos V convocó a nuevas Juntas de Teólogos y Juristas, las que deliberaron entre 1539 y 1542 y contaron con el nuevo clima que había creado la "Brevísima Relación" de Las Casas y los informes de los visitadores reales en el nuevo mundo.

Como colofón de estas juntas, el emperador dictó en Barcelona, en 1542, las llamadas Leyes Nuevas, que en su parte principal disponían que "ningún virrey o gobernador, Audiencia, descubridor ni persona alguna pudiese encomendar indios por nueva provisión, ni por renunciación, venta u otra forma, sino que muriendo la persona que los tuviese, se incorporasen a la Corona".

La monarquía española tuvo la seria intención de hacer cumplir estas leyes en América. Para ello se creó el Virreinato del Perú, y se envió al primer virrey, Blasco Núñez Vela, con la expresa instrucción de ponerlas en funcionamiento. Al Virreinato de Nueva España, que ya existía, se envió a un vi-sitador, Tello de Sandoval, con el mismo cometido.

Pero la legislación humanitaria "estaba por encima de su siglo" y destruía los fundamentos de la propiedad, pretendiendo convertir en libre, mediante un golpe legislativo, a una nación de esclavos[7].

Como casi no había español a quien no se le quitasen indios, y aquellos sentían que habían "pacificado" a sangre y fuego un mundo nuevo, a costa de sus esfuerzos, para recibir tanta ingratitud, la rebelión se inició en el Perú y fue encabezada por Gonzalo Pizarro, quien entró en Lima y ejecutó al virrey Núñez Vela.

Enterados de la revuelta en Perú, Tello de Sandoval y el virrey de Nueva España, Antonio de Mendoza, suspendieron la puesta en vigencia de las Leyes Nuevas, que también fueron resistidas por los encomenderos y funcionarios de México.

Luego de sangrientos sucesos, Gonzalo Pizarro fue derrotado y condenado a muerte, pero su rebelión había triunfado: las leyes se revocaron y las encomiendas siguieron señoreando América de un confín a otro.

Las labores indígenas se expresaban bajo la forma de mitas, que consistían en un régimen de trabajo por turnos (a veces de cinco meses, otras por cantidad de semanas, lapsos en que se producía el recambio de aborígenes), o de yanaconazgos, que implicaban la situación de los indios "vagos" sin cacique o curaca que los gobernase, quienes eran adscriptos a las posesiones o chacras de los españoles con carácter semifeudal, pues muchas veces se transmitían con la tierra[8].

Con el tiempo, sobrevino la figura del corregidor, un funcionario público que reemplazaba al encomendero privado en su papel, pero que frecuentemente llegó a opacar, por su crueldad y su codicia, el rol que habían desempeñado los titulares de repartimientos.

Para el indígena, las diferencias entre esos regímenes no pasaban de sutilezas jurídicas que no cambiaban su condición real de explotado y maltratado.

Los repartimientos, los tributos y los servicios personales perduraron durante la totalidad del período colonial. En 1718 se decretó la abolición de las encomiendas, pero la institución continuó practicándose durante toda la etapa del dominio español. En 1793, impresionado por la llegada de cuatro mil indios traídos de apartadas regiones, arrancados de sus hogares y sepultados en el cerro de Potosí, como también por los repartos de cien mil aborígenes que no podían volver a sus tierras sin antes haber trabajado la ajena, el fiscal de la Audiencia de Charcas, Victorian de Villava, escribía su "Discurso sobre la mita de Potosí", describiendo la situación de esclavitud de los indígenas y procurando que no se les obligara a trabajar por medio de la violencia.

Al año siguiente, ante una queja de los curas doctrineros por la existencia de una nueva mita de 180 indios, concedida por el gobernador de Potosí, el fiscal redacta un fulminante dictamen contra el funcionario, en el que se pregunta, como si los siglos no hubieran pasado: "¿Hasta cuándo este Jefe abusará de la incansable paciencia de los indios?".

En 1802, en su tesis doctoral "Disertación sobre la condición de los indios en general y en particular sobre los indios mitayos y yanaconas", Mariano Moreno se ocupa también de la denigrante condición en que se encontraban los aborígenes[9].

Los alcances del exterminio se han discutido y muchos críticos han considerado exageradas las cifras proporcionadas por el padre Las Casas, quien habló de 20 millones de muertos, pero también menciona las cantidades de 12 y 15 millones, en aparente contradicción o imprecisión. Lo cierto es que la falta de alimentos por la escasez de cultivos y el desarrollo de nuevas epidemias hicieron, a su vez, lo suyo, de tal suerte que el profesor norteamericano Woodrow Borah ha destacado que las zonas costeras fueron diezmadas en casi tres décadas, produciéndose una mayor resistencia en los territorios altos y más fríos[10] (*).

(*) En relación a la disminución de la población aborigen, Juan B. Terán, notable pensador católico, recurre a un documento redactado por Fray Jerónimo Descobar que proporciona datos sobre la provincia de Popayán en 1582, o sea cuarenta y seis años después de la conquista. Interpreta que la crónica del religioso puede servir de modelo, porque no maneja grandes cifras y se refiere al tema de manera indirecta. "En la ciudad de Pasto —dice el fraile—, de 20.000 indios sólo quedan 8.000, dados en encomienda a 28 vecinos: el total de población española es de 250. En Almaguer, los indios encomendados bajaron de 15.000 a 2.000 en 30 años, repartidos en 14 vecinos. En Popayán, de 12.000 indios sólo

También se ha discutido si la condición de los indígenas entrañaba una situación de esclavitud o de servidumbre feudal, al margen de que el papel les otorgara una dignidad de hombres libres. Acuciado por las necesidades financieras que su lucha en defensa de la "religión verdadera" le provocaba en Europa, Felipe II proyectó alrededor de 1560 conceder las encomiendas a perpetuidad, con jurisdicción y título de nobleza anexos, con lo cual la situación de los encomenderos se habría asemejado mucho a la de los señores feudales.

El monarca encargó al Virrey del Perú, Conde de Nieva, el estudio del asunto, dado que los encomenderos de la zona habían sido los propulsores de la idea. En el plano de la discusión intelectual, se argumentaba que si los indios se concedieran a perpetuidad, sus dueños y sus herederos los cuidarían más y les darían mejor trato, pues tendrían interés en conservarlos sanos. Hasta el momento —se decía— la institución funciona como un usufructo, en el que el beneficiario no encuentra provecho en mejorar la cosa que un día incierto se le escapará de las manos.

Los desposeídos que aspiraban a tener encomiendas, en cambio, veían con malos ojos la iniciativa, pues la perpetuidad crearía una casta cerrada de nobleza feudal a la que ya no podrían entrar. Con el sistema de las dos vidas (las del encomendero y un sucesor), había siempre una movilidad y desplazamiento que les otorgaba la posibilidad de llegar a disfrutar de la mano de obra indígena. El licenciado Mercado de Peñalosa, defensor del proyecto en Lima, usaba este

---

hay, 30 años después, 4.500 dados a 20 vecinos; españoles solamente 100. En Iscanze hay 2.000 indios encomendados a 17 vecinos, la mayoría mulatos y mestizos. En Timana, en cuarenta años, de 20.000 indios sólo hay 700, encomendados a 12 vecinos. En Santiago de Cali, en el único camino de los llanos de Venezuela a Santiago de Chile, que son 1.800 leguas, de 30.000 indios sólo quedan 2.000 encomendados a 19 vecinos. En la montaña, de 8.000 indios sólo quedan 600. Pagan su tributo trayendo tres veces en el año dos arrobas de peso un trecho de 25 leguas. En la provincia de Ancerma había más de 40.000 indios; ahora no más de 800. En la Villa de Arma había, en 1542, 30.000 indios; ahora, dice el cronista, 500 en 9 vecinos. En Antioquía había más de 100.000 indios cuando se descubrió; cuando escribe el cronista sólo 800" (Juan B. Terán, *El nacimiento de la América Española*, Universidad Nacional de Tucumán, Tucumán, 1982, pág. 68).

argumento a favor: "Ahí está Juan esperando que muera Pedro para medrar con su repartimiento. Cuando sepa que no podrá ganarlo, habrá menos codicia y alteración".

La oposición a la iniciativa, defendiendo la libertad de los indios, partió esta vez de muchos religiosos, quienes manifestaron que el gobierno de los infieles pertenecía al Papa. "Si hoy los encomenderos, sin derecho de señorío ni jurisdicción, maltratan a los indios, ¿cómo los tratarán cuando tengan esas atribuciones?", se preguntaban.

Los encomenderos de Lima y el Cuzco habían enviado representantes a España y habían ofrecido una importante suma al Rey a cambio de la perpetuidad. Pero los aborígenes, a través de sus procuradores religiosos, superaron la oferta y, finalmente, Felipe II abandonó su proyecto. En tiempos de Felipe III volvió a hablarse del tema, pero la perpetuidad nunca llegó a sancionarse. No quiso implantarse en América un feudalismo legal que, desde los tiempos de los Reyes Católicos, tendía a suprimirse en la península, donde la tendencia llevaba a la centralización del poder estatal, sin cuerpos intermedios ni privilegios territoriales hereditarios[11] (*).

Al margen de teorizaciones sobre la naturaleza del modo de producción que oprimía al aborigen, nos interesa destacar acá que la encomienda no nació, entonces, con el fin de evangelizar a los naturales. El proceso fue más bien el inverso: los repartimientos fueron iniciados por los españoles en América, con el objetivo de extraer beneficios económicos del trabajo de los indígenas; y muy lejos estuvo del ánimo de Roldán, Cortés o Pizarro la finalidad misericordiosa.

(*) Para Eduardo Rozenzvaig, la encomienda era un "engendro" ni totalmente esclavista ni totalmente feudal. También afirma que "en la región del Río de la Plata se conformó una estructura de tipo feudal-mercantil, mientras que en la gobernación de Tucumán fue feudal-esclavista" (*Historia social de Tucumán y del azúcar. Ayllu, Encomienda, Hacienda*, Universidad de Tucumán, Tucumán, 1987, págs. 50 y 51). Juan Agustín García afirma que el régimen de las encomiendas "importaba la restauración del feudalismo" y sostiene que los textos de las escrituras privadas "prueban con toda evidencia que el encomendero americano se creía un señor feudal". Cita un protocolo otorgado en 1603 por Juan Ortiz de Zárate, Alcalde de Buenos Aires, que menciona "el feudo y encomienda de indios" en que sucedió a su padre (*La ciudad indiana*, Hyspamérica, Buenos Aires, 1986, pág. 33).

La Corona, a posteriori, cuando vio que no podía impedirlos, impuso a los encomenderos, a cambio del disfrute de las labores de los indios, la obligación de cristianizarlos.

NOTAS

[1] Juan B. Terán, *El nacimiento de la América española*, Universidad Nacional de Tucumán, Tucumán, 1982, pág. 62.

[2] Ricardo Levene, "Introducción a la historia del derecho indiano", en *Obras de Ricardo Levene*, publicación de la Academia Nacional de la Historia, Buenos Aires, 1962, tomo III, pág. 67; José María Ots Capdequí, *Manual de historia del derecho español en las Indias*, Facultad de Derecho y Ciencias Sociales, Instituto de Historia del Derecho Argentino, Buenos Aires, 1943, tomo I, pág. 290.

[3] José María Ots Capdequí, *ob.cit.*, tomo I, pág. 289.

[4] Ricardo Levene, *ob.cit.*, tomo III, pág. 156.

[5] Juan B. Terán, *ob.cit.*, págs. 19 y 145; y Juan Agustín García, *La ciudad indiana*, Hyspamérica, Buenos Aires, 1986, págs. 27 y 88.

[6] Ricardo Levene, *ob.cit.*, tomo III, pág. 161; Salvador de Madariaga; *Hernán Cortés*, Sudamericana, Buenos Aires, 1943, pág. 558.

[7] William Prescott, *Historia de la Conquista del Perú*, Madrid, 1853, pág. 186; citado por Ricardo Levene, *ob.cit.*, tomo III, pág. 165.

[8] Ricardo Levene, *ob.cit.*, tomo III, pág. 134.

[9] Ricardo Levene, *ob.cit.*, tomo III, págs. 288, 291 y 306.

[10] Woodrow Borah, conferencias pronunciadas en el Instituto de Investigaciones de Historia del Derecho de Buenos Aires, en mayo de 1987.

[11] Juan B. Terán, *ob.cit.*, pág. 65; R. Levene, *ob.cit.*, tomo III, pág. 167; y J. M. Ots Capdequí, *ob.cit.*, tomo I, pág. 313.

Capítulo II

LA EVANGELIZACIÓN

¿Se cumplió este objetivo de evangelización? ¿Fue la encomienda la institución político-social apta para lograr la finalidad cristianizadora?

"Por los frutos los conoceréis", dice el Evangelio. Observando la realidad general de América Latina, ¿podemos decir que nuestro continente vive en la paz, la tolerancia y la civilización del amor que predica el cristianismo?

Si analizamos los sucesos políticos y sociales de la Argentina en la década de 1970, ¿podemos afirmar que vivimos en la civilización cristiana? ¿Que vivimos simplemente en la civilización?

Los hombres de mi generación en la Argentina, cuando íbamos al colegio y a la universidad entre 1958 y 1966, pensábamos que vivíamos en un país culto. Mirábamos a los países africanos y centroamericanos con cierta superioridad, creyendo que estábamos en un grado más alto de civilización.

Pero luego nos llegó la realidad, a la cual, como es lógico, no fuimos ajenos: la recaída en el fascismo criollo, el totalitarismo, la violencia de los guerrilleros, la represión estatal que convertía en bárbaros a quienes hasta el momento suponíamos representantes del orden jurídico; la crueldad, las matanzas, el genocidio con su amplia cadena de cómplices y colaboradores intelectuales; el miedo, la tortura, los abusos de autoridad. Y como si fuese poco, después la guerra, primero fomentada hacia Chile, luego consumada hacia Inglaterra.

Y en algunos fascistas y muchos guerrilleros con origen de derecha, la declamación de que ellos representaban el "verdadero cristianismo de los pobres". Y en los representantes del terrorismo de Estado, que usaban la tortura como método habitual y hacían desaparecer a miles de conciudadanos y no permitían ninguna disidencia, la afirmación permanente de que ellos representaban la "civilización occidental y cristiana".

En el México de 1958 a 1964, en tiempos del presidente Adolfo López Mateos, también los estudiantes o sectores intelectuales se sentían superiores a los de otros países.

Pero la matanza de Tlatelolco y sucesos posteriores vinieron a evidenciar la común realidad de países que, llamándose cristianos, muestran a individuos y terroristas de Estado matándose unos a otros con crueldad.

¿Fue éste el cristianismo que nos dejaron los encomenderos? Pareciera que sí.

"Los niños aprenden lo que viven", dice una sabia afirmación. Si en la casa se dice la verdad, los hijos serán veraces. Si en el hogar hay tolerancia, ellos serán tolerantes y respetuosos. Si los padres mienten o les mienten, los hijos serán mentirosos.

Los hijos y los educandos no incorporan lo que se les dice, sino lo que ven; no aprenden de las palabras, sino de los ejemplos y las conductas de sus padres y maestros(*).

¿Podían asimilar los indígenas un cristianismo que les hablaba del amor y la igualdad, predicado por conquistadores que eran violentos y crueles? ¿Podían incorporar las ideas de paz y de tolerancia, cuando los españoles ni siquiera eran pacíficos y tolerantes entre ellos?

No fue sólo el padre Las Casas quien denunció las crueldades que cometían los encomenderos con los indios y los martirios que éstos sufrían. Las crónicas de la época y los

---

(*) Hemos visto en muchas casas argentinas o mexicanas atender un chico el teléfono y avisarle al padre que lo llaman. "Dile que no estoy", le indica éste, posiblemente sin darse cuenta de que está contribuyendo a perpetuar una sociedad de mentirosos. Muchas veces, con pequeñas acciones que consideramos inocentes y de poca importancia, difundimos la falsedad y la impostura.

expedientes oficiales están llenos de testimonios. "Se ha visto, contra ordenanzas —dice el licenciado Quiroga en 1528, desde México—, niños de teta de 3 y 4 meses con hierro tan grande que apenas les cabe en los carrillos"[1].

El testimonio del cacique Hatuey, que dejó La Española con su gente escapando de los peninsulares, es uno de los más ilustrativos sobre el particular. Prendido en Cuba, fue condenado a ser quemado vivo en la hoguera. Estaba ya en el palo cuando un religioso franciscano trataba de instruirlo en las cosas de la religión, manifestándole que si quería creer en aquello que él decía, podría ir al cielo, donde había gloria y eterno descanso.

"¿Hay cristianos en el cielo?", preguntó el cacique.

Cuando el religioso le contestó que allí iban los buenos cristianos, exclamó Hatuey:

"No quiero ir donde esté tan cruel gente."

"Ésta es la fama y la honra que nuestra fe ha ganado con los cristianos que han ido a las Indias", concluye Las Casas al narrar el episodio[2].

¿Fue todo negativo en el proceso evangelizador o colonizador? Sin duda que no, y cae en una simpleza quien piensa que en la historia las cosas son solamente blancas o negras.

Se incorporó, por un lado, a los indígenas de América al orbe de los adelantos científicos y tecnológicos de la época. No decimos cultura, por lo delicado de ese término, porque sin duda había culturas indígenas y porque no existen puentes intersubjetivos ni patrones categóricos para medirlas o compararlas.(*)

(*) La mayoría de los antropólogos modernos coincide con este criterio relativista que sostiene que es imposible o carente de sentido comparar las diferentes culturas, ya que ellas deben ser medidas o consideradas según sus propios términos o parámetros. Una excepción la constituye Arthur Hippler, quien propone el siguiente método para analizarlas como un instrumento humano: "Las culturas son mejores o peores según el grado en que apoyen las habilidades innatas del hombre a medida que éstas surjan" (Arthur Hippler, "The Yolngu and Cultural Relativism: A Response to reser", en revista *American Anthropologist 1981*, págs. 393/397; citado por Lawrence E. Harrison, *El subdesarrollo está en la mente*, Rei, Buenos Aires, 1989, pág. 39).

El novelista y antropólogo francés Alain Tournier ha recreado magistralmente la historia de Robinson Crusoe, sugiriendo que los valores de

En lo que respecta a la cristianización, es evidente que a la par de los encomenderos hubo humildes frailes doctrineros que, de muy buena fe y con labor ímproba y abnegada, realizaban su tarea y educaban y defendían, dentro de sus posibilidades, a los indígenas.

Hubo también jerarcas eclesiásticos de buena tarea y la sola existencia de Fray Bartolomé de las Casas, quien en Nueva España fue Obispo de Chiapas y hombre de alguna influencia en la Corte, basta para probarlo.

¿Quién podría olvidar su labor doctrinaria y filosófica convenciendo a las Juntas de Valladolid de que la teoría de la servidumbre natural de Aristóteles y Santo Tomás no tenía ya fundamento? A quienes sostenían que los indios necesitaban tutores, les preguntaba "si en mil años que estas Indias están pobladas, les enviaron de comer los españoles desde allá", "¿les trajimos de Castilla los manjares y los hartamos, o ellos a nosotros nos mataron nuestra hambre?"[3].

Tampoco pueden negarse las buenas intenciones de los reyes. La reina Isabel liberó a los indios que había llevado y vendido Colón, y luego ordenó dejar sin efecto los repartimientos que había logrado imponer Roldán. En su testamento, la soberana pedía a su marido y heredero Fernando que se diese buen trato a "sus" indios.

También Carlos V prohibió a Cortés que hiciera repartimientos y luego se empeñó en poner en ejecución las Leyes Nuevas de 1542, que derogaban las encomiendas en todo el continente.

Pero por encima de los buenos deseos, imperó en América la barbarie y la violencia. Cuando el español llega a nuestro continente, enseguida se "tropicaliza", ha dicho Juan B. Terán, con término muy ilustrativo, que lo confirma como uno de los más profundos y sagaces conocedores de la realidad del siglo XVI.

Viernes (el compañero aborigen del náufrago inglés) eran más aptos para ser feliz en una isla del Pacífico que los del emprendedor y heroico británico. En paradójico y rico final, sin embargo, Viernes huye hacia la "civilización", mientras Robinson se queda transculturizado en el trópico. Ver Alain Tournier, *Vendredi ou la vie sauvage*, Gallimard, París, 1987.

Lo cierto es que en América las pasiones de los españoles liberaron toda su energía, superando las trabas sociales que siglos de convivencia social habían ido creando en Europa.

Quizás el clima, pero también la distancia de los centros de poder y autoridad, la juventud y la falta de mujeres y familia, degradaron a los conquistadores hispánicos, quienes crearon un ambiente de sangre y violencia que no era el más propicio para la evangelización de los indígenas.

Pocos años después de la llegada de Colón, en 1516, catorce religiosos dominicos denunciaban la influencia negativa de los conquistadores sobre el objetivo misional de conversión de los indios. "Una de las mayores persecuciones que nuestra Santa Fe Católica ha tenido desde que nuestro Redentor la fundó —dicen— es la de los conquistadores contra la acción de los frailes misioneros, pues mientras éstos los adoctrinan, aquéllos los matan"[4].

El Virrey Toledo habla ya de "españoles barbarizados" durante su mandato en Lima, pues no otro calificativo merecieron el ansia de rapiña, la crueldad, la codicia y el espíritu de exterminio que se evidenciaron en la época.

Durante su avance sobre México, Hernán Cortés sospechó que unos indios que merodeaban su real vendiendo gallinas y legumbres eran espías de los tlaxcalas y ordenó que se los castigase cortándoles las manos, enviándolos de regreso a su aldea con los puños sangrantes[5].

Posteriormente, ya vencedor de los aztecas, mandó que se diese tormento a los jefes derrotados, Cuauthémoc y su aliado, el Rey de Tacuba, quemándoseles los pies para que revelaran dónde se hallaba oculto el tesoro de Moctezuma[6].

El Oidor Alonso Zuazo, de Santo Domingo, cuenta que él mismo dispuso que se amputasen las orejas a varios indígenas.

Francisco de Mendoza, autodesignado comandante de la primera expedición que en 1543 entró por tierra al Tucumán, viniendo desde el Cuzco, hacía desollar el rostro de los prisioneros indígenas para escarmiento de quienes intentasen oponerse a sus intenciones[7].

El mal ejemplo era doble, puesto que, debido probablemente a este fenómeno de la "tropicalización", los españoles no ejercían solamente la crueldad y la fuerza contra los indios, sino también entre ellos mismos.

Hay más enemistad entre Pizarro y Almagro que la que hay entre moros y cristianos, dice un testimonio de la época, refiriéndose a los conquistadores del reino de los incas. Cuando no luchaban contra los nativos, ponían carteles de desafío a los pobladores procedentes de otras regiones españolas, resucitando las antiguas rivalidades provincianas de la península. En Potosí se vio así luchar a vascos contra extremeños, y a éstos contra castellanos, en lances de a pie o a caballo que habitualmente terminaban con sangre[8].

El odio y la traición abundaban. El tercer gobernador de La Española, Nicolás Ovando, invitó a un agasajo a la reina Anacaona, haciéndola entrar en confianza y disipando sus temores, para luego masacrar a sus indígenas.

La lealtad entre los propios españoles no fue mayor que la mostrada por Ovando frente a la soberana indígena. Cortés conquistó México en desobediencia contra su superior, el gobernador de Cuba Diego Velázquez. Posteriormente le encarga a uno de sus mejores capitanes, Cristóbal de Olid, la conquista de Guatemala, pero éste se pone de acuerdo con Velázquez y se rebela contra su mandante. Una noche, Francisco de las Casas y Gil González Dávila invitan a comer a Olid, y durante la cena lo acuchillan. González Dávila, a su vez, se había levantado contra el gobernador de Panamá, de quien era enviado. Este gobernador panameño, conquistador del Darién, ordenó, por su parte, que se ahorcara a su propio yerno, Núñez de Balboa, y luego presenció la ejecución desde atrás de unas cañas[9].

Humboldt y Juan B. Terán han destacado el contraste que existió entre la Europa caballeresca que se extinguía y la conquista de la América que nacía. No hay duda de que los conquistadores fueron valientes y osados, pero no se vio aquí la nobleza, la lealtad o el sentimiento de protección al débil que caracterizaron a aquélla.

Juan Agustín García, a su vez, afirmó que la sociedad colonial carecía de ideales, y que sus miembros no tuvieron otro propósito que la explotación de tierras, indios y negros.

¿Podía en este ambiente formarse una argamasa social

con acendrados caracteres cristianos? ¿Podía ser profunda y duradera la enseñanza evangelizadora de la paz, el amor y la tolerancia, en medio de tantos tumultos y conmociones, depredaciones y tormentos?

Por añadidura, la violencia no sólo estaba en el clima general que se vivía, sino también a veces en las tareas concretas de conversión religiosa.

La crónica de la conquista de México por Hernán Cortés está plagada de destrucciones de templos de los aztecas, que era una de las cosas que primero hacían los españoles cuando ocupaban un poblado[10].

El Obispo Landa, de Yucatán, confirma en 1560 —ya en tiempos de pacificación— que los religiosos aplicaban severos castigos corporales a los nativos bautizados que recaían en "prácticas paganas"[11].

Se trataba, al parecer, de un funcionamiento doméstico del mismo criterio que el Tribunal de la Inquisición aplicaba en la península a los israelitas conversos que "judaizaban".

La historia contada por el religioso Reginaldo de Lizárraga ilustra con elocuencia el nivel de penetración que alcanzaba en ese siglo la tarea evangelizadora. El provincial de su orden había regresado al Perú desde España y recibió la visita de algunos indios importantes, a quienes antes de su viaje había adoctrinado. Le preguntó a uno de ellos ciertas cosas de la religión y, como éste no las sabía, le dijo:

"¿No te había enseñado yo la doctrina y la conocías bien?

"Sí, Padre, pero como se la enseñé a mi hijo, me la he olvidado"[12].

¡Cuánta sabiduría entraña esta anécdota! Más allá de la agudeza del natural para salir del paso y acaso por encima de su intención expresa, nos enseña que la declamación no sólo suele ser neutra, sino que también encierra la oquedad de contenidos o el canal por el que la sustancia se evade. Aquello que más se pregona resulta ser lo que menos se practica o posee. ¡Dime de qué alardeas y te diré de qué careces!

La profundidad de la tarea evangelizadora se vio también afectada por la gran cantidad de aborígenes a convertir. Los primeros franciscanos llegados a Nueva España bautizaban mil quinientos indios, entre niños y adultos, en un día. Y según Toribio de Motolinia, algunos de estos religiosos bautizaron a más de cien mil indios durante su estada en México, por lo cual, en total, los frailes convirtieron a más de cuatro millones de infieles durante los primeros quince años posteriores a la conquista.

Las cifras que da el Obispo de Nueva España, Juan de Zumárraga, son de algún modo coincidentes, pues afirma que los franciscanos, desde 1524 a 1531, habían bautizado a más de un millón de naturales.

Pedro de Gante habla en 1529 de 14.000 bautizados en un día. No pueden caber dudas de que con labor tan vasta y extendida, la incorporación de los indios al seno de la Santa Madre Iglesia debió haber sido hecha muchas veces sin la adecuada preparación ni el adoctrinamiento suficiente[13].

La falta de familia de los conquistadores también opacó la eficacia del adoctrinamiento. Los españoles venían solos desde la península, acá se relacionaban con indias y solían tener hijos con muchas de ellas. Cortés realizó la conquista de México con 550 hombres, 16 caballos y 9 mujeres blancas. Se amancebó con la Malinche y tuvo hijos con varias indígenas, para luego casarse con Juana de Zúñiga, siendo ya Marqués del Valle de Oaxaca. En Tabasco, los indios obsequiaron a Cortés veinte doncellas como prenda de paz y amistad[14]. En Tlaxcala, los caciques le ofrecieron sus propias hijas, que el conquistador repartió entre sus capitanes.

En 1514, la Corona autorizó los casamientos entre españoles e indias y no fueron pocos los que se celebraron; pero las uniones no tenían la estabilidad ni las características de los matrimonios en la península.

Se tratara del fruto de casamientos con indias o del resultado más frecuente de contactos ocasionales con naturales, la educación de los hijos solía quedar en manos de las mujeres. "Apenas nacido lo entregan a una india o negra sucia, borracha, mentirosa y críase con indiezuelos. ¿Cuál saldrá el muchacho? De las costumbres de los nacidos de españoles e indias, que llamamos mestizos, no hay para qué gastar tiempo en ello", dice el mencionado cronista Fray Reginaldo de Lizárraga, refiriéndose a los hijos de los españoles en el Perú[15].

Las madres indias que educaban a los mestizos estaban relacionadas con el español a través del sexo o el casamiento, mientras que los naturales varones estaban unidos al conquistador por la encomienda. Cuando un español maltrataba a un aborigen, no advertía que acaso estaba humillando al abuelo o al tío de sus hijos mestizos, en una suerte de paradójica venganza de la raza oprimida.

Si las indias mamaban las lecciones cristianas de misericordia y redención que este confuso y cruel ambiente proporcionaba, puede imaginarse cómo las transmitirían a sus hijos, los mestizos, que forman hoy el sustrato poblacional de toda nuestra América.

El hecho de que la religión que llegó a América fuera estatal y obligatoria, conforme a la unificación territorial y religiosa que se había consumado en España en 1492 con la toma de Granada, contribuyó a restar autenticidad a la tarea de evangelización.

El derecho de patronato surge precisamente en las tierras que los Reyes Católicos van incorporando a la cristiandad. Cuando conquistan Granada, Fernando e Isabel le dicen al Papa que, ya que son ellos quienes han integrado ese territorio al orbe cristiano, deben tener el derecho de designar los obispos.

Esto tenía primordial importancia práctica, puesto que los prelados cobraban los diezmos, que eran nada menos que un impuesto del diez por ciento sobre las cosechas, destinado a sufragar el culto. Hasta ese momento, eran los pontífices quienes ungían obispos y, en muchos casos, nombraban a miembros de su círculo privado en Roma, que seguían viviendo en Italia, no conocían ni visitaban su diócesis y ni siquiera hablaban castellano, lo que fastidiaba mucho a los monarcas.

Con el ejercicio del patronato que logran imponer a Roma, los reyes se aseguran de que las rentas de los diez-

43

mos queden dentro de la península. Además, los soberanos se reservan el derecho de conceder el pase a las bulas o breves del Pontífice, de tal modo que las prescripciones de la Santa Sede no entraban en vigencia en España sin la aprobación de la autoridad política.

Cuando Cristóbal Colón descubre América y aun antes de saberse que se trataba de un distinto continente, los monarcas extienden el derecho de patronato a los vastos e ignotos territorios del nuevo mundo, facultad que el papa Julio II reconoció en 1508 mediante la bula *Universalis Ecclesiae*. Ya en 1501, el pontífice Alejandro VI había otorgado a los Reyes Católicos el derecho de "percibir lícita y libremente de los habitantes y naturales" de las Indias los diezmos, con cargo de cubrir las dotes suficientes para las iglesias (*).

La América española nació entonces con una identificación casi total entre el poder político y la autoridad religiosa, mientras que en la península el derecho de patronato se fue consolidando mediante un proceso que duró siglos.

En las Indias hasta el último cura o doctrinero (no solamente los obispos) fue nombrado desde un principio por virreyes o gobernadores, quienes seleccionaban de una terna que proponía la Iglesia; en tanto que para España, los Papas concedieron a los monarcas la facultad de designar obispos en 1523, y de nombrar los 50.000 cargos de sacerdotes, o sea el patronato universal, recién en 1750.

"En las Indias no hay otro Papa que el Rey", decían documentos oficiales, mientras que los soberanos expresaban su satisfacción con el derecho de patronato indiano, afirmando que era "la joya más preciada de la Corona"[16].

Cuando el último rey moro de Granada, Boabdil el Chico, abandonó llorando la Alhambra, en enero de 1492, no advirtió que estaba a punto de dejar en la península y en la América española, que habría de descubrirse meses más

---

(*) Éstos constituyen el origen de las estrechas relaciones que, aun en tiempos posteriores a la independencia de España, han mantenido la Iglesia y el Estado en los países latinoamericanos. Explican también por qué los constituyentes argentinos de 1853, si bien sancionaron mediante el artículo 14 de la Carta Fundamental la libertad de cultos, establecieron en el artículo 2° que el gobierno federal "sostiene" el culto apostólico romano.

tarde, una de las improntas más características de la cultura musulmana: la unificación entre la Iglesia y el Estado, el concepto de la religión obligatoria y estatal.

Así como el Cid Campeador ganaba batallas después de muerto, podemos decir que la supervivencia de esta unificación intransigente fue una impensada e involuntaria victoria póstuma de los árabes, pero haciendo la salvedad de que en el Califato de Córdoba se habían vivido algunos períodos de tolerancia religiosa que no habían tenido los musulmanes en África ni tuvieron los católicos en España o América.

La religión única, forzosa y oficial, que tan larga historia tiene en España y sus colonias (*), atentó contra la profundización de la evangelización en las Indias, pues usualmente lo obligatorio tiende a lo formal, lo imperioso provoca lo exterior, sobre todo cuando se trata de algo tan íntimo y privado como lo es el sentimiento de la divinidad.

Como la religión pasó en las Indias a ser empresa del Estado, cuestión de gabinete, hasta el breve de un Papa para autorizar el establecimiento de criadas en un convento debía ser aprobado por el Rey.

A la vez, dentro de esa particular y estrecha relación, tampoco había campos vedados para la autoridad eclesiástica.

En 1590, la Inquisición de México condenó al gobernador de Nueva León, Luis de Carvajal, por judaizante.

El sínodo diocesano de Santiago de Chile ordenaba en 1658 que no se abrieran las tiendas ni entraran carretas al pueblo los días de fiesta de guardar ni mientras duraran las procesiones. En el Río de la Plata, el Obispo Torres ordenó al gobernador Frías volver a convivir con su esposa, de la que se había separado, bajo pena de excomunión[17].

Hoy la historia parece haber demostrado que la alianza entre religión y gobierno no ha sido beneficiosa para la fe, al menos en el largo plazo.

En las Indias, el calor del Estado atenuó el fervor místico y muchos religiosos no pudieron escapar a las tibiezas de la empresa colonizadora. El papa Pío IV debió prohibirles en

---

(*) En la Argentina, el derecho de patronato se extinguió totalmente recién en 1966.

45

1562 que volvieran a España con riquezas. "Me informan que se ha abierto en los prelados un tan gran abismo de avaricia, que muchos de ellos se apropian de riquezas buscadas allí ocultamente", decía el Pontífice en los fundamentos de su rescripto[18].

Pero las instrucciones de la Santa Sede no bastaron para sustraer a los sacerdotes de la influencia del ambiente en que vivían, ni para alejarlos totalmente de los privilegios que otorga el respaldo del poder político.

Un informe del Virrey de México, Marqués de Montesclaros, a la Corona, en 1607, decía que "la más pesada opresión de los indios es la que sufren de los frailes, así en el trabajo personal como en los tributos e imposiciones. Cada pueblo emplea más indios en servicio del convento que en todos los otros ministerios propios y comunes. Y cuando un religioso va a decir misa a cualquier pueblo, además de la limosna y de lo que come y bebe sin moderación, les obliga a que le den doce reales para herrar su caballo"[19].

Ante el doloroso y siempre traumático paso de este mundo al otro, el deseo de arreglar cuentas con el Altísimo no era en la sociedad indiana solamente un imperativo moral. Un decreto de la Corona ordenaba que "todo fiel cristiano, estando en peligro de muerte, confiese devotamente sus pecados y reciba el Santísimo Sacramento de la Eucaristía, según lo dispone nuestra Santa Madre Iglesia, so pena de la mitad de los bienes del que muriere sin confesión y comunión pudiéndolo hacer, que aplicamos a nuestra cámara; pero si muriese en algún caso en que no pueda comulgar ni confesar, no incurre en pena alguna"[20].

Ante esta obligación legal, que no preocuparía seguramente al ya difunto pero sí a sus herederos, es de suponer los apuros que habrán pasado algunos deudos tratando de demostrar que el causante había cumplido piadosamente con las formas de una "devota" confesión y comunión, para evitar las onerosas multas que no sólo los deshonrarían, sino que los dejarían en la semipobreza.

Este ejemplo puede servir para evidenciar que, como suele suceder en el área económica, la excesiva protección estatal terminó debilitando a la religión. Las leyes la enfriaron y la obligatoriedad y unificación, cuyo objetivo era realzar la fe, terminaron ablandándola y desvirtuándola con su abundancia de fórmulas y rituales.

La violencia general y el desprecio a la vida patentizado en la esclavitud de hecho del sistema de encomiendas, la estrecha unión con un Estado cuyas autoridades fomentaban el odio al extranjero, más los otros factores que hemos analizado, no podían ser los elementos propicios para el arraigo de una religión cristiana que, por esencia, es contraria a estos valores[21].

No puede extrañar, por tanto, que el fenómeno de transformación confesional no haya sido profundo y que muchas veces los nativos se hayan incorporado exteriormente al brillante formalismo de la Iglesia, pero sin abandonar totalmente sus supersticiones o creencias.

Los jesuitas fueron acusados de permitir la conservación de los ídolos indígenas, pero adecuándolos a las figuras de los santos. La práctica del "velorio del angelito", en que se celebra o festeja la muerte de los niños, o la creencia popular en el "familiar" que cuida los bienes del dueño del ingenio azucarero y hace desaparecer a los obreros díscolos, ambas aún en vigencia en las provincias del norte argentino, no parecen tener origen cristiano, según lo han señalado algunos autores(*).

La Virgen de Guadalupe, en México, representa para muchos indígenas a Tonatzin, una de las ancestrales divinidades femeninas.

Los rasgos de "exterioridad" de la religión se han ido atenuando con el paso del tiempo y, si nos atenemos a lo expuesto, no sorprende que el proceso de cristianización haya evolucionado más en Hispanoamérica con la libertad de cultos introducida paulatinamente después de la independencia, que durante los siglos de obligatoriedad.

Pero todavía hoy conserva vigencia la expresión que a

(*) Uno de los más antiguos pobladores de Wenceslao Posse, localidad tucumana en que estaba el desaparecido ingenio azucarero Esperanza, don Serapio Almaraz, narró al autor de este trabajo, en una entrevista periodística publicada en 1971 en *La Gaceta* de Tucumán, que el familiar tenía forma de perro con cabeza de hombre, y que él "lo había visto varias veces".

principios de siglo acuñara el vigoroso pensamiento de Terán, en el sentido de que la conversión al cristianismo no es un hecho consumado durante la conquista, sino un proceso aún inconcluso de formación de una complexión moral colectiva y de una espontaneidad inconsciente, más allá de la adhesión a ritos externos o por encima de un mimetismo vacío[22].

Si ser cristiano es adoptar en el interior profundo de cada hombre los ideales y el comportamiento de la paz y la tolerancia, una comunidad será cristiana solamente si ha logrado incorporar en las conductas colectivas estos modos de ser y actuar, de tal forma que constituyan una expresión natural y fluida de su personalidad.

No interesa el porcentaje de personas bautizadas o el número de habitantes que van a misa para saber si se ha cumplido el objetivo evangelizador. Los guerrilleros argentinos de la década del 70 llamados montoneros decían ser católicos mientras secuestraban a empresarios y asesinaban a policías y militares, en tanto que el dictador general Videla comulgaba en misa con su familia, sin dejar de dirigir la represión ilegal que torturaba y hacía desaparecer a miles de personas[23].

En 1982, en plena guerra de las Malvinas que segaba las vidas de ochocientos jovencitos argentinos y soldados ingleses, el papa Juan Pablo II le daba la comunión en Buenos Aires al presidente argentino de facto general Galtieri, responsable de esa confrontación bélica, ante millones de ciudadanos que seguían la ceremonia en el lugar o por televisión. A la luz de esta paradójica escena que el autor de este libro presenció personalmente, ¿podemos estar seguros de la profundidad y arraigo de nuestros sentimientos cristianos?

NOTAS

[1] Juan B. Terán, *ob.cit.*, pág. 142.

[2] Fray Bartolomé de las Casas, *Brevísima relación de la destrucción de las Indias*, Eudeba, Buenos Aires, 1966, pág. 47.

[3] Fray Bartolomé de las Casas, *ob.cit.*, prólogo de G. Weinberg, pág. 19.

[4] *Colección de documentos inéditos relativos al descubrimiento, conquista y colonización de las posesiones españolas en América y Oceanía, sacados, en su mayor parte, del Real Archivo de Indias*, publicados bajo la dirección de don Joaquín Pacheco, Madrid, 1864-84, tomo 7, pág. 397, citado por Juan B. Terán, *ob.cit.*, págs. 113 y 120.

[5] Salvador de Madariaga, *Hernán Cortés*, Sudamericana, Buenos Aires, 1943, pág. 245.

[6] Salvador de Madariaga, *ob.cit.*, pág. 539.

[7] Teresa Piossek Prebisch, *Los hombres de la entrada. Historia de la expedición de Diego de Rojas, 1543-1546*, edición de la autora, Tucumán, 1986, págs. 177 y 203.

[8] Alberto Mario Salas, *Las armas de la conquista de América*, Plus Ultra, Buenos Aires, 1986, pág. 11.

[9] Juan B. Terán, *ob.cit.*, pág. 79.

[10] Salvador de Madariaga, *ob.cit.*, págs. 205 y 392.

[11] Clarence Haring, *El imperio español en América*, Solar-Hachette, Buenos Aires, 1972, pág. 192.

[12] Juan B. Terán, *ob.cit.*, pág. 112.

[13] Clarence Haring, *ob.cit.*, pág. 192.

[14] Salvador de Madariaga, *ob.cit.*, pág. 163.

[15] Juan B. Terán, *ob.cit.*, pág. 54.

[16] Ismael Sánchez Bella, curso dictado en el Instituto de Investigaciones de Historia del Derecho, Buenos Aires, en septiembre de 1985. Ricardo Zorraquín Becú, *La organización judicial argentina en el período hispánico*, Perrot, Buenos Aires, 1981, págs. 113 y 127.

[17] Juan Agustín García, *ob.cit.*, pág. 178.

[18] *Organización de la Iglesia y órdenes religiosas en el Virreinato del Perú en el siglo XVI. Documentos del Archivo de Indias*, publicación dirigida por Roberto Levillier, Colección de Publicaciones Históricas de la Biblioteca del Congreso Argentino, Madrid, 1919, tomo I, pág. 84, citado por Juan B. Terán, *ob.cit.*, págs. 116 y 121.

[19] *Instrucciones que los virreyes de Nueva España dejaron a sus sucesores*, México, 1876, pág. 251, citado por Clarence Haring, *ob.cit.*, pág. 213.

[20] Ley XXVIII, Libro I, Título I, Recopilación indiana, citada por Juan Agustín García, *ob.cit.*, pág. 177.

[21] Juan B. Terán, *ob.cit.*, pág. 114.

[22] Juan B. Terán, *ob.cit.*, pág. 115. También *La salud de la América española*, Universidad Nacional de Tucumán, Tucumán, pág. 60.

[23] *Nunca más*, Informe de la Comisión Nacional sobre la Desaparición de Personas, Eudeba, Buenos Aires, 1985.

Capítulo III

EL ABSOLUTISMO

La colonización hispánica no habrá completado el proceso cristianizador, pero dejó algunas improntas que, hasta hoy, se hacen sentir en nuestra sociedad.

La primera de estas características es el absolutismo. Con el casamiento de Isabel y Fernando de Aragón, en 1469, España unifica sus reinos y entra de lleno en la etapa del Estado nacional moderno.

Este fenómeno se consolida cuando, en 1492, Fernando realiza la toma de Granada y expulsa a los moros de la península, completando el dominio sobre el territorio y "logrando" la unidad religiosa, puesto que en esa misma época se destierra también a los judíos.

El sistema feudal se basa en el dominio o señorío de algunos nobles sobre una porción de territorio, en el cual no sólo tenían la propiedad sobre la tierra sino también sobre los siervos de la gleba. Éstos debían trabajar la tierra de los señores, que ejercitaban la jurisdicción, cobraban los impuestos y hasta tenían el derecho de pernada, es decir la facultad de tener relaciones sexuales con las hijas de sus siervos que contrajeran matrimonio.

El origen de la nobleza era militar y los nobles tenían la obligación de asistir a los monarcas con sus ejércitos en caso de guerra. Por méritos en batallas se les entregaban tierras; y poseyendo tierras y las facultades feudales, estaban obligados a prestar ayuda militar. Así el sistema se autoperpetuaba, ayudado por la circunstancia de que los reinos españoles estuvieron casi ocho siglos luchando

51

contra los moros y, por lo tanto, se privilegiaba en ellos la tarea guerrera por sobre otras más productivas.

Aun antes de la unificación política, los monarcas venían luchando contra los privilegios de los señores feudales, tratando de disminuir sus prerrogativas y de concentrarlas en la Corona. Así, en Castilla, en 1442, el rey Don Juan II "estatuyó u ordenó por ley, pacto y contrato firme y estable, hecho y firmado entre partes, que todas las ciudades y villas y lugares que el rey tenía y poseía, y las fortalezas y aldeas, y términos y jurisdicciones de su natura, fuesen inalienables y perfectamente imprescriptibles, y permaneciesen y quedasen en la Real Corona de sus Reynos". Esto significaba que dichos bienes no podían ser sometidos a jurisdicción o vasallaje feudal, como los señoríos solariegos o abadengos, sino que quedaban bajo el dominio directo de la Corona[1].

Cuando en 1492 Cristóbal Colón descubre América, Fernando e Isabel se encontraban en plena tarea de labrar los cimientos del absolutismo real, para lo que necesitaban la supremacía incuestionable de la Corona frente a los privilegios feudales.

Los Reyes Católicos habían materializado mediante el matrimonio un lazo dinástico entre sus reinos, pero cada uno de ellos conservaba su personalidad política y administrativa, su derecho, sus cortes y demás instituciones propias. En los asuntos exteriores, sin embargo, en lo relativo a la guerra y a la diplomacia, Castilla y Aragón fueron, desde entonces y por siempre, un solo Estado.

La faena absolutista era mucho más necesaria en Castilla que en Aragón, puesto que aquel reino había estado con frecuencia en manos de menores, y la propia Isabel venía de una ardua lucha de sucesión con su sobrina Juana la Beltraneja, quien era en realidad la verdadera heredera de Enrique el Impotente. La aristocracia castellana había enfrentado constantemente a la Corona y las rentas reales estaban comprometidas. Los clérigos se habían mundanizado y hasta las ciudades, otrora con mucha autonomía, luchaban entre ellas o contra los señores feudales.

En ese estado de cosas y trabajos, el descubrimiento de América otorgó a la soberana de Castilla un escenario ideal para la imposición sin trabas de la autoridad real.

En efecto, en las Indias el poder político podía ejercitarse prácticamente sin oposición, puesto que no había allí cortes, ni nobles, ni restricciones feudales, ni privilegios de ciudades o fueros. Se trataba de un continente virgen, sobre el cual los Reyes Católicos podían practicar su concepción gubernamental sin cortapisas, sin las limitaciones regionales o de clase que las tradiciones imponían en la península[2].

Existían, sí, los naturales, y un par de décadas después se descubrió que en México y Perú tenían un cierto desarrollo cultural. Pero para las concepciones ideológicas de la época, esto no significaba ningún obstáculo al ejercicio de las facultades absolutas, y la cuestión indígena se trató y resolvió con ese mismo criterio, como ya hemos visto.

Incluso cuando los titulares de encomiendas solicitaron a Felipe II que las mismas se otorgaran a perpetuidad, a cambio de una gruesa suma de dinero que el monarca necesitaba para sus guerras de religión en Europa, la decisión fue negativa, porque la comisión que estudió el tema determinó que si se aceptaba la propuesta, los dueños de repartimientos perderían lealtad a la Corona. Se hubiera tratado de un paso de retorno al feudalismo, que ni siquiera la codicia mística de Felipe II pudo dar.

Los monarcas no querían restricciones de ningún tipo y las Indias se manejaron, durante todo el tiempo de la conquista y colonización, con espíritu absolutista. Los soberanos de Castilla fueron dueños y señores de estas tierras; y en pocos casos estas dos palabras se aplicaron con más exactitud, en sentido económico y político.

En las Capitulaciones de Santa Fe, del 17 de abril de 1492, Isabel había concedido a Colón atribuciones que ya entonces se consideraron exorbitantes, entre ellas una típicamente feudal, como era la de impartir justicia en las islas y tierras que descubriera. Pero muy pronto, tanto esta facultad como otras políticas y económicas les fueron desconocidas al Almirante y sus sucesores, por lo que se produjeron los famosos juicios colombinos contra la Corona, que terminaron con una transacción que no restableció estas prerrogativas(*).

_____

(*) Este conflicto se trata con más detenimiento en el capítulo "El incumplimiento de la ley".

Con los sucesivos adelantados también se fueron restringiendo las facultades, que de todos modos se ejercían en nombre del monarca que detentaba la soberanía. También el famoso requerimiento, ideado por el jurista Palacios Rubios para ser leído a los indios antes de hacerles la guerra, enfatizaba y destacaba que los reyes ejercitaban la soberanía, la cual les había sido concedida nada menos que por el representante en la tierra del Dios único, el Sumo Pontífice, a través de la bula *Intercaetera*.

Las Audiencias, los virreyes y los gobernadores ejercieron siempre sus mandatos en nombre y representación de los soberanos españoles, quienes no tenían ninguna restricción en el ejercicio de su poder sobre las Indias. Hubo siempre conflictos de jurisdicción entre los funcionarios y organismos americanos, y también se aplicó frecuentemente el famoso instituto de "Se acata pero no se cumple", pero aun en este caso se trataba de una apelación ante los propios reyes que habían emitido la orden, cuya autoridad última no se discutía.

Los monarcas tenían el poder supremo y lo utilizaron siempre sin cortapisas. Aun los sostenedores de la peregrina teoría según la cual las Indias no fueron colonias, sino reinos del imperio español al igual que los otros reinos peninsulares, no han podido negar que, en América, la autoridad real nunca tuvo restricciones ni límites. Cuando el Consejo de Regencia declara en 1809 que las Indias "forman parte integrante de la monarquía hispánica" y decide que los territorios americanos envíen representantes a Cádiz, está precisamente evidenciando que nunca habíamos estado presentes en las cortes ni tuvimos injerencia alguna en el poder peninsular.

Como ha señalado muy bien Clarence Haring, "el rey gozaba de los derechos, no sólo de soberanía, sino también de propiedad; era el señor absoluto, la única cabeza política de sus dominios americanos. Toda posición y privilegio, ya fueran económicos, políticos o religiosos, dependían de él. Sobre estas bases se llevó a cabo la conquista, la ocupación y gobierno del nuevo mundo" (*) .

(*) Clarence Haring, *ob.cit.*, pág. 17. Es curioso, pero el mismo autor admite que las Indias "no eran colonias, rigurosamente hablando". En

En un informe a la península realizado en el siglo XVI, el virrey de Nueva España, Martín Enríquez de Almanza, señalaba que "acá el Virrey es dueño de todas las cosas que allá están repartidas entre muchos".

Las colonias establecidas en la América del Norte se relacionaban con Gran Bretaña de tres modos diferentes.

En el caso de las colonias de Nueva Inglaterra, el rey otorgaba a un número determinado de peregrinos el derecho de constituirse en sociedad política bajo el patronato de la metrópoli, y les concedía el derecho a gobernarse por sí mismos en todo lo que no se opusiera a las leyes de la madre patria. Varias ciudades, como Plymouth, Providence, New Haven y Rhode Island, fueron fundadas por los emigrantes por sí mismos, sin el permiso ni el conocimiento del monarca, aunque sin negar la supremacía del país de origen. Recién después de 30 o 40 años, el soberano inglés legalizaba su existencia concediéndoles el derecho al autogobierno que, en realidad, ya habían venido ejercitando espontáneamente.

La segunda forma de vinculación se daba cuando la Corona, como ocurrió con los estados de Pennsylvania, Maryland, Carolina del Sur y del Norte, otorgaba a una persona o compañía la propiedad de ciertos territorios americanos. Esta firma o individuo concesionario concentraba entonces todos los poderes civiles y políticos y, bajo supervisión real, vendía y colonizaba las tierras, a la vez que gobernaba a los habitantes con un significativo margen de autonomía.

En el tercer tipo de vinculación, el rey sometía un territorio determinado a un gobernador a su elección, quien administraba y gobernaba la colonia en nombre y representación del monarca, siguiendo sus directas instrucciones. Éste fue el caso del estado de Nueva York y la naturaleza de este sistema era similar a la de la colonización hispánica.

---

realidad, nos está diciendo que eran todavía menos que colonias. (Ver un resumen de este tema en V. Tau Anzoátegui y E. Martiré, *Manual de historia de las instituciones*, Macchi, Buenos Aires, 1975, pág. 45.)

Aunque los vínculos con Inglaterra variaran, en todos los estados se produjo desde el inicio un florecimiento del gobierno municipal independiente.

Como lo señaló Alexis de Tocqueville, "la comuna fue organizada antes que el Estado y sigue siendo principio y vida de la libertad norteamericana. En el seno del municipio (aun antes de la independencia) impera una vida política real, activa, íntegramente democrática y republicana. Las colonias siguen reconociendo todavía la supremacía de la metrópoli; la monarquía es ley del Estado, pero ya la república alienta en el municipio"[3].

En las colonias de Nueva Inglaterra no sólo está el municipio completa y definitivamente constituido en 1650, sino que también las primeras leyes han ido asegurando la intervención del pueblo en los asuntos públicos, el voto universal independientemente del impuesto, la responsabilidad de los funcionarios públicos y el juicio por jurados.

En Connecticut votan todos los ciudadanos desde su fundación; y la totalidad de los funcionarios, incluso el gobernador, son elegidos mediante ese voto universal.

Las colonias al sur del río Hudson fueron aristocráticas, posiblemente por la radicación de grandes propietarios ingleses y el mantenimiento de las leyes británicas de sucesión que establecían el mayorazgo. Pero aunque el voto no fuera universal sino de acuerdo con los censos económicos, el ejercicio de esa restringida democracia municipal fue dejando sus frutos.

En 1624, la asamblea de Virginia resuelve que "el gobernador (nombrado por la compañía colonizadora) no podrá percibir impuestos sobre la colonia ni sobre sus tierras y productos, sino con autorización de la asamblea general, que decidirá su forma de percepción y empleo".

En 1629 los colonos de Maryland rechazan una ley propuesta por Lord Baltimore, fundador del estado por delegación real, y reclaman su derecho a la autolegislación. Poco después establecen un gobierno representativo y atribuyen a la Asamblea colonial todos los poderes que ejerce la Cámara de los Comunes en Inglaterra[4].

Cuando se produce el movimiento emancipador, fue Maryland, cuna de grandes terratenientes, el primer estado en proclamar el sufragio universal y en introducir en su organización política las formas republicanas.

Esto demuestra que, si bien habían tenido mayor desarrollo en el norte que en el sur, los principios de la soberanía del pueblo, del gobierno representativo y las fórmulas de la libertad política estuvieron presentes en todas las colonias desde su nacimiento. Junto al gobernador que representaba al soberano inglés, con una facultad de veto que ordinariamente sólo ejercitaba en cuestiones económicas, coexistió siempre una asamblea popular que expresaba la voluntad política y legislativa de los ciudadanos, aunque se hubiera discrepado sobre los alcances de sus facultades[5].

En nuestra América no existieron estas asambleas, que concretaran el ejercicio efectivo del autogobierno. Los cabildos, que podrían significar nuestra incipiente forma de representación política autónoma, no tuvieron aquel carácter ni intensidad.

Los cabildos habían sido democráticos en los reinos españoles, cuando los monarcas y señores feudales, desde fines del siglo X, otorgaban fueros y cartas pueblas con el objeto de facilitar el reasentamiento en las regiones que iban reconquistando a los moros. Para favorecer el arraigo en esas zonas semibélicas, se concedía a los habitantes el derecho a administrarse y a impartirse justicia por medio de magistrados propios, que eran los miembros de esos ayuntamientos que en Aragón y Navarra se llamaron Cabildos, en Castilla y León Concejos y en Cataluña Consells.

Una vez al año, los vecinos de la ciudad se reunían y elegían a los miembros de esos Cabildos, denominados regidores o sexmeros, y a un Judex o Alcalde (voz que proviene del árabe "Al Kadí", o sea juez, lo que representa una supervivencia cultural de los vencidos), que impartía justicia y era el supremo magistrado local, con atribuciones políticas y militares. El cuerpo electoral estaba integrado por los vecinos, con exclusión de los nobles, el clero, los extranjeros y los simples moradores.

Cabe acotar que los religiosos y la nobleza tenían sus propios fueros y ya estaban representados en las Cortes del reino a través de sus estamentos, por lo que la exclusión evitaba una doble representación.

En esos siglos en que los reinos de la península se encontraban debilitados por las querellas intestinas y la lucha contra los moros, las ciudades con gobierno propio fueron adquiriendo gran autonomía a través de estos burgueses o ciudadanos que administraban sus propios asuntos, colaboraban en las guerras con sus milicias, enviaban sus representantes a las Cortes y disfrutaban de privilegios y libertades, entre ellos la aplicación de su propio derecho.

Pero a medida que el poder político se fue concentrando en manos de los reyes, los sistemas comunales de autogobierno fueron decayendo y los cabildos se fueron aristocratizando.

El monarca castellano Alfonso XI, para quitar poder a las ciudades, dispuso a mediados del siglo XIV que los regidores fueran vitalicios y nombrados directamente por la Corona, aunque sin extender esta medida a todas las urbes. Con esta modalidad las asambleas populares electivas fueron perdiendo importancia y en muchas partes dejaron de reunirse.

Poco después, los soberanos nombraron corregidores para presidir los cabildos y ejercer en la localidad la función jurisdiccional. En 1480, los Reyes Católicos extendieron esta medida a todas las ciudades de ambos reinos, con el ánimo de consolidar el poder centralizado de la Corona.

Desde entonces los Concejos, que ya estaban integrados por regidores elegidos a perpetuidad por la Corona y no por sus habitantes, pasan a ser manejados por un corregidor que representa el poder real y asume las funciones de justicia y gobierno. El absolutismo se ha impuesto, y la frustrada rebelión de los comuneros no pudo devolver a las ciudades la independencia y la soberanía que habían perdido[6].

Ya en el segundo viaje de Cristóbal Colón, en 1493, los Reyes Católicos autorizan al Almirante a designar alcaldes en las "islas y tierras donde él estuviera, para que oigan los pleitos que hubiera", como también regidores para "administración de la gente".

En 1503, cuando la Corona designa gobernador de La

Española a Nicolás de Ovando, se lo faculta también para designar alcaldes y alguaciles[7].

Cabe señalar que no hubo en las Indias, prácticamente, ciudad sin cabildo, puesto que la creación de este concejo era el símbolo de la existencia institucional de la urbe. La ciudad necesitaba no solamente un espacio físico y la presencia de pobladores, sino también un acto jurídico administrativo que la creaba y le daba su cabildo, fijaba atribuciones, designaba regidores y alcaldes y realizaba el trazado de las calles, según la típica escena de fundación que, con el tradicional rollo de justicia, ha sido inmortalizada en tantos grabados de la época[8].

Pero los cabildos que pasan a América no son los concejos democráticos que en otros siglos habían tenido los reinos peninsulares. En La Española, Colón y sus sucesores eligieron a los cabildantes, y lo mismo hizo Hernán Cortés en México, pese a algunas instrucciones reales en el sentido de que, a falta de facultades expresas de los adelantados, "hagan elección de Regidores los vecinos"[9].

En los primeros tiempos, el régimen de elección no fue uniforme, ya que no hubo una legislación precisa ni genérica sobre el tema. A veces el monarca designaba regidores perpetuos y, en general, se producían conflictos de intereses entre pobladores que reclamaban su derecho a elegir y los conquistadores que trataban de imponer sus candidatos. En 1556 la Audiencia de Santo Domingo resolvió la disputa disponiendo que los regidores salientes eligiesen a los entrantes, eliminando tanto la intervención de los gobernadores como la elección vecinal.

Este sistema se fue imponiendo en los dominios hispánicos y, como los primeros regidores eran los allegados a los conquistadores y adelantados, los que sucedían a los anteriores eran, en general, miembros de ese mismo grupo social o sus descendientes, que en alguna medida se consolidaban y perpetuaban como el sector de vecinos de mayor prestigio, hidalguía y fama. Mediante este proceso, el cabildo se transforma en órgano de esos principales, adquiriendo un marcado sello aristocrático[10].

La venta de los cargos capitulares, instrumentada por Felipe II en su afán incesante de conseguir fondos para las guerras religiosas en que se encontraba empeñado en Europa, contribuyó a opacar aun más el papel de los cabildos.

Los oficios se vendían en remate público y al mejor postor, habitualmente en la sede de la Audiencia pero con pregones en el lugar donde iba a ejercerse. El comprador se presentaba posteriormente en el Cabildo con el título adquirido y prestaba juramento.

En 1595 se vendió el cargo de Alguacil Mayor de la ciudad de México, integrante del Cabildo con funciones ejecutivas y policiales, por 80.000 pesos.[11]

El mismo cargo fue comprado en 1645 por 82.205 pesos por José de la Mota y Portugal, mientras Antonio Flores de Valdez adquiría por 70.000 pesos el de Contador de la Santa Cruzada en las Indias.[12]

Aunque las instrucciones reales decían que sólo podían venderse los cargos que no tuvieran jurisdicción, en la práctica también se enajenaron algunas veces los puestos de alcaldes. Y en 1695 el licenciado José de Luna y Arias llegó a comprar por 16.000 pesos el oficio de Oidor de la Audiencia de México, que era el organismo supremo de la justicia en Nueva España.[13]

En Puebla, Veracruz y Mérida, o en ciudades más chicas como Querétaro, Xalapa, Michoacán, Taxco, Tuchimilco o Acapulco, se vendieron con profusión puestos de Depositario General, Alcalde del Estanco de los Cordobanes, Regidores, Escribanos y Alcaldes de Hermandad.

En el Río de la Plata, en 1604 se presentan en Córdoba dos individuos que habían comprado los cargos de Alférez Real y Alguacil, respectivamente. En los años siguientes compran sus oficios muchos regidores.

En Buenos Aires, el primer comprador de cargos fue el Depositario General Bernardo de León, quien se incorpora al cabildo en 1607. Había adquirido su oficio en 2.000 pesos y lo ejerció durante 30 años. Después compran sus puestos varios regidores, hasta completar el número de seis en 1619. Desde entonces, las elecciones que se hacían el primero de enero de cada año sólo tenían por objeto designar a los alcaldes.

Con el tiempo, todos los oficios de los cabildos del Río de la Plata y Tucumán se cubrían mediante ventas, conforme lo había ordenado la Corona, en su afán de obtener fondos.

Pero como el poder efectivo lo tenían los virreyes o gobernadores, los oficios vendibles de los cabildos quedaban muchas veces vacantes por falta de interesados. Ante esto, la primera Audiencia de Buenos Aires dispuso en 1663 que los cargos capitulares se arrendasen por el plazo de un año. En 1675, una Real Cédula disponía igual temperamento para los cabildos de la gobernación de Tucumán.

Estas prácticas fomentaron la corrupción de quienes adquirían o alquilaban los cargos, que pretendían resarcirse de la inversión que habían hecho, lo que aumentaba el desprestigio de los cabildos.

En el siglo XVIII, estos cuerpos languidecían y la Corona resolvió volver a la práctica de que los regidores salientes eligieran cada año a los entrantes, alternando éstos con los propietarios que habían comprado sus oficios[14]. Pero el desprestigio de la institución era ya tal que más de una vez el cabildo y el gobernador debieron obligar a los electos a que aceptaran sus cargos.

En forma paralela al descrédito originado por la venta de oficios, el deterioro de los cabildos se fue acentuando durante toda la época colonial por la sumisión de estos organismos a los gobernadores o virreyes, quienes representaban en América el poder absoluto de la lejana Corona.

En 1609, el gobernador Saavedra nombraba alguacil mayor en el cabildo de Buenos Aires, aunque no tenía tal atribución. En 1619, el mandatario detiene a varios capitulares y lo mismo ocurre en 1634. Poco después, el gobernador Mercado reprende a los regidores porque no asistían a los sermones y fiestas de la iglesia y un procurador del cabildo se quejaba oficialmente: "Los capitulares de dicha ciudad, puerto de Buenos Aires, son vejados por los gobernadores, obligándolos a salir a todas las reseñas y alardes"[15].

En 1792, los regidores de Buenos Aires se quejaban de "los bochornos y públicos desaires" que tanto la Audiencia como el virrey infligían al cuerpo. Entre 1796 y 1800, los virreyes del Río de la Plata, Melo, Olaguer y Avilés, anularon cuatro veces las elecciones del Cabildo de Santiago del Estero y designaron nuevos regidores para reemplazar a los cesantes. Refiriéndose precisamente a los organismos del interior, Mariano Moreno puntualizaba en 1807 que "apenas hay gobernador, comandante o subdelegado que no considere como una gloriosa demostración de su autoridad el menosprecio y abatimiento de los cabildos de aquellos pueblos que gobiernan"[16].

Los cabildos de México, en forma persistente, se quejaban de los desplantes de los gobernadores y los oidores[17]. Y los regidores de los cabildos de Guatemala y Venezuela reclamaban contra la injerencia de los gobernadores en temas de pesas y medidas[18].

En *La ciudad indiana*, uno de los primeros y más certeros análisis de los males que nos vienen de la colonia, Juan Agustín García destacaba que "en el funcionamiento regular de la vida administrativa, el papel político del cabildo es inferior, subordinado; una comisión con facultades limitadas que podía suprimirse en cualquier momento; sin influencias en el pueblo con el que no tenía vinculaciones, sin fuerza material, tan pobre que apenas le alcanzaban las rentas para las necesidades más apremiantes, despreciado y humillado por la única autoridad con el poder efectivo, el gobernador dueño del presidio"[19].

Constantino Bayle, a su vez, señaló que los cabildos expresaban la voluntad de los vecinos, pero los gobernadores (o el Virrey o la Audiencia) llevaban las de ganar, pues manejaban los resortes del poder al tener la representación directa del rey.

Dado que en un principio habían sido los conquistadores, acostumbrados a mandar en la guerra —explica Bayle—, los que habían otorgado poder a los cabildos, era lógico que sus sucesores en el mando trataran de imponerse. El Cabildo —concluye— era "un organismo que de popular tenía bien poco, ni por la calidad de sus componentes, ni por la forma de su elección, ni por la manera de administrar a puerta cerrada la república o intereses de la comunidad"[20].

El paso de la monarquía de los Habsburgo hacia la dinastía de los Borbones no determinó ningún cambio sobre este particular. Por el contrario, imperaron entonces las ideas del despotismo ilustrado, y la doctrina del origen divino de los reyes sustituyó a las ideas pactistas, que suponían que Dios entregaba el poder al pueblo y éste, mediante un pacto, lo cedía al soberano.

Alrededor de 1760, el Cabildo de México se componía de quince regidores propietarios, es decir funcionarios que habían conseguido sus plazas por una combinación de compras y títulos hereditarios y las podían ejercer a perpetuidad.

En esta fecha llegó a México el Visitador General José de Gálvez, quien intentó introducir los cargos de "Regidores Honorarios" tanto en la capital como en las ciudades de Puebla, Guadalajara, Xalapa, etc. Aunque en España a estos nuevos funcionarios los elegían los propios vecinos, en México fueron designados por los mismos cabildantes, de modo que el intento democratizador que venía de la península no llegó a cuajar[21].

Sin oposición efectiva por parte de los indígenas, sin restricciones feudales ni instituciones representativas, la única limitación que hasta entonces habían encontrado los reyes en América eran las sordas trabas de una burocracia muchas veces corrupta que, amparándose en la autoridad que representaba, usufructuaba en beneficio propio tajadas de poder. Precisamente, con el ánimo de eliminar esa competencia que sus propios funcionarios practicaban, a cobijo de la distancia y el clima social en que vivían, los Borbones establecieron el régimen de intendencias y las reformas anexas, para recuperar con el nuevo sistema esa porción de las Indias que se les había ido de las manos[22].

Esto, en la práctica y en la teoría, significó una acentuación de ese absolutismo que siempre caracterizó a nuestra América, dramáticamente hasta hoy.

El único contrapeso efectivo que tuvieron los virreyes o los gobernadores fueron las Audiencias, que eran los máximos tribunales de justicia indianos y podían revisar en ciertos casos las decisiones de los funcionarios políticos.

Se trataba de organismos colegiados, integrados por tres o más oidores y un fiscal, que debían ser letrados y eran designados directamente por el rey.

Las Audiencias representaban, por lo tanto, a la Corona, que pagaba los sueldos de sus integrantes, y cumplían también algunas funciones gubernativas[23]. De modo entonces que, al igual que virreyes y gobernadores, encarnaban en América el absolutismo de los monarcas, a cuyo favor y servicio estaban.

Dentro de este marco de instituciones políticas indianas, ¿de dónde salieron los hombres que protagonizaron la Revolución de Mayo en el Río de la Plata y dirigieron posteriormente el país?

No surgieron del sector de los funcionarios ejecutivos (virreyes o gobernadores), ni de la Audiencia, ni tampoco del Cabildo, en el cual no habían tenido cabida —como hemos visto— ni las tendencias democráticas ni los anhelos populares. De todos los miembros de la Primera Junta de 1810, sólo Cornelio Saavedra había sido regidor en 1798 y alcalde de segundo voto en 1801, pero su participación y designación en el gobierno patrio se debió a su condición de Jefe del Regimiento de Patricios[24].

¿Estas circunstancias no tendrán algo que ver con la famosa y mentada "máscara de Fernando VII" que los patriotas sostuvieron hasta la declaración de la independencia en 1816?

Si no había habido nunca autogobierno sino siempre representantes de un absolutismo lejano que decidía y mandaba, ¿cómo de golpe algunos ciudadanos iban a manifestar que ejercían el poder por sí mismos? ¿Es que el ambiente cultural y político de estas colonias, que habían vegetado en la servidumbre, podía digerir la exótica idea de que algunos individuos pudieran ejercer el mando sin remitirse a alguna autoridad superior?

Desde el punto de vista espiritual e ideológico, se necesitaron seis años de transición tumultuosa para poder desprenderse de la "máscara del amado Fernando" y poder declarar en Tucumán que las Provincias Unidas del Río de la Plata estaban en condiciones de gobernarse a sí mismas, sin la tutela de ningún absolutismo.

Pero, ¿lo estaban efectivamente?

En 1829, las turbulentas alternativas posteriores a la independencia culminaron con la tiranía de Juan Manuel de Rosas, quien gobernó con mano de hierro e intolerancia hasta 1852.

Sobre la base de estos antecedentes absolutistas, Juan Bautista Alberdi, al proyectar en *Las Bases* el perfil institucional de la Argentina, recordaba la famosa frase atribuida a Bolívar, en el sentido de que "los pueblos de la América del Sur necesitan reyes con el nombre de presidentes", y proponía dotar al poder ejecutivo con muchas más facultades y atribuciones que el modelo norteamericano[25].

Ya en el período constitucional posterior a 1853 funcionaron los tres poderes del Estado y se mantuvieron formalmente los mecanismos institucionales, pero no hubo efectiva libertad de sufragio y los gobiernos eran "electores", como se decía eufemísticamente en la época, para señalar que los salientes designaban a los que venían, lo que significaba una nueva forma o variante aristocrática del absolutismo.

Cuando la ley Sáenz Peña purifica y generaliza el voto popular, se elige en 1916 al presidente Hipólito Yrigoyen, que encarna un nuevo "personalismo" partidista, e interviene todas las provincias gobernadas por la oposición, en lo que llamó "la cruzada reparadora de la causa contra el régimen".

Depuesto en 1930 por un golpe militar que inicia el nefasto ciclo de estas prácticas autoritarias, se realiza nuevamente el "fraude patriótico", hasta que en 1946 se consagra en las urnas al general Juan Perón, encarnación tardía y criolla del absolutismo fascista en nuestro continente.

¡Y para qué mencionar el golpe de Estado producido en 1976, que persigue a toda disidencia, tortura a millares de ciudadanos y hace desaparecer a casi nueve mil seres humanos sin siquiera responsabilizarse de tan monstruosa política! ¿Se puede hablar de un absolutismo más sangriento y aberrante, practicado ante la benevolencia, conformidad o indiferencia de la mayoría de la comunidad nacional?

En México, en 1808, el Cabildo declaró que, por ausencia del Rey, tenía el derecho y el deber de tomar la palabra en nombre de la Nueva España, para solicitar la organización de una Junta General del Reino que representara la soberanía política.

Pero sabemos que, en los hechos, fueron dos curas, Hidalgo y Morelos, quienes iniciaron las violentas acciones independentistas.

Hidalgo, no obstante, manifestaba que su lucha era contra los herejes franceses y españoles ("gachupines") y explicó que, en un primer momento, su "intención era la de poner el reino a disposición de don Fernando VII".

Morelos, en cambio, expresó tempranamente que su propósito era que la América fuera libre e independiente de España y lograr un gobierno de criollos. Simultáneamente, sin embargo, puntualizó su deseo de que la religión católica fuera la única, sin tolerancia de ninguna otra. Los sacerdotes insurgentes eran partidarios de la independencia frente a la monarquía absoluta española, pero a la vez intentaban restaurar inmunidades y privilegios religiosos restringidos por los Borbones.

Luego de varios años de lucha entre realistas e insurgentes, en 1821 se firmó el pacto de Iguala: se establecía la absoluta independencia de España, pero se adoptaba la monarquía constitucional como forma de gobierno y se ofrecía la Corona a Fernando VII. En caso de que éste no aceptara, se mencionaba a otros miembros de la dinastía borbónica y, eventualmente, sería emperador "el que las cortes del imperio designaren".

Ante el rechazo de Fernando VII, el congreso mexicano resolvió elegir como emperador a Agustín de Iturbide, quien había sido el jefe del ejército realista. Exaltado ahora como hombre providencial, se había convertido en el "padre de la patria", "varón de Dios", "columna de la iglesia", la persona que había podido "destrozar la melena del León Hispano" y fue coronado con dignidad y pompa imperial, bajo el nombre de Agustín I.

Alguien pudo comentar, posteriormente, que así como la conquista de México la habían efectuado en 1521 los indígenas (los tlaxcaltecas y otros aborígenes que apoyaron a Hernán Cortés contra los aztecas), la independencia la habían realizado en 1821 los mismos españoles americanos, quienes habrían buscado el caudillaje de Iturbide para amortiguar las ideas liberales que venían desde las Cortes de Cádiz.

Uno de los militares que se insubordinó contra Iturbide (y provocó su derrocamiento y muerte) fue el criollo Antonio López de Santa Anna, un hombre temerario, jugador, dinámico, que actuaba sin reflexión y sin principios fijos, oscilando de un extremo a otro.

Proclamada en 1824 una república federal, Santa Anna dominó durante décadas la política mexicana y ocupó once veces la presidencia, gracias a su audacia y sus golpes de fortuna.

En 1836 los colonos angloamericanos de Texas rechazaron una nueva Constitución centralista y resolvieron separarse del país: Santa Anna marchó a disuadirlos por la fuerza con un ejército, pero después de una imprudente "siesta" que se empeñó en dormir con su estado mayor, fue vencido en San Jacinto por las tropas norteamericanas al mando de Sam Houston. "Nunca pensé que un momento de descanso nos fuese tan funesto", reflexionó.

México perdió Texas y Santa Anna el respeto de sus conciudadanos, pero al poco tiempo la invasión de una escuadra francesa al puerto de Veracruz le dio la oportunidad de reivindicarse. Luchando con valor rechazó a los franceses: perdió su pierna izquierda pero recuperó el amor de su pueblo. "Bastaba una actitud heroica, un requiebro romántico de Santa Anna —escribió Justo Sierra— y la nación entera estaba ya a los pies de aquel Don Juan del pronunciamiento, del *Te Deum* y del préstamo forzoso, ese gran seductor para quien la república era como una querida".

Vanidoso, astuto, histriónico, decía estar siempre dispuesto a hacer cualquier cosa "por la felicidad de la nación". Volvió una vez más victorioso a la presidencia e inauguraba obras públicas que llevaban su nombre.

Hizo exhumar en su estancia la pierna que le había sido amputada por la metralla y, con gran pompa, la hizo llevar a la capital para ser enterrada con los honores debidos a la extremidad de un primer mandatario. Ministros, militares, delegaciones de escuelas y cadetes del Colegio Militar asistieron a la pomposa ceremonia. Ante el lujoso cenotafio, los oradores citaron a los vencedores clásicos de Maratón y de Platea, sencillas batallas al lado de las ganadas por el general mexicano que anticipaba su pierna a la inmortalidad.

Licencioso, aficionado a las riñas de gallos y a las mujeres fáciles, los poetas populares lo pintaban así:

Es Santa sin ser mujer,
es rey sin cetro real,
es hombre mas no cabal,
y sultán al parecer.
Que vive, debemos creer:
parte en el sepulcro está
y parte dándonos guerra.
¿Será esto de la tierra
o qué demonios será?

Después de una nueva guerra con los Estados Unidos, al cabo de la cual México perdió California, Nueva México y reconoció la pérdida de Texas, Santa Anna se exilió en Colombia. Pero a los pocos años volvió al poder y cometió nuevos excesos: se proclamó dictador perpetuo y vitalicio bajo el título de Alteza Serenísima y establecía extravagantes impuestos a los propietarios de perros y a los que tuvieran viviendas con ventanas.

Él mismo explicaba su papel como una especie de necesidad ante el derrumbe del orden colonial y la falta de posibilidades de un sistema republicano: "Aposté por la libertad con gran ardor, pero muy pronto advertí mi insensatez. De aquí a cien años, el pueblo mexicano no estará capacitado para la libertad. Dada la influencia de la Iglesia Católica, el despotismo es el único gobierno aconsejable".

A la caída definitiva de Santa Anna, los liberales como Melchor Ocampo, Benito Juárez y Santos Degollado encaminaron al país por la difícil senda del republicanismo. Pero las conmociones de la guerra de Reforma acentuaron en algunos conservadores la idea de restablecer una monarquía europea: cuando el presidente Benito Juárez decretó la moratoria de pagos de la deuda externa, encontraron una oportunidad. Tropas francesas invadieron México y propiciaron la instauración de Maximiliano de Habsburgo y su esposa Carlota como emperadores, aventura que concluyó trágicamente con el fusilamiento en Querétaro del archiduque austríaco.

Poco tiempo después de la muerte de Benito Juárez, asumió la presidencia Porfirio Díaz. Aunque Porfirio se había levantado en armas contra Juárez reclamando "sufragio efectivo, no reelección", cuando llegó al poder se quedó más de treinta años, encabezando un régimen patriarcal de "poca política, mucha administración". Las elecciones eran simulacros y el Congreso vivió bajo una especie de receso o letargo. "Los mexicanos —decía el hombre fuerte— quieren ser empleados públicos y tener muchas licencias con goce de sueldo; tienen miedo a la miseria, pero no a la opresión".

A los intelectuales, a quienes despreciaba por teóricos, los integraba al régimen con cargos públicos o prebendas. "Ese gallo quiere mais (maíz)", decía despectivamente al referirse a ellos.

Su madre era mixteca, pero no tenía buena opinión del nivel cultural de los indígenas: "Forman más de la mitad de nuestro pueblo —sostenía— pero se interesan poco en política. Están acostumbrados a mirar a los que ocupan alguna autoridad como jefes, en vez de pensar por sí mismos".

Ejerció un paternalismo integral y tenía una cierta "anestesia de los afectos", que se quebraba en frecuentes accesos de llanto. "Porfirio mata llorando... —comentó Benito Juárez—. Llorando, llorando, es capaz de matarnos si nos descuidamos"[26].

El resto de los países hispanoamericanos no ha mostrado un cuadro demasiado diferente luego de la independencia de la madre patria.

Desde Gaspar Rodríguez de Francia en el Paraguay, Gabriel García Moreno en Ecuador, o Juan Vicente Gómez, que arrancó el poder a su compadre Cipriano Castro en Venezuela, hasta el derrocamiento del general Alfredo Stroessner en 1989 por su consuegro el general Andrés Rodríguez, pasando por la trágica dinastía de los Somoza o el intento de perpetuación de Trujillo, quien bautizaba la capital dominicana con su apellido, el continente ha navegado por las degradantes aguas del personalismo.

El derrocamiento en 1959 del sargento cubano Fulgencio Batista por parte de Fidel Castro, luego de una legendaria lucha iniciada en la Sierra Maestra dos años antes, parecía iniciar el opacamiento de la era de los dictadores de derecha.

Pero Fidel se sintió cómodo en su rol de caudillo caribeño y prolongó por décadas su liderazgo al frente del poder de la nación, hasta superar en tiempo de permanencia al mitológico mexicano Porfirio Díaz.

Y los personajes literarios de *El recurso del método* de Alejo Carpentier y *El otoño del patriarca* de Gabriel García Márquez han resultado opacados por la realidad de nuestro suelo. Es que si bien estos ricos novelistas pudieron imaginar que se utilizara los campos de fútbol como cárceles (como luego lo hizo en Chile Pinochet)[27], o la quema de libros de matemáticas por considerarlos subversivos (como en la Argentina del llamado "Proceso de Reorganización Nacional")[28], ninguno llegó a describir a un dictador tan sincero y absoluto como el pintoresco boliviano Mariano Melgarejo, quien, cuando le preguntaban por su programa de gobierno, contestaba con socarrona fruición: "Dejadme gozar"[29].

NOTAS

[1] Ricardo Zorraquín Becú, *La organización política argentina en el período hispánico*, Perrot, Buenos Aires, 1981, pág. 16.

[2] Clarence Haring, *ob.cit.*, pág. 14 y siguientes.

[3] Alexis de Tocqueville, *La democracia en América*, Sarpe, Buenos Aires, 1984, tomo I, págs. 57 y 58.

[4] Bancroft, *Historia de los Estados Unidos*, citado por Juan Agustín García, *ob.cit.*, pág. 113.

[5] Alexis de Tocqueville, *ob.cit.*, tomo I, págs. 72 y 407. Dan Lacy, *El significado de la Revolución Norteamericana*, Troquel, Buenos Aires, 1969, págs. 49 a 57.

[6] Antonio Sacristán y Martínez, *Municipalidades de Castilla y León. Estudio histórico y crítico*, Madrid, 1877, pág. 184 y siguientes. Luis de Vadeavellano, *Historia de España, de los orígenes a la Baja Edad Media*, Madrid, 1952, págs. 945 a 955, citados por R. Zorraquín Becú, *La organización política...*, págs. 311 y 312.

[7] "Colección de documentos inéditos relativos al descubrimiento, conquista y organización de las antiguas posesiones españolas de América y Oceanía", Madrid, 1864-1884, tomo XXX, págs. 153 y 512, citados por Zorraquín Becú, *La organización política...*, pág. 313.

[8] R. Zorraquín Becú, *ob.cit.*, pág. 310.

[9] R. Zorraquín Becú, *ob.cit.*, pág. 313.

[10] Mario Góngora, *El Estado en el derecho indiano*, Santiago de Chile, 1951, pág. 75, citado por R. Zorraquín Becú, *ob.cit.*, pág. 314. Hubo también instrucciones reales en que se daba preferencia para oficios y mercedes a los descendientes de los colonizadores (E. Martiré y V. Tau Anzoátegui, *ob.cit.*, pág. 47).

[11] Francisco Tomás y Valiente, "Ventas y renuncias de oficios públicos", en *Revista de la Facultad de Derecho de México*, Tomo XXVI, Nº 101-102, Universidad Nacional Autónoma de México, México, 1977, pág. 733.

[12] Francisco Tomás y Valiente, *ob.cit.* pág. 748.

[13] Francisco Tomás y Valiente, *ob.cit.* pág. 733.

[14] R. Zorraquín Becú, *ob.cit.*, págs. 326 a 337

[15] Juan A. García, *ob.cit.*, pág. 92 a 100.

[16] R. Zorraquín Becú, *ob.cit.*, págs. 358 y 359.

[17] Constantino Bayle, *Los cabildos seculares en la América española*, Sapientia, Madrid, 1952, págs. 622 y 623.

[18] Constantino Bayle, *ob.cit.* pág. 500.

[19] Juan A. García, *ob.cit.*, pág. 108.

[20] Constantino Bayle, *ob.cit.* págs. 622 y 641.

[21] Jochen Meissner, "La introducción de los regidores honorarios en el Cabildo", XI Congreso del Instituto Internacional de Historia del Derecho Indiano, Instituto de Investigaciones de Historia del Derecho, Buenos Aires, 1997, págs. 265 y 266.

[22] Tulio Halperin Donghi, *Historia contemporánea de América Latina*, Alianza, Madrid, 1970, págs. 53 a 56.

[23] R. Zorraquín Becú, *La organización judicial argentina...*, págs. 143 y siguientes.

[24] R. Zorraquín Becú, *La organización política...*, pág. 362.

[25] Juan Bautista Alberdi, "Bases", en *El pensamiento político hispano-americano*, Depalma, Buenos Aires, 1964, pág. 29.

[26] Enrique Krauze, *ob.cit.*, págs. 61, 88, 134, 139, 141, 143 y 307.

[27] Alejo Carpentier, *El recurso del método*, Siglo XXI, México, 1976, pág. 208.

[28] Alejo Carpentier, *ob.cit.*; y Marcos Aguinis, *Un país de novela*, Planeta, Buenos Aires, 1988, pág. 170.

[29] Alain Rouquié, *El Estado militar en América Latina*, Emecé, Buenos Aires, 1984, pág. 72.

Capítulo IV

EL ESTATISMO

Enlazado con el absolutismo y, en alguna medida, como una consecuencia de él, la conquista nos dejó también el estatismo, es decir, la injerencia extrema y permanente del fisco en todos los ámbitos de la vida cívica.

Si el absolutismo que florecía en España al tiempo del descubrimiento de América era uno de los elementos que consolidaba la unidad de los reinos y la creación del Estado nacional "moderno", el estatismo fue el instrumento mediante el cual la metrópoli subordinaba los recursos y las producciones de las colonias americanas a las necesidades económicas de la península.

Ni aun los sostenedores de la tesis según la cual las Indias no fueron colonias de España sino reinos como los otros de la península (Navarra, Aragón, Granada, etc.) han podido dejar de ver que la regulación económica de los territorios americanos se hizo en función de los intereses centrales y no en búsqueda directa del bienestar de estas regiones. Pues bien, la permanente intervención del fisco en todas las áreas, usualmente con prohibiciones y limitaciones, fue el medio para lograr aquellos fines.

Antes de analizar cómo el Estado español intervenía activamente en todos los ámbitos de la vida económica colonial, es preciso puntualizar que esta penetración fiscal se expresaba en un aspecto anterior y todavía más básico que el financiero: nadie podía conquistar ni colonizar sin permiso expreso y previo de la Corona.

Hemos visto que algunas colonias inglesas que se establecieron en América (como las primeras de Nueva Inglaterra) estaban integradas por ciudadanos británicos que partían espontáneamente, sin ninguna autorización ni comisión gubernamental, con el ánimo de vivir en una sociedad tolerante. Inclusive podemos afirmar que más bien partían para estar lejos de la tutela de un Estado que los asfixiaba y por ello forjaron una sociedad en la cual, aún hoy, la intervención gubernamental está reducida a lo indispensable.

En el caso de España se dio lo inverso: Cristóbal Colón inició su viaje luego de haber luchado ocho años para conseguir el patrocinio y el apoyo de los Reyes Católicos, que se plasmó en las famosas capitulaciones firmadas en abril de 1492. Fue, por tanto, un emisario y representante del fisco, con los títulos condicionales de Almirante, Virrey y Gobernador de las islas y tierras que descubriera.

La misma condición jurídica tuvieron los adelantados, aunque Ots Capdequí ha señalado que después de Colón las expediciones fueron soportadas económicamente por los conquistadores y no por el tesoro del Estado. Pero si bien el riesgo empresarial puede haber sido asumido por los adelantados, no quedan dudas de que se podía conquistar y colonizar solamente mediante permiso fiscal.

Una de las pocas excepciones a esta regla puede haber sido el caso de Hernán Cortés, quien partió hacia México desacatando instrucciones del gobernador de Cuba, Diego Velázquez.

Mas la existencia del principio era tan firme que, al llegar la expedición al continente, resolvió fundar la ciudad de Veracruz y designar su cabildo, cuyos integrantes nombraron a Cortés Gobernador y Capitán General "hasta tanto Su Majestad proveyera lo conveniente", conforme lo manifestarían al monarca los procuradores que se le enviaron al efecto. Cortés conquistó con cruentas luchas el imperio de los aztecas, pero fue sólo en octubre de 1522, cuando Carlos V supo de sus triunfos y lo confirmó en su función de Gobernador y Capitán General de Nueva España, cuando dejó de sentirse un forajido para considerarse el legítimo representante de un Estado insoslayable, aunque pudieran no cumplirse muchas de sus instrucciones[1].

74

La primera expresión del Estado benefactor colonial fue, seguramente, la concesión de encomiendas, facultad que siempre se reservó la Corona. La mano de obra barata, es decir el trabajo de los indios encomendados, inicialmente en las minas y después en la agricultura, fue la principal fuente de riquezas. Y como a los indios los repartían el rey y sus funcionarios, quien quería ser rico debía estar en buenos términos con el monarca y sus delegados.

La tenencia de indígenas para el trabajo fue en la América hispana como la tierra pública en la Roma imperial, el carbón en la Inglaterra del siglo XIX o el petróleo y la tecnología cibernética en la actualidad: quienes los poseen son ricos y poderosos, los que carecen de ellos son pobres y débiles.

La aspiración de todo español en las Indias era llegar a tener indios encomendados. Lo dice bien a las claras una carta a la Corona del Virrey del Perú, Don Luis de Velazco, en 1597: los peninsulares "no vienen acá a trabajar, sino a servirse de los indios y sus hacendillas"[2].

El excepcional tratamiento que se dio a las contiendas judiciales sobre encomiendas revela la vital importancia económica que esta institución tuvo en la colonia: los pleitos sobre repartimientos con una renta inferior a mil ducados iban a las Audiencias en primera instancia, como "casos de corte"; y los que versaban sobre encomiendas con rentas superiores a esa suma se dirimían directamente en la península, ante el Consejo de Indias[3].

La Corona había dispuesto que ninguna encomienda tuviese más de trescientos indígenas, como una forma de repartir mejor estos beneficios y asegurar que la labor protectora y evangelizadora del encomendero fuera eficaz.

Pero el ingenio indiano se las arregló para seguir la tendencia general a la concentración de la riqueza y la prescripción no se cumplió. Se utilizaba el recurso de anotar encomiendas a nombre de parientes y allegados que, en algunos casos, ni siquiera habían viajado desde España a América.

Tal fue el caso ya mencionado de Rodrigo de Contreras, quien llegó a tener la friolera de 30.000 indígenas, casi la tercera parte de la totalidad de aborígenes que había en la zona de Nicaragua. Fue sin duda un digno antecesor de los dictadores Somoza de este siglo, que controlaban la mayoría de las empresas de ese castigado país: azúcar, construcción, prensa, tierras, etc.

Si se tiene en cuenta que pocas empresas de hoy en día alcanzan a tener una planta de personal de 30.000 obreros, podrá apreciarse la dimensión de los favores que podía conceder un Estado capaz de otorgar o negar este colosal beneficio de la mano de obra gratuita de los naturales.

Ya hemos visto que a pesar de un estimable —ya que no desinteresado— ofrecimiento económico de los encomenderos peruanos, Felipe II se negó a conceder los indios a perpetuidad, reivindicando la facultad del fisco de volver a encomendarlos cuando por alguna razón el repartimiento se extinguía.

Además, los monarcas españoles reglamentaron minuciosamente el régimen de encomiendas, manifestando una permanente actitud intervencionista sobre el particular.

No sólo se establecía en detalle el trato que debía brindarse a los aborígenes; también se prescribía que los encomenderos no podían dar en alquiler o en préstamo los indios bajo su mando. Tampoco podían ceder la encomienda ni traspasarla a un tercero, y estaban obligados a residir en el territorio durante 8 años y a tener casa poblada en el lugar dentro del plazo de año y medio. Esto último se refería al distrito lato en que se encontraba el repartimiento, pues para evitar la "holganza con indias" y los excesos nocturnos a que eran afectos, los titulares tenían prohibido pernoctar más de una noche en el pueblo a su cargo[4].

La tierra, que era uno de los factores principales de riqueza y prestigio y para cuya utilización debía emplearse la mano de obra semiesclava, fue también monopolizada en su distribución por la Corona.

Señores de las Indias por donación del Papa y por derecho de conquista, correspondía a los soberanos de Castilla la titularidad de las tierras americanas y sólo por gracia o concesión real los particulares podían acceder a ellas.

Una ley de 1578, al puntualizar que "por haber Nos sucedido enteramente en el Señorío de las Indias y pertenecer a nuestro patrimonio y Real Corona los baldíos, suelos y tierras que no estuvieren concedidos por los Señores Reyes predecesores o por Nos, o en nuestro nombre", establecía este principio fiscalista.

José María Mariluz Urquijo ha sostenido que este dominio real comprendía solamente los baldíos y no las tierras ocupadas efectivamente por los indios, proporcionando una serie de ejemplos que confirmarían el respeto de la propiedad indígena por parte de los monarcas(*).

Aun aceptando el interesante planteo de tan sólido investigador, la enorme extensión de los territorios americanos y el incumplimiento en los hechos de las normas protectoras de los aborígenes determinarían que aquella limitación no alcanzara a opacar el importante rol de los reyes como dispensadores de beneficios territoriales.

Cristóbal Colón fue autorizado por la Corona a repartir tierras en su nombre en 1497 y, desde entonces, los adelantados, virreyes, gobernadores y cabildos tuvieron ese privilegio, pero siempre por concesión real y en representación de Sus Majestades. En el Río de la Plata, don Pedro de Mendoza obtuvo en 1534 esta facultad a través de la capitulación que firmó con los monarcas.

En 1735 se privó a virreyes y gobernadores del derecho de disponer de tierras vacantes, pero en 1754 se autorizó a las Audiencias a concederlas y decidir las cuestiones sobre propiedad[5].

La intervención del Estado en las mercedes de tierras no se instrumentaba solamente a través del acto de disposición efectuado por el funcionario americano, sino que se exigía también una "confirmación" efectuada posteriormente por

---

(*) Al juzgarse la conducta de Francisco Pizarro, se le imputa haber repartido tierras de indios. Asimismo, muchas mercedes de tierras manifestaban que se hacían "sin perjuicio de naturales". Sobre esta línea de pensamiento, el peruano Héctor Martínez expresa que las comunidades indígenas sufrieron mayores despojos después de la independencia que durante el período colonial. (José María Mariluz Urquijo, *El régimen de la tierra en el derecho indiano*, Perrot, Buenos Aires, 1978, págs. 22 y sgtes.)

el Rey. Ante las demoras y engorrosos trámites que este requisito imponía, una Real Cédula de 1754 autorizó a las Audiencias a despachar las "confirmaciones" que perfeccionaban el título de propiedad.

Las tierras que habían sido ocupadas sin título, podían también adquirirse legalmente mediante el pago de una suma de dinero a la Corona, en concepto de "composición".

El reglamentarismo fiscal en el otorgamiento de tierras se expresaba a través de múltiples requisitos que los funcionarios ponían como condición de las daciones. En 1775, el gobernador interino de Buenos Aires, Diego de Salas, prohibió que "las suertes completas de estancia puedan subdividirse en partes ni por título de herencia, venta u otro modo alguno de enajenación". En sentido inverso, el fiscal José Márquez de la Plata insta en 1789 a que se tomen "las precauciones que convengan para que con fraude o sin él se reúnan las suertes en un solo dueño".

Los beneficiarios debían utilizarlas conforme el destino asignado en la donación, el cual no podía cambiarse sin permiso de la autoridad. "Las tierras concedidas como mercedes de pan llevar deben seguir siendo dedicadas a la agricultura, y las destinadas originariamente para estancias deben continuar dedicadas a la cruza de ganados", destaca Mariluz Urquijo[6].

Las mercedes se concedían a título gratuito, pero desde los tiempos de Felipe II el Estado tendía a la venta de las tierras, con el objeto de allegar fondos a sus siempre exhaustas arcas.

Ambos sistemas coexistieron hasta el fin del período colonial, según el interés público en poblar y la existencia de particulares interesados en adquirir, pero, en cualquier caso, siempre debía acudirse al fisco y sus representantes para acceder a la propiedad inmobiliaria en "una sociedad que desdeñaba las empresas comerciales e industriales y donde el minero afortunado invertía sus rentas en chacras o haciendas", como lo ha señalado Haring, con frase que parece tener todavía actualidad[7].

En lo tocante a la minería, los antecedentes peninsulares ya eran fiscalistas. La primera disposición castellana que se conoce fue dictada por Alfonso VII en las Cortes de Navarra en 1138 y luego, con algunas modificaciones, fue incorporada por Alfonso XI al Ordenamiento de Alcalá en 1348: "Todas las mineras de oro, o de plata, o de plomo, o de otra guisa cualquiera que sea en el Señorío del Rey, ninguno non sea osado de labrar en ella sin mandato del Rey". La ley siguiente incorporaba también las salinas al dominio de la Corona.

Una norma contenida en las célebres Partidas de Alfonso el Sabio dio lugar a la interpretación de que las minas podrían pertenecer a los particulares cuando estuviesen bajo superficie que fuere de su propiedad. Pero las Ordenanzas de Birbiesca, dictadas por Juan I, en 1387, establecían que cualquiera podría buscar y catear metales en tierras del Rey o de particulares, pero las dos terceras partes de los minerales obtenidos debían entregarse a la Corona, una vez descontados los gastos de laboreo.

A raíz de esta disposición, se sostuvo que todas las minas, cualquiera fuere el titular de la superficie, quedaban incorporadas al dominio real, ya que dos tercios de su producido iban a engrosar el tesoro del monarca.

La incorporación tácita de Juan I fue corroborada en forma expresa por Felipe II en 1559, al estatuir: "Primeramente reducimos, resumimos e incorporamos a Nos y en nuestra Corona y Patrimonio todos los mineros de oro y plata y azogue destos Reynos, en cualquier partes y lugares que sean y se hallen"[8].

En ejercicio de este derecho eminente de propiedad sobre las minas, el soberano reiteraba que cualquiera podía catear y buscar metales, incluso sin necesidad de permiso del dueño del suelo, pero abonándole a éste los perjuicios que le ocasionara.

Cuatro años después, el mismo Felipe II fijaba nuevos porcentajes de contribución por parte de los mineros, que iban desde una octava parte hasta la mitad de lo producido, según la riqueza de cada yacimiento.

Este sistema de aportes al fisco, más la obligación de registrar las minas y la necesidad de laboreo y pueble para conservar el derecho a la explotación, se mantuvo durante toda la etapa colonial y evidencia el intervencionismo estatal en la actividad, aunque el peso de las inversiones y gastos de explotación haya estado a veces en manos de particulares.

Las famosas Ordenanzas de Toledo, sancionadas por el virrey Francisco de Toledo para el Perú en 1574, que rigieron aun después de la independencia, comienzan por reiterar la propiedad absoluta del Rey sobre los metales indianos: "Todos los minerales son propiedad de Su Majestad, y derechos realengos por leyes y costumbres, y así los da y concede a sus vasallos y súbditos donde quiere que los descubrieren y hallaren para que sean ricos y aprovechados", disponiendo que nadie impidiera el libre cateo y búsqueda de esas riquezas[9].

A su vez, las Ordenanzas de Nueva España sancionadas en 1783 para México, por Carlos III, establecían que "las minas son propias de mi real corona, así por su naturaleza y origen como por su reunión" dispuesta en leyes anteriores. Pero sin perjuicio de esta propiedad pública sobre los minerales, el monarca agregaba que "sin separarlas de mi Real Patrimonio, las concedo a mis vasallos en propiedad y posesión, de tal manera que puedan venderlas, permutarlas, arrendarlas, donarlas, dejarlas en testamento por herencia o manda, o de cualquier otra manera enajenar el derecho que en ellas les pertenezca en los mismos términos que lo posean, y en personas que puedan adquirirlos"[10].

Ya la Recopilación de Leyes de Indias de 1680 había fijado la contribución a la Corona en un quinto de lo producido, de modo que los particulares podían poseer las minas por delegación real, pero a condición de registrarlas, pagar los aportes, trabajarlas y poblarlas. Si no se cumplía con alguno de estos requisitos, el monarca podía "concedérsela a otro cualquiera que por este título las denunciare"[11].

Las minas de azogue y alcrevite, minerales que se utilizaban para fabricar municiones, solían reservarse con exclusividad para la Corona[12].

En lo que se refiere al intervencionismo estatal, el período posterior a la Independencia no trajo demasiados cambios en el plano de la minería. El Reglamento de Mayo, sancionado en el Río de la Plata por la Asamblea del año

XIII a propuesta del ministro Manuel José García, terminó con el monopolio del azogue, facultó a los extranjeros a catear, equiparándolos con los nacionales y autorizó la explotación de metales, pero no estableció ninguna otra modificación sustancial[13].

El Reglamento de Hacienda y Crédito de la Confederación Argentina, de 1853, introdujo la novedad de que el pago de un canon podía reemplazar a la obligación de laboreo y pueble para conservar la propiedad de la mina, pero tanto este ordenamiento como el Código Civil dictado en 1871 y luego el Código de Minería mantuvieron los sistemas regalistas y públicos, este último con algunas variantes según la naturaleza de los minerales.

De acuerdo con los conceptos económicos mercantilistas de la época del descubrimiento, que cifraban la riqueza de las naciones en sus yacimientos metalíferos, España prestó preferentemente atención a la minería indiana.

Para Colón, éste fue uno de sus principales incentivos y constantemente trató de convencer a la Corona de que sus predicciones sobre la abundancia de oro en las tierras se habían cumplido. En su famosa carta de 1503 a los Reyes Católicos desde Jamaica, donde se encontraba varado, les decía: "Cuando yo descubrí las Indias, dije que eran el mayor señorío rico que hay en el mundo. Yo dije del oro, perlas, piedras preciosas, especiería... El oro es excelentísimo; del oro se hace tesoro y con él quien lo tiene hace cuanto quiere en el mundo, y llega hasta que echa las ánimas al paraíso"[14].

A pesar de sus afirmaciones visionarias basadas en los amuletos y adornos de los indios isleños y en su siempre frondosa imaginación, el Almirante murió sin poder encontrar más que modestos lavaderos de oro en los ríos de La Española. En 1531, la conquista de México por Hernán Cortés reveló la existencia de importantes minas de ese precioso metal. Poco después, el descubrimiento de los yacimientos de plata de Zacatecas y de Guanajuato confirmaba que Nueva España tenía una gran abundancia de este blanco mineral.

En el Virreinato del Perú, a su vez, el descubrimiento de las minas de plata del Cerro de Potosí en 1545 hacía ver a los españoles que la riqueza minera de las Indias era incalculable.

Hasta 1520 el envío de metales a la península se limitó al oro de los lavaderos de las Antillas, pero hacia 1550 el 85 por ciento del metal remitido a España era plata, porcentaje que se fue elevando hasta llegar a un 99 por ciento en el siglo XVII.

La Corona no sólo administraba directamente algunos yacimientos importantes como el de Potosí, sino que era la única adquirente de los lingotes que llegaban de América. En el territorio americano sólo se podía fundir el metal en oficinas reales que sellaban las barras indicando su ley y su peso y, además, garantizaban el "quintado", es decir, la tributación. Tanto la "Ceca" o Casa de Moneda de México, fundada en 1537, como la de Potosí, creada en 1575, tenían facultades para acuñar solamente una cantidad de metal, mientras el resto debía ser enviado directamente a Sevilla.

Cuando en esos años se introdujo en México y Perú el procedimiento de patio por amalgama de mercurio, que permitía el máximo aprovechamiento de la plata aun cuando el mineral fuera de baja ley, la Corona dispuso el monopolio del mercurio y las oficinas de ensayos de mineral se convirtieron en distribuidores de ese elemento vital[15].

La producción y envío de metales preciosos desde las Indias a España fue descomunal: desde 1503 a 1660, llegaron a Sanlúcar de Barrameda 185.000 kilos de oro y 16.000.000 de kilos de plata, según las cifras oficiales obtenidas en la Casa de Contratación de Sevilla que, obviamente, no tienen en cuenta las exportaciones clandestinas[16].

Pero las guerras de religión en que se embarcaron Carlos V y Felipe II en Europa creaban una situación que no permitía a España aprovechar sus tesoros americanos. La Corona vivía hipotecada y, en 1543, un 65 por ciento de las rentas reales se destinaba al pago de los intereses de la deuda pública. Gran parte de los cargamentos de plata estaban destinados por adelantado a los banqueros europeos que financiaban a los Habsburgo.

Además de la deuda pública, el movimiento comercial

también impidió a la metrópoli gozar totalmente de la plata indiana. Con una belleza literaria insuperada y no exenta de rigor documental, Eduardo Galeano ha descripto en *Las venas abiertas de América Latina* ese notable fenómeno de despilfarro que vivió España, comprando mercancías en Europa para enviarlas a América dentro de ese espejismo jurídico que se llamó el monopolio, posibilitando que el metálico estuviese de paso en la península mientras no florecían industrias ni en la metrópoli ni en sus dominios[17].

Clarence Haring ha resumido así los hechos: "Como el balance comercial de España con el resto de Europa fue siempre desfavorable, en especial por la creciente demanda de mercaderías de las colonias, España se convirtió en la distribuidora internacional de metales preciosos en forma de escudos reales y castellanos. Los productos manufacturados y hasta los cereales le llegaban de Francia, Inglaterra, Italia, Alemania y Holanda, y hacia esos países iban en compensación su oro y su plata. A pesar de las leyes que prohibían la exportación de metálico, la moneda se filtraba fuera del país, a menudo con la connivencia de la misma Corona, y es probable que gran parte del tesoro del Nuevo Mundo se desviara de inmediato hacia el norte de Europa"[18].

A pesar de estos resultados de la actividad minera colonial, casi un siglo después de la Independencia argentina, en 1907, al descubrirse la existencia de petróleo en Comodoro Rivadavia, el gobierno de Figueroa Alcorta declaró "zonas de reserva" a dichas áreas, hasta que una ley posterior estableció el dominio eminente del Estado sobre los hidrocarburos del subsuelo[19].

Cuando en 1922 el coronel Enrique Mosconi se desempeñaba como Director de la Aviación Militar, se sintió agraviado porque una filial de la Standard Oil se negó a entregarle nafta a crédito para los aviones, por la subsistencia de una deuda anterior. Rememorando esos tiempos, Mosconi escribía: "Nuestro país, que poseía ricos yacimientos en la Patagonia, importaba el combustible líquido necesario para su vida, su defensa y su seguridad. Los cañones de nuestros buques hubieran quedado inmovilizados y nuestros aviones encerrados en sus hangares tan pronto terminaran las reservas existentes si por cualquier circunstancia la República viese cortar sus rutas marítimas y el aprovisionamiento... Esto importaba una situación de peligro".

Por ello, con el objetivo del autoabastecimiento, cuando el presidente Alvear lo nombró titular de Yacimientos Petrolíferos Fiscales (YPF), resolvió "quebrar el poder de los trusts petroleros" y avanzar en el proceso de estatización, creando instalaciones y refinerías ante la algazara de los sectores nacionalistas que, poco después, en 1930, habrían de tomar el poder con el general Uriburu(*) [20].

En realidad, tanto el gobierno presuntamente liberal de Figueroa Alcorta como el del presidente Marcelo T. de Alvear estaban repitiendo las actitudes de los ya lejanos Alfonso XI y Felipe II con los metales.

Los resultados, lamentablemente, no iban a ser diferentes: en 1983, al término del gobierno militar, YPF debía al exterior una suma aproximada a los 7.000 millones de dólares. No sólo era la única petrolera del mundo que registraba pérdidas, sino que su endeudamiento no estaba lejos de la cifra histórica con que el plan Marshall había ayudado a reconstruir Europa después de la guerra.

En México el Código de Minería de 1884 había resuelto extender los derechos del propietario de la superficie hacia todo el subsuelo, pero la Constitución de 1917 estableció el dominio directo de la Nación, inalienable e imprescriptible, sobre los minerales e hidrocarburos. Se permitía, pese a ello, que el gobierno otorgara concesiones para la explotación de estas riquezas [21].

En 1938, el presidente Lázaro Cárdenas estatizó las compañías petroleras, en su mayoría de origen anglo-holandés.

(*) Los problemas "estratégicos" que llevaron a los militares argentinos a crear una cadena de fábricas e industrias estatales alrededor de "Fabricaciones Militares" son tan decisivos, que en Estados Unidos los cohetes Saturno, que llevaron al hombre al espacio exterior, fueron construidos para la NASA por las empresas privadas Rockwell y Chrysler Corporation...

El júbilo de la población fue tal, que se reunió en la capital del país la mayor concentración popular de la historia mexicana.

Jesús Silva Herzog sostiene que esta manifestación sólo fue comparable, en sus expresiones de adhesión y cariño, a la entrada de Iturbide al frente del Ejército Trigarante, al consumarse la independencia; y a la llegada de Francisco Madero a la capital, luego de la renuncia de Porfirio Díaz [22].

Al año siguiente, se reformó la Constitución para establecer que la explotación del petróleo sólo podía hacerla el gobierno federal.

Desde entonces —como lo ha expresado Carlos Fuentes— la empresa estatal de combustibles, Pemex, se ha convertido en un símbolo nacional equivalente al escudo o la bandera.

En un momento en que la entonces Unión Soviética esparcía su influencia por el mundo, la decisión del general Lázaro Cárdenas parecía progresista y un avance hacia el futuro, pero también significaba un retorno a los sistemas de producción común de los indígenas y al régimen estatista de la colonia española.

Pese a la aparente inclinación "pro soviética" de Cárdenas, en definitiva el presidente mexicano terminó vendiéndoles combustible a las potencias nazifascistas, sus supuestos enemigos ideológicos. Aunque acendrado admirador de Cárdenas, Carlos Fuentes admite que Lázaro incrementó la estructura corporativa mexicana y acentuó la simbiosis entre el Estado y el partido oficial[23]. Y analistas actuales como Luis Pazos sostienen en realidad que los Estados Unidos apoyaron secretamente la estatización petrolera de Cárdenas porque las compañías norteamericanas cobraron una indemnización equivalente al doble de las pagadas a las europeas y terminaron dominando técnica y financieramente a la ineficiente empresa Pemex[24].

Las quejas por el sobredimensionamiento y la ineficacia de Pemex parecen demostrar también (al igual que los casos de Venezuela y otros países latinoamericanos) que el Estado burgués de este siglo, aun disfrazado en ciertos casos de "populismo nacionalista", ha obtenido efectos parecidos al monárquico de otrora.

Paradójicamente, los intelectuales de la izquierda latinoamericana de la década de 1970 (que tanto influenciaron sobre nuestra generación) postulaban en sus obras, como un remedio para la pobreza de nuestro continente... ¡una tercera estatización!, aunque esta vez bajo la supuesta panacea de la dirección y control de los trabajadores.

Si para el mercantilismo el oro y la plata constituían la principal riqueza de una nación, la forma de obtenerlos era el intercambio comercial. Cuando los teóricos del sistema comprobaron que las prohibiciones de la exportación de metálico no funcionaban en la práctica, sobre todo en las transacciones con Oriente, se inclinaron a acumular dichos minerales mediante un aumento de las exportaciones de mercancías, que lograra un saldo favorable en la balanza comercial.

El sistema colonial, que nace prácticamente en esa época, viene a proporcionar el marco adecuado para estos objetivos, ya que los territorios dominados o controlados significan fuentes potenciales de prosperidad y seguridad para las metrópolis, al brindar un mercado cerrado para las industrias y el comercio central.

En el caso de España, la existencia de abundantes minas de oro y plata americanas le ofrece la oportunidad de atesorar estos metales a través de un adecuado movimiento mercantil. El rígido sistema que se llamó monopolio, en virtud del cual la madre patria se reservaba todo el intercambio con las colonias ultramarinas, fue el instrumento creado por la Corona para beneficiarse con las riquezas americanas.

Al intentar asegurar ese tráfico en provecho del centro, el mercantilismo era fundamentalmente un sistema proteccionista, que ejercitaba una intervención radical en la actividad privada con miras a incrementar el comercio de exportación[25].

Hemos visto que España no pudo aprovechar plenamente sus riquezas coloniales; lo que nos interesa destacar ahora es este sesgo intervencionista de su esquema mercantil.

Ya en su segundo viaje, Colón partió con una comisión

fiscal encabezada por Juan Ramírez de Fonseca, encargada de controlar el cumplimiento de las capitulaciones y de garantizar los intereses del tesoro real.

En 1503, se creó la Casa de Contratación de Sevilla, que fue el ente estatal de reglamentación y control de todo el comercio con las Indias. El tráfico marítimo quedó circunscripto a esta bella ciudad andaluza y su subsidiaria Cádiz, y la Casa inspeccionaba y autorizaba los barcos, comerciantes, pasajeros, mercaderías, tripulación y equipos que iban y venían de América; además, controlaba y, en teoría, hacía cumplir las ordenanzas y leyes vigentes.

Sólo podía comerciarse con los puertos autorizados en las Indias (Veracuz en México, Cartagena en Nueva Granada y Portobelo en el istmo de Panamá) y la Casa de Contratación debía recibir y cuidar todos los ingresos de oro, plata y piedras preciosas enviados a la Corona por los tesoros americanos, percibir las "averías" o impuestos de convoy y los otros gravámenes, además de guardar copia de toda la documentación y correspondencia comercial.

Estaban facultados para comerciar únicamente los españoles nativos o naturalizados con domicilio en la península y, desde mediados del siglo XVI, nadie podía cruzar el océano para negociar si no embarcaba mercaderías por un valor mínimo de 300.000 maravedíes, lo que circunscribía el tráfico mercantil a las casas sevillanas más importantes. Fueron disposiciones gubernamentales de este tipo las que beneficiaron a determinados núcleos de comerciantes, que en realidad actuaban como gestores de industriales franceses, genoveses, holandeses o ingleses que de este modo exportaban sus productos a las Indias.

Como puede verse, toda posibilidad lícita de comercio remitía al Estado y sus autoridades[26].

La Corona se reservó el monopolio de otras actividades o producciones, a través de los llamados estancos, en algunos de los cuales el Estado otorgaba concesiones. El de elaboración y venta del mercurio fue uno de los más importantes, pero también existieron los estancos de sal, pimienta, tabaco, naipes, pólvora y riñas de gallos.

Si pensamos que tanto en 1634 en Lima, o en México en 1719, como seguramente en otras ciudades, sólo se podía ir a las montañas a recoger nieve, prensarla y venderla para enfriar bebidas, mediante una concesión onerosa del Estado en un área que se reservaba con exclusividad, advertiremos que el nefasto sistema de empresas monopólicas estatales o privadas con usuarios cautivos tiene notables antecedentes en la sociedad colonial.

El trabajo y la venta de la lana de vicuña fueron también monopolizados. En 1784, el ministro José de Gálvez se dirige al Virrey del Perú en términos que son muy ilustrativos: "El rey se halla con noticias positivas —dice— del uso que se hace en esos reinos de la lana de vicuña, especialmente en la capital de Lima, donde se emplea en las fábricas de sombreros que se han establecido en ella, contraviniendo lo dispuesto por las leyes y con grave perjuicio de las fábricas de España. En esta inteligencia me manda S.M. prevenir a V.E. muy estrechamente que, sin expresar esta contravención, sino el justo motivo de que dicha lana se necesita toda para surtir las reales fábricas de la península, tome las providencias que juzgue más precisas, a fin de que cuanta lana de vicuña se adquiere y cosecha en las provincias de este virreinato, se compre en ella misma de cuenta de S.M. a los precios corrientes"[27].

Con esta actitud de intervencionismo estatal, está claro que comerciantes e industriales dependían del favor de las autoridades. Se dice que el virrey del Río de la Plata, Marqués de Loreto, arruinó por capricho la fábrica de carnes saladas de un empresario de la Banda Oriental, en tanto que el mencionado ministro José de Gálvez prohibió el cultivo de viñas y olivares[28].

En México la producción de la vid y el olivo se había prohibido en 1620.

En 1604 la Corona había prohibido el comercio entre los virreinatos de Nueva España y el Perú.

Hasta los cabildos, con el supuesto objetivo de aumentar los ingresos fiscales y beneficiar a los consumidores, concedían "estancos" para las ventas al por menor.

En 1648, el Cabildo de Buenos Aires otorgaba al Capitán Luis López Allende el monopolio de la venta de vino, mediante el pago de un canon de cuatro pesos por pipa. En 1666, "leyóse una petición presentada por Matheo de Allende en que ofrece por vía de estanco vender tiempo de un año el jabón de Tucumán a precio de dos reales, con calidad de que ninguna otra persona le ha de poder vender sino él o quién señalare. Y vista acordaron los capitulares de acuerdo y conformidad el que se admita dicho ofrecimiento y postura fecha por el susodicho. Y mandaron se den nueve pregones a la dicha postura de estanco y habiendo mejor ponedor se admita la postura o posturas"[29].

Si la América española nació por monopolios y creció con ellos, también muy pronto comenzaron las quejas por sus consecuencias.

Cuando alrededor de 1575 la Corona decidió encargarse de las salinas de México y Perú, las protestas por el alto precio fueron tantas en Lima que algunas décadas después la medida fue dejada sin efecto en ese virreinato. En Nueva España continuó la práctica, pero también se registraron constantes lamentos de quienes argumentaban que cuando el monopolio se ejercía a través de un arrendatario, la provisión era escasa y el precio elevado; y cuando se hacía por parte de funcionarios públicos, los costos eran mayores que el provecho fiscal[30].

En cualquiera de las dos variantes del estanco, quien desease tener actividad económica o trato comercial en relación con las actividades monopolizadas, debía recurrir a la Corona y sus funcionarios y desplegar ante ellos sus influencias y poder de seducción.

El empresario más cortesano que productivo, el industrial más atento a las variaciones gubernativas que influyen sobre las concesiones que a la evolución de precios en bolsas y mercados, tan conocido en la América hispánica, es el heredero directo del comerciante colonial que debía prestarse al besamanos del virrey para poder vender pimienta o juegos de naipes.

Y la famosa sentencia, tan innoble como carente de hidalguía, de "hacete amigo del juez, no le des de qué quejarse", inmortalizada por José Hernández a través de la voz del Viejo Vizcacha en el *Martín Fierro*, no sólo tuvo aplicación por parte del paisanaje perseguido de fines del siglo XIX, obligado quizás por la necesidad a la actitud acomodaticia e indigna, sino también anteriormente por quienes no podían acercarse a los elevados oficios del comercio o la producción sino por la abisagrada vía de la adulación al burócrata, tantas veces venal.

Las ventas al por menor soportaban asimismo el intervencionismo de los funcionarios encargados de supervisarlas. "La regla del comercio es lo arbitrario del momento —dice Juan Agustín García—. No se pueden hacer cálculos basados en situaciones estables; todo depende de la mayor o menor flexibilidad de los regidores, del carácter manso o duro del gobernador o virrey, de su moralidad. Cuando se consigue sobornarlos prosperan los negocios, se encarece la vida y, en medio de la mayor abundancia, como no se ha visto, el pueblo sufre hambres y miserias. En las épocas normales, de buenos gobernadores, los precios vuelven a su nivel natural; y los sobrantes de frutos se almacenan a la espera de una oportunidad de contrabandearlos"[31].

Por de pronto, para ejercer el comercio se necesitaba licencia directa del rey, "con largas informaciones previas sobre conducta personal, posesión de bienes raíces y ciudadanía en ejercicio, y luego de concedida la licencia quedaba el comerciante bajo la vigilancia continua de las autoridades de uno y otro hemisferio, viéndose expuesto a ser suspendido en su tráfico a la menor insinuación de que su negocio era perjudicial o lucrativo en exceso. Los que han podido darse cuenta del parsimonioso giro de la cancillería española —dice gráficamente Bauzá— comprenderán las angustias de aquellos que se exponían a la tramitación de solicitudes para comerciar; y los que saben la suspicacia y el espíritu receloso de las autoridades de la misma nación en los dominios americanos, se imaginarán lo expuesto que estaba a perder sus utilidades el comerciante abandonado a merced de la menor denuncia. En cuanto a los extranjeros, después de trámites duplicados, no se les concedía pasar jamás de los puertos cuando obtenían licencia comercial; y de no tenerla, pagaban con la vida y perdimiento de bienes aquellos naturales o habitantes de América que comerciaban con ellos"[32].

Al llegar a México y el Perú, los españoles se encontraron con mercados (*tiangui* en nahuatl y *cacctu* en quechua) organizados y rebosantes de productos de la tierra. Hernán Cortés en sus cartas y Bernal Díaz del Castillo en su crónica los elogiaron con deslumbramiento.

Pero ya en 1524, Cortés en sus Ordenanzas fijaba precios a algunas mercaderías: una gallina de Castilla, un peso y medio; un huevo, medio real de oro; y una azumbre de vino, medio o un peso de oro, según la distancia desde el puerto de Veracruz hasta la taberna[33].

El Cabildo de México, en 1557, ponía precios a todos los artículos que eran abundantes. Y en 1551 mandaba a vender la carne con pesas oficiales, so pena de 20 pesos de multa[34].

En el siglo XVII el cabildo de Buenos Aires puntualizaba que en las ventas al menudeo "se pretende vender con excesiva ganancia" y recordaba que "conforme a ordenanzas", sólo se podía "ganar el veinte por ciento".

Para asegurar que los comerciantes no excedieran este margen, el cabildo reglamentaba las ventas e investigaba minuciosamente el origen y procedencia de cada mercadería y el precio pagado por los tenderos, obligándolos a que "si los vecinos y moradores quisieren, se les dé la tercia parte por el tanto". Es decir, que los pulperos eran obligados por el Estado a vender por ese porcentaje o "tanto" del veinte por ciento.

La autoridad capitular practicaba permanentes pesquisas, para garantizar el cumplimiento de esta prescripción. En la pulpería de Juan Ramírez —cuenta Juan Agustín García— inventariaron los visitadores cinco barriles de vino de Santa Fe y azúcar y le ordenaron "que no vuelva el dicho vino de un barril a otro, sino que cada uno se venda de por sí y ansí mismo que acabado el barril dé noticia al fiel ejecutor para que se venda por la postura que quisiera".

El pulpero Ramírez no sólo carecía de libertad para trasvasar el tintillo, sino que el cabildo dispuso también que "para todo lo que comprase para revender, tenga cuenta, libro e razón de las personas cuyo es, y a qué precio se lo mandan vender, para que si algún vecino de esta ciudad lo quiere por el tanto lo pueda hacer; y la dicha cuenta y razón la ha de tener en parte donde la vean todos, para que consten los precios y quién los vende".

Las reglamentaciones eran tan agobiantes como arbitrarias.

El Cabildo de México, en 1562, prohibió vender en la misma taberna vinos de distinto origen: los expendedores de vino jerez debían colgar un paño colorado; los que ofrecían semillón de Guadalcanal una tela blanca; y los que despachaban vino de las Islas Canarias, verde[35].

En Lima, en 1542, el Cabildo prohibió que se hicieran confituras para vender, por cuanto dicho producto "trae daño a la república, pues los hombres se hacen ociosos y vagabundos".[36]

Nueve años después, disponía que el pan debía ser "bueno, limpio, blanco, bien cocido y sazonado" y debía entregarse con el peso debido, so pena de pan perdido y cierre de la panadería en caso de reincidencia[37].

Para evitar los fraudes en contenido y calidad, el mismo Cabildo de Lima prohibía en 1558 que se vendiese el vino sin abrir la botija delante del comprador[38].

En 1605 el cabildo de Buenos Aires prohíbe que se venda vino en "las pulperías del Carnero y del francés Flores hasta que se le mande"; en 1603 impide las ventas del vino extranjero "para que sea preferido el de la cosecha de la tierra"; en el mismo año obliga a todos los pulperos a que vendan la miel que ha traído el Alférez Luis Torres del Paraguay. En 1614, el cabildo resuelve que los pulperos no amasen ni vendan pan, salvo que tengan chacra propia, "y si quiere ser panadero no sea pulpero, so pena de privación de ambos oficios". En 1654 se dispone que los pulperos no puedan vender cosas propias "sino que hayan de vender solamente lo que les dieren a vendaje". Nueve años después, los capitulares disponían que los introductores de mercaderías las ofrecieran primeramente al público, para evitar las excesivas ganancias de los minoristas y "para que los naturales de esta ciudad puedan comprar por menos"[39].

En 1616 el cabildo resuelve ordenar al pulpero Antonio de la Abaca "venda la sal que tiene por menudo a todas las personas que la hubieren menester sin excusarse de manera alguna, llevando a razón del precio de un peso el almud". En 1665, dispone "que la yerba de Yaminí no se venda más que en una sola pulpería, atento que de venderse en mu-

92

chas partes se ha entendido que a la buena la mezclan con la dicha de Yaminí"[40].

Los controles, también, eran tan exhaustivos como ineficaces.

Como los comerciantes de México continuaban agregando agua al vino, pese a las disposiciones del Cabildo, los canónigos de dicha ciudad plantearon al Rey sus dudas sobre la validez de las misas. Felipe II les contestó que debían seguir consumiendo de esos mismos mostos, porque "la mezcla no muda la sustancia"[41].

Ante quejas de los vecinos por el alto precio del pan, el cabildo de Buenos Aires resolvió en una oportunidad rebajar su precio. Al poco tiempo los regidores se enteraban de que los panaderos habían sorteado el escollo: las piezas que se entregaban tenían menor peso que las anteriores.

La intromisión del Estado no se ejercía solamente en la esfera económica, sino también en la vida privada de los ciudadanos.

Ya Hernán Cortés había ordenado que "los vecinos debían entrar a misa antes del evangelio y permanecer allí hasta el *ite misa est* y la bendición".

En 1533, el cabildo de Chiapas dispuso que ningún vecino pudiera irse a su hacienda o encomienda para Pascuas, sino que debía asistir a los oficios religiosos en la ciudad, bajo pena de multa de diez pesos oro. Y en 1546 agregaba que ningún vecino podía estar en calles o plaza durante la misa, bajo pena de multa y cárcel.

En general, los cabildos prohibían blasfemar, jugar o vivir en pecado mortal, es decir amancebados públicamente, y obligaban a las tiendas y tabernas a cerrar durante la misa[42].

Dos miembros de la Audiencia de México, los oidores Matienzo y Delgadillo, escribieron largos informes a la Corte sobre supuestas relaciones tan íntimas como ilícitas entre la monja Catalina Hernández y un joven denominado Calixto, quien por ser muy flaco había sido considerado sexualmente inofensivo en relación a las religiosas.

En Lima las autoridades se ocuparon de la conducta de

Pablo Meneses, de quien se sospechaba que tenía relaciones adúlteras con la esposa de Martín Robles. Para "cerrar la voz pública de la imputación" fue obligado a casarse con la hija de su supuesta amante[43].

Al hablar de los gobernadores de Buenos Aires, Juan Agustín García afirma que "toda persona cae bajo su garra y no queda un sentimiento que pueda expandirse con libertad. Censor de las familias, vigila las buenas costumbres y el estricto cumplimiento de los preceptos morales. Casi no hay acción indiferente. El gobernador inquiere si el súbdito es un buen padre, buen hijo o buen esposo; si ayuna, se confiesa o asiste con regularidad a misa".

En 1603, el gobernador Arias intima a un vecino a "que dentro de 24 horas salga de esta ciudad (de Buenos Aires) y vaya vía recta a hacer vida con la dicha su mujer". En 1661, el gobernador Mercado decreta una medida contra varios pobladores "que viven escandalosamente, son casados y están ausentes de sus mujeres" y los condena a unirse a ellas y pagar además cada uno una multa de diez pesos[44].

En los primeros años de vida de Buenos Aires, un vecino pedía al cabildo que no se permitiera la salida de José Herrero, por la necesidad de contar en la ciudad con un perito en arreglo de armas. Los capitulares así lo acordaron con relación a Jerónimo Miranda, quien era barbero además de espadero[45]. Y en 1607, el cabildo pide al gobernador que "no salgan de esta ciudad los flamencos que han hecho el molino de viento (los hermanos Alexandro), atento lo mucho que importa a la república su asistencia y entender el dicho molino"[46].

Cuando Fidel Castro completaba en Cuba su programa de estatizaciones y en 1968 prohibía la iniciativa privada hasta en el comercio minorista, estaba cumpliendo no solamente los modernos sueños socialistas sino también los antiguos anhelos de los más estrictos funcionarios de la colonia.

En la formación de los Estados Unidos de América, el principio de defensa de las libertades individuales exigió una mínima intervención del Estado, tanto en el área política como en la esfera económica.

94

Precisamente, uno de los episodios que culminó con la independencia fue la llamada Ley de los Cuarteles, que pretendía imponer a las colonias el sostenimiento de tropas militares —es decir mayores gastos estatales— y que éstas rechazaron. En 1766, las asambleas de Nueva York y Massachusetts desacataron expresamente esta norma imperial, pues entendían que el Parlamento británico no tenía facultades para aumentar los gastos estaduales americanos, o sea para fijar impuestos, sin la aquiescencia de los directamente afectados(*).

Por ello es interesante analizar, como suceso moderno que se constituye en una excepción a esa tradición de escaso intervencionismo estatal, lo ocurrido a partir de 1979 en la empresa automovilística Chrysler Corporation, cuando la firma afrontaba serios problemas económicos y se incorporó a ella como titular el ejecutivo Lee Iaccoca, hijo de italianos, que había sido el presidente de la Ford Motor.

Para Iaccoca, la crisis de la Chrysler provenía en parte de desaciertos de conducción pero también del problema del alza en los precios del combustible, derivado de la caída del Sha de Irán, de la recesión económica y de las "excesivas reglamentaciones" del gobierno federal, tendientes a evitar la contaminación ambiental por los gases de los escapes.

A los pocos meses de conducir la empresa, Iaccoca advirtió que la única salida era el ingreso de una fuerte suma de dinero para fabricar nuevos modelos de bajo consumo de nafta, pero todas las fuentes de financiamiento se hallaban cerradas. Decidió entonces ocurrir ante el propio gobierno federal, en busca de un crédito o de avales del Estado por un importe de 1.500 millones de dólares.

Iaccoca confiesa en sus memorias que, mientras había

_____

(*) Dan Lacy, *ob.cit.*, pág. 118. Esto implicaba sostener el principio consuetudinario británico de que no hay impuesto sin representación. En esos tiempos, se difundía en las colonias inglesas en América la idea de que la Corona podía reglamentar el comercio, pero no imponer gravámenes a quienes no estaban representados en la Cámara de los Comunes.

sido presidente de la Ford, viajaba permanentemente a Washington buscando que el gobierno federal eliminara o disminuyera las reglamentaciones gubernamentales que obligaban a las fábricas automotrices a procurar mayor seguridad para los tripulantes de autos en casos de accidentes, o tendientes a disminuir la polución de la atmósfera; por lo que cuando fue a solicitar un crédito gubernamental, o sea "mayor intervencionismo", no pudo evitar que los funcionarios y la opinión pública pensaran que se trataba de una gruesa contradicción.

El pedido de la Chrysler al gobierno federal desató una gran polémica en la sociedad norteamericana y la idea contó desde el principio con la oposición general.

Para los empresarios, la iniciativa constituía una herejía, un sacrilegio, una violación de los principios que inspiran la actividad económica norteamericana. Consideraban estos grupos que la quiebra de una empresa significa una catarsis o purificación saludable para que el mercado opere con eficacia, ya que la intervención estatal atenta contra la libertad de empresa y recompensa la mala gestión, eliminando los riesgos.

La Asociación Nacional de Fabricantes de Automotores, entidad a la que pertenecía la propia Chrysler, dio a conocer en noviembre de 1979 la siguiente declaración:

"Un postulado esencial del sistema de libre mercado es que da cabida tanto al éxito como al fracaso, a los beneficios como a las pérdidas. Por penosas que sean las dificultades y consecuencias que arrostra una empresa en quiebra, el alcance más amplio de los intereses económicos de la nación exige que este sistema funcione con la mayor libertad y globalidad posible.

"Los efectos de la insolvencia y reestructuración que se regulan en la nueva normativa (en otras palabras, la quiebra), aun siendo estrictos, no son imposibles de sobrellevar. La pérdida de empleos y de la capacidad productiva distarían mucho de ser totales. A tenor de la reestructuración, los muchos componentes viables de la sociedad afectada funcionarían sin duda más eficazmente, en tanto se procede a vender otros elementos a diversos productores. Ésta es la fase más propicia para que intervengan los organismos federales y se hagan cargo de los problemas sociales resultantes.

"En una época en que el gobierno, la comunidad empresarial y la ciudadanía son cada vez más conscientes del costo y la inoperancia de la intervención estatal en la economía, nos parece muy inapropiado recomendar una medida que conlleva por el contrario una mediación todavía mayor que la ya existente. Ha llegado el momento de reforzar el principio de 'no a la fianza o caución federal'".

El debate se dio simultáneamente en el Congreso y en la prensa. Para la aprobación de la ley federal solicitada, Iaccoca debió asistir personalmente a las sesiones de los comités legislativos. Los debates abiertos fueron transmitidos por televisión y la prensa escrita los comentaba diariamente. La mayoría de los diarios estuvieron en contra de la iniciativa, y el *New York Times* y el *Wall Street Journal* encabezaron la oposición, con notas en primera página casi todos los días.

Se fustigó a la empresa por no haber estado preparada para la crisis del combustible, y se la presentó como ejemplo de una imprevisión que debía ser purgada a través de la quiebra.

En definitiva —se argumentaba— la bancarrota es al capitalismo lo que el infierno para los cristianos. En esa línea de pensamiento, el *Wall Street Journal* publicó un famoso editorial titulado: "Dejadlos morir en paz".

En la Cámara de Representantes, Iaccoca explicó que no estaban solicitando un regalo o ayuda, sino solamente un crédito avalado por el Tesoro, y que devolverían hasta el último dólar. Añadió que lo pedía en nombre de los 140.000 empleados de la firma; de los 4.700 concesionarios y sus 150.000 empleados; y de los 19.000 proveedores y sus 25.000 trabajadores, más todas las respectivas familias y personas a cargo. Recordó que, si bien había habido mala gestión, también el gobierno había agravado las cosas con sus excesivas reglamentaciones, por lo cual debía acudir en ayuda de la empresa.

El representante Richard Kelly, de Florida, le respondió que el "cuento del sufrimiento de los trabajadores" encubría el fracaso de los directivos de la Chrysler en haber logrado subsistir en las mismas condiciones que los competidores. Agregó que Iaccoca había sido derrotado en la industria automotriz y por ello pretendía ahora engañar a los congresistas. "La confianza crediticia a la Chrysler —destacó— constituirá el principio de una nueva era de irresponsabilidad por parte de la Administración, por cuanto el aval solicitado es un robo al trabajador norteamericano, a la industria de este país, al contribuyente y al consumidor. El acto de caridad en favor de la Chrysler —concluyó ante las cámaras de televisión— sería una de las estafas más flagrantes de nuestra época".

Pese a pertenecer a Michigan, el estado donde está Detroit, sede de las grandes fábricas como la Chrysler, también el representante David Stockman se opuso tenazmente no sólo en el Congreso, sino también a través de la prensa. Publicó en el *Washington Post Magazine* un artículo titulado "Que la Chrysler se vaya a la quiebra", y otro en el *Wall Street Journal*, bajo el rótulo de "El aval a la Chrysler: ¿una recompensa al fracaso?".

La oposición era tan terminante que la firma decidió hacer una gran campaña en la prensa a través de avisos pagos, uno de los cuales se titulaba: "¿Estarían los Estados Unidos en mejores condiciones sin la Chrysler?".

Iaccoca, por su lado, llevó a cabo una intensa labor propagandística en el Congreso, explicando que la quiebra de la empresa costaría al fisco 16.000 millones de dólares en concepto de seguros de desempleo, prestaciones sociales y otros gastos. Asimismo, se entregó a cada congresista un estudio hecho por computación, explicando a cada uno la cantidad de concesionarios y proveedores de la Chrysler existentes en su distrito y las consecuencias negativas que provocaría el cierre.

Los concesionarios, además, que suelen ser personas influyentes en sus áreas de actuación, peticionaron a los legisladores republicanos, que eran los más reacios a la medida.

Al momento de la votación, el proyecto fue aprobado en la Cámara de Representantes por 271 votos contra 136 y en el Senado por el estrecho margen de 53 contra 44[47].

Hay varias reflexiones que pueden hacerse con relación a este suceso. En países de tradición y vocación estatista como los nuestros, ¿hubieran podido escucharse voces políticas contrarias a la intervención e indiferentes a la eventual desocupación como las de los representantes norteamericanos?

Al menos hasta hace unos años, estos discursos hubieran sido inimaginables dentro de nuestro contexto sociocultural. Quizás convenga recordar que en 1970, durante la presidencia de facto del general Roberto Levingston en la Argentina, se dictó un decreto ley que facultaba al Poder Ejecutivo a resolver la continuación del funcionamiento de las empresas que se encontraran en quiebra, por razones de interés público y con el fin de asegurar la paz social. A tales efectos, el Estado nacional adelantaba las sumas que resultaran necesarias y se hacía cargo de la explotación designando a un administrador (*).

La tradición ideológica intervencionista —no sólo la jurídica— es tan fuerte entre nosotros, que uno de los máximos defensores argentinos de las privatizaciones de empresas estatales, el escritor y luego Ministro de Obras Públicas Rodolfo Terragno, manifestaba en 1985 en uno de sus libros que "hay áreas (comunicaciones por ejemplo) donde el monopolio del Estado es indispensable para mantener la unidad del mercado interno"[48], afirmación semitautológica que no tiene en cuenta que en los Estados Unidos, aun en ciudades chicas, el gran desarrollo telefónico y comunicacional en general, se ha producido siempre mediante la competencia de firmas privadas.

Si curioso nos resulta el desarrollo de los sucesos en torno al pedido de ayuda gubernamental de la firma automotriz norteamericana, más sorprendente para nosotros es el epílogo: aunque los préstamos fueron concedidos con un plazo de 10 años, al cabo de 3 años y medio la Chrysler había devuelto la totalidad de los fondos, con sus intereses.

¿Habrá en la América hispánica muchos casos de préstamos oficiales pagados antes de tiempo? ¿Habrá muchos casos de préstamos oficiales simplemente pagados?

(*) Decreto ley 18.832. Se aplicó en numerosos casos, como el de los ingenios azucareros de la Compañía Azucarera Tucumana (CAT). Ver Santiago Fassi y Marcelo Gebhardt, *Concursos*, Astrea, Buenos Aires, 1987, págs. 377 y 378; y *El Derecho*. Tomo 55, pág. 532.

En la sociedad latina, en la Roma imperial, el Estado estuvo siempre antes que los individuos. El interés de la comunidad, el bienestar público, se anteponen permanentemente al interés del ciudadano. ¿Será casualidad que haya sido precisamente un hijo de italianos, Lee Iaccoca, quien haya alterado o modificado el largo criterio individualista norteamericano, consiguiendo que el Estado intervenga en el campo de la libre empresa reservado a los particulares, salvando de la quiebra a la décima corporación del país?

La biografía del ejecutivo nos ofrece otro aspecto en el cual podemos apreciar el choque de dos mentalidades opuestas, dos distintas tradiciones. En 1972, siendo director general de la Ford, envió cartas a todos los gobernadores norteamericanos en las que expresaba que su empresa estaba a favor del uso forzoso del cinturón de seguridad, y los exhortaba a propiciar medidas que lo hicieran obligatorio.

Doce años después, al momento de escribir sus memorias, ningún estado había dictado todavía leyes como la solicitada por el exitoso gerente. La conciencia política norteamericana prescribe que el gobierno no puede interferir en los derechos individuales del hombre ni forzarlo a usar algo, ni siquiera por su propia seguridad. La autoridad interviene en salvaguarda de los derechos de terceros —haciendo respetar los semáforos, por ejemplo—, pero centenares de ciudadanos escribieron a Iaccoca para manifestarle que estaban en contra de su iniciativa y que nadie puede entrometerse en su derecho a perder la vida en un accidente de automóviles, si así se les da la gana.

Iaccoca dice que estos individuos viven en el siglo XIX, y es posible que tenga algo de razón[49].

Pero también es cierto que pretender que el Estado fuerce a los individuos a protegerse a sí mismos es revivir los conceptos latinos de hace veinte centurias.

A principios del siglo XX, dos de cada tres habitantes de la Argentina eran italianos. Quizás sea por ello que durante la intendencia del brigadier Cacciatore en Buenos Aires, en el gobierno militar que culminó en 1983, se dictó una ordenanza que hacía obligatorio en los taxis el uso del cinturón de seguridad, no solamente para el conductor, sino también para los pasajeros. Por imposición de la autoridad y como un símbolo de la situación política que vivía la república, todos debían viajar atados. La medida suscitó protestas, pero ellas se referían al precio de los adminículos y a que el requisito daría ocasión a inspecciones molestas o exacciones ilegales. A nadie se le ocurrió cuestionar la facultad del Estado de intervenir en la esfera de seguridad del propio individuo.

En la bella ciudad de Sevilla, cerca del Guadalquivir, se puede ver aún el enorme edificio, mitad cuartel y mitad fábrica estatal de tabacos, que fue el escenario donde nació el romance entre el militar José y la cigarrera Carmen, inmortalizado por el músico Georges Bizet. Es un testimonio vivo de la forma en que el Estado español mezclaba sus funciones entre quehaceres tan disímiles como el tabaco y las armas, aunque en definitiva ambos sean medios de atacar la vida.

A través del ensanchamiento incesante del Estado supuestamente providencial y omnicomprensivo, pareciera que los latinoamericanos, herederos de la tradición fiscalista hispánica, hemos encontrado el modo de contribuir a que nuestras actividades productivas converjan hacia un destino casi tan trágico como el de la trabajadora Carmen, asesinada por su sensualidad desbordante y maravillosa en ese apasionado ambiente andaluz de toreros y soldados.

NOTAS

[1] Salvador de Madariaga, *Hernán Cortés*, págs. 207 y 556.

[2] *Organización de la Iglesia y órdenes religiosas en el Virreinato del Perú en el siglo XVI*, Madrid, 1919; citado por J. B. Terán, *El nacimiento...*, pág. 134.

[3] R. Zorraquín Becú, *La organización judicial...*, pág. 1556.

[4] José María Ots Capdequí, *ob.cit.*, págs. 325 a 329.

[5] José María Mariluz Urquijo, *ob.cit.*, págs. 33 a 35.

[6] José María Mariluz Urquijo, *ob.cit.*, pág. 50 y págs. 36 y siguientes.

[7] Clarence Haring, *ob.cit.*, pág. 264.

[8] Eduardo Martiré, *Historia del derecho minero argentino*, Perrot, Buenos Aires, 1979, págs. 15 a 19; Nueva Recopilación, VI, xiii, 4.

[9] Ordenanzas de Toledo, I, i; citado por E. Martiré, *ob.cit.*, pág. 67.

[10] E. Martiré, *ob.cit.*, pág. 66.

[11] Ordenanzas de Nueva España, V, 3; citado por E. Martiré, *ob.cit.*, pág. 67.

[12] E. Martiré, *ob.cit.*, págs. 56 y 71.

[13] E. Martiré, *ob.cit.*, págs. 84 a 87.

[14] Cristóbal Colón, *Diarios. Relaciones de viaje*, Sarpe, Madrid, 1985, pág. 220.

[15] Fernando Sabsay, *Historia económica y social argentina*, Editorial Bibliográfica Argentina, Buenos Aires, 1967, págs. 171 a 175.

[16] Earl Hamilton, *American Treasure and the Price Revolution in Spain*, Massachusetts, 1934; citado por Eduardo Galeano, *Las venas abiertas de América Latina*, Siglo XXI, Buenos Aires, 1974, pág. 34. Véase también Clarence Haring, *ob.cit.*, pág. 273.

[17] E. Galeano, *ob.cit.*, págs. 34 a 42.

[18] Clarence Haring, *ob.cit.*, pág. 274.

[19] Ley 12.161. Ver Eduardo Pigretti, *Derecho de los recursos naturales*, La Ley, Buenos Aires, 1982, págs. 473 a 475.

[20] General Enrique Mosconi, *El petróleo argentino, 1922-1930, y la ruptura de los trusts petrolíferos ingleses y norteamericanos el 10 de agosto de 1929*, Talleres Gráficos Ferrari, Buenos Aires, 1936, pág. 15; citado por Alain Rouquié, *Poder militar y sociedad política en la Argentina*, Hyspamérica, Buenos Aires, 1986, tomo I, págs. 169 y 170.

[21] Jesús Silva Herzog, *Breve Historia de la Revolución Mexicana*, tomo II "La etapa constitucionalista y la lucha de facciones", Fondo de Cultura Económica, México, 1995, págs. 310 y 311.

[22] Jesús Silva Herzog, *ob.cit.* tomo I, "Los antecedentes y la etapa maderista", pág. 198.

[23] Carlos Fuentes, *Nuevo Tiempo Mexicano*, Aguilar, México, 1994, pág. 265.

[24] Luis Pazos, *Historia sinóptica de México*, Diana, México, 1995, pág. 127.

[25] Clarence Haring, *ob.cit.*, págs. 318 y siguientes.

[26] Henry Seé, *Documents sur le commerce de Cadix*, París, 1927, págs. 21 y siguientes; citado por Clarence Haring, *ob.cit.*, pág. 321.

[27] Funes, *Ensayo histórico*, citado por J. A. García, *ob.cit.*, pág. 138.

[28] J. A. García, *ob.cit.*, pág. 138

[29] J. A. García, *ob.cit.*, pág. 78.

[30] Clarence Haring, *ob.cit.*, pág. 299.

[31] J. A. García, *ob.cit.*, pág. 140.
[32] Francisco Bauzá, *Historia de la dominación española en el Uruguay*; citado por J. A. García, *ob.cit.*, pág. 138.
[33] Constantino Bayle, *ob.cit.* págs. 480 y 456.
[34] Constantino Bayle, *ob.cit.* págs. 490 y 498.
[35] Constantino Bayle, *ob.cit.* pág. 487.
[36] Constantino Bayle, *ob.cit.* pág. 492.
[37] Constantino Bayle, *ob.cit.* pág. 466.
[38] Constantino Bayle, *ob.cit.* pág. 490.
[39] J. A. García, *ob.cit.*, págs. 76 a 78.
[40] J. A. García, *ob.cit.*, pág. 75.
[41] Constantino Bayle, *ob.cit.* pág. 489.
[42] Constantino Bayle, *ob.cit.* págs. 582 y 583.
[43] J. B. Terán, *El nacimiento...*, pág. 125.
[44] J. A. García, *ob.cit.*, pág. 117.
[45] J. B. Terán, *ob.cit.*, pág. 125.
[46] J. A. García, *ob.cit.*, pág. 71.
[47] Lee Iaccoca, *Autobiografía de un triunfador*, Grijalbo, Buenos Aires, 1986, págs. 250 a 290.
[48] Rodolfo Terragno, *La Argentina del siglo XXI*, Sudamericana-Planeta, Buenos Aires, 1986, pág. 114.
[49] Lee Iaccoca, *ob.cit.*, págs. 369 y 370.

Capítulo V

EL MILITARISMO

El país que en el siglo XV parecía destinado a ensanchar el mundo no era España, sino Italia.

Los reinos italianos no habían participado de las cruzadas, sino que más bien habían corrido detrás de ellas con afán comercial y descubridor.

Los venecianos, genoveses y toscanos eran impenitentes viajeros y estaban siempre alerta a lo extranjero, abiertos a lo nuevo, dispuestos a conocer lo extraño y a dominarse a sí mismos con esa apertura anímica de la gente universal.

La península itálica fue el suelo europeo menos signado por el feudalismo. La tradición urbana de la Roma imperial y el afán por la navegación y el comercio atenuaron dicho fenómeno político, de tal modo que no predominaron allí las servidumbres señoriales ni la práctica de la caballería. Tampoco su territorio fue invadido masivamente por los bárbaros, a excepción de la zona sur, donde se establecieron primero normandos y luego sarracenos, produciéndose las diferencias que se conservan hasta hoy.

Intermediaria entre el Oriente proveedor y el Occidente invadido y anarquizado, Italia fue el contacto entre dos mundos y la cuna de una civilización mercantil que empezó a deslumbrarse ante la aparición de productos y manufacturas desconocidos. La cultura burguesa moderna tuvo nacimiento en ese ambiente de mercaderes que casi no han conocido la arquitectura gótica, reflejo de la angustia ascética y la elevación religiosa de los habitantes, sino que viven en un mundo cuyas iglesias, palacios y viviendas están llenos de luz, de jardines, de apacible serenidad.

Mientras en los territorios de Inglaterra, Francia y Prusia se practicaban todavía torneos caballerescos y España aún estaba terminando su cruzada de ocho siglos contra los moros, los venecianos y genoveses buscaban su expansión comercial a través del Mediterráneo, sin importarles si las mercaderías se obtenían en tierras de cristianos o de infieles. *Siamo venetiani, poi cristiani* era la consigna.

En ese ambiente de comerciantes inteligentes y emprendedores que necesitan la paz y la tregua más que la guerra o el combate, se está pensando siempre en un mejor acceso a los mercados de Oriente. Las mercaderías codiciadas no sólo vienen de Esmirna o Khaffa, sino que también los comentarios de Marco Polo hablan de los palacios con tejas de oro del Japón, las magnificencias de la China y los ríos del Turquestán oriental llenos de ágatas.

Los representantes de esa sociedad de gentes refinadas y calculadoras, amantes del individualismo, las ciencias y los goces de la vida, habían realizado ya viajes en búsqueda de caminos nuevos cuando la caída de Constantinopla en poder de los turcos agudizó esa necesidad. Es que el itinerario terrestre aumentaba considerablemente los precios por cuanto las mercaderías orientales —entre ellas las especias, que no sólo sazonaban los manjares sino que los conservaban— debían sortear montañas escarpadas, caminos difíciles y desiertos hostiles.

En ese momento de tensión y búsqueda, de afán marinero y vocación comercial, parecía Italia la nación destinada a extender las rutas y agrandar el planeta.[1] Portugal había bajado por el Atlántico pegado al África hasta Guinea, mientras la España unificada, cultivando sus dos grandes quehaceres largamente medievales, la guerra y la religión, consolidaba su territorio expulsando a los moros de Granada.

Todo indicaba que la marcha natural de los Reyes Católicos era continuar hacia el sur, perseguir a los árabes por el África expandiendo así sus dominios. Pero aquella luminosa mañana de invierno del 2 de enero de 1492, en que Boabdil el Chico bajaba de la Alhambra a caballo para encontrarse con el rey Fernando y entregarle las llaves de Granada, un rubicundo y pecoso genovés, pobre pero soberbio, contemplaba la ceremonia de rendición. Hacía ya ocho años que Cristóforo Colombus suplicaba a los soberanos apoyo para su proyecto, cuando vio al monarca de Aragón y a su esposa, Isabel de Castilla, ascender con su comitiva hacia el palacio y fortaleza morisca llevando la cruz y la bandera real, con lágrimas de emoción y entonando el Te Deum de acción de gracias. Y esa cruz y esa bandera habría de llevarlas muy pocos meses después el obsesivo extranjero, no hacia el sur, sino hacia el oeste y hacia su propia gloria.[2]

Italia no descubrió América —ha dicho Juan B. Terán— porque esta proeza necesitaba un espíritu medieval que los genoveses, toscanos y venecianos habían perdido o nunca tuvieron. La idea y el proyecto estaban originados en la mentalidad comercial, el espíritu científico y las tendencias epicúreas de los italianos, pero la hazaña necesitaba el fuego, la fe y el arrojo de un país medieval por su fanatismo religioso, por su incesante frenesí guerrero y por su ardiente intolerancia y anarquía.

La base científica la proporcionó un cosmógrafo florentino, Paolo Toscanelli, y la pasión la puso un genovés: Colón. El apoyo económico y el patrocinio nacional lo pusieron los reyes de Castilla, que capitularon en Santa Fe con un marino que, cuando salió de Palos, ya era español por su temperamento obstinado y visionario, su tozudez heroica y su irracional fervor para la empresa.[3]

Navegante avezado y perito cosmógrafo en su juventud, después del descubrimiento Colón tornaba hacia el misticismo y habría de decir: "Para la ejecución de la empresa de las Indias no me aprovechó matemáticas ni mapamundis: llanamente se cumplió lo que dijo el profeta Isaías y en siete años hice la conquista por voluntad divina".[4] Del segundo viaje volvió vestido con el hábito de franciscano y antes del cuarto proyectaba destinar todas sus entradas a la recuperación del Santo Sepulcro en Jerusalén, objetivo para el cual varias veces intentó interesar a los Reyes Católicos.

El descubrimiento tuvo el sentido épico de una gesta, algo así como la última proeza de la Edad Media.[5] Y la conquista y la colonización tuvieron también un espíritu guerrero cuyos ecos, lamentablemente, aún hoy resuenan con aires marciales en nuestro territorio.

Dotado su carácter de un cierto exceso de paciencia y reflexividad, resabio acaso de su origen itálico, no logró el Almirante ser un buen militar: en el primer viaje la rebelión de los marineros temerosos y arrepentidos debió ser conjurada con la ayuda de los hermanos Pinzón; en el segundo tuvo problemas con algunos caballeros que lo acompañaban[6]; y en el tercero se dejó imponer condiciones por Roldán y sus compañeros de alzamiento.

Pero desde Colón en adelante, la labor de conquista encontró a los bravos capitanes de espada inquieta y anhelante que habrían de recorrer a sangre y fuego un continente, prosiguiendo en América el largo curso bélico que la España de la lucha contra los moros se negaba a finalizar.

Hernán Cortés en México, Francisco Pizarro y Diego de Almagro en el Perú, más un grupo de audaces Adelantados que transitaron con su tropa el resto del territorio americano, caracterizándose por su extremada movilidad, realizaron en poco tiempo la tarea violenta de dominación.

Al cabo de algunas décadas, el nuevo mundo había sido "pacificado", curioso eufemismo utilizado por los españoles para denominar el restablecimiento de una calma que ellos mismos habían alterado.(*)

Sometidos los indígenas durante ese período en que las únicas resistencias militares serias fueron las de los aztecas, la etapa colonial no exigió grandes ejércitos españoles en América. Las tareas militares eran asumidas por los encomenderos y por unos pocos destacamentos de ejércitos metropolitanos, a los cuales los criollos no tenían acceso.[7]

La caballería, que al parecer se había originado entre los árabes, había ido desarrollando durante su expansión en

---

(*) Una disposición de la Corona indicaba que en los documentos jurídicos oficiales debía reemplazarse la palabra "conquista" por las de "pacificación y población". Víctor Tau Anzoátegui y Eduardo Martiré, *ob.cit.*, pág. 47.

Europa el cumplimiento de algunas normas. Pese a tratarse de una actividad esencialmente violenta, se afirma que sus cultores observaban ciertas costumbres nobles: lealtad al jefe, protección a los débiles, devoción a la dama.(*)

Ninguno de estos usos se practicó demasiado en América, como ya hemos visto en capítulos anteriores, pero hay un rasgo adicional de la caballería que sí estampó su impronta entre nosotros: el espíritu estamental, es decir, la conciencia de que los guerreros forman una clase especial de personas, constituyen un grupo diferente de los demás.

En este sentido, la institución del fuero militar, privilegio medieval que permitía a los miembros de esa corporación ser juzgados por sus pares, ilustra claramente sobre la notoria desigualdad social que se estableció en favor de los hombres de armas: en 1608 una Real Cédula disponía que ningún juez ordinario podía conocer en las causas en que fueren parte "los generales, capitanes, oficiales y la demás gente de aquellos reynos, que sirven a sueldo".[8]

Es decir, que tanto en asuntos civiles como penales, ya fueren actores o demandados, los militares e inclusive los soldados —estos últimos mientras estuvieren en campaña— no podían ser sometidos a la justicia común sino juzgados por los tribunales castrenses.

Al sobrevenir la dinastía de los Borbones y producirse la ocupación de La Habana y Manila por los ingleses en 1762, la Corona advirtió que debía reforzar en América sus esquemas defensivos. Con el propósito de hacer aun más atractiva la milicia, en 1768 resolvió extender el fuero militar a las esposas, hijos y hasta los criados de los oficiales.

Los abusos, sin embargo, fueron tan grandes, que estos privilegios terminaron perjudicando a los militares: ya nadie quería darles alquiler ni servir a sus órdenes, pues en caso de tener que ejecutarles las deudas debían recurrir a

---

(*) Las condiciones de hombría más valoradas por los árabes eran: el coraje, que se medía por el número de adversarios muertos; la lealtad, que se evidenciaba por la devoción a los intereses de la tribu; y la generosidad, que se mostraba en el trato a los huéspedes. José Enrique Miguens, *Honor militar, conciencia moral y violencia terrorista*, Sudamericana-Planeta, Buenos Aires, 1986, pág. 73.

los jefes castrenses, que solían inclinarse por proteger a sus subordinados.

Por ello, en 1784, el fuero quedó derogado en relación a los criados, posaderos, jornaleros o artesanos que fueren acreedores de militares. Solamente cuando estuvieren en el lugar de sus empleos, los oficiales podían invocar estos beneficios. En 1793, un Real Decreto derogaba el fuero activo, es decir, cuando el militar fuera actor, manteniéndose para los casos en que el uniformado era demandado.[9]

Es interesante analizar la evolución de este privilegio en la Argentina con posterioridad a la independencia, al difundirse las ideas de igualdad ante la ley preconizadas por los iluministas franceses y norteamericanos.

En la provincia de Buenos Aires, el fuero militar fue derogado en 1823. Y la Constitución Argentina, sancionada en 1853, confirmó en su artículo 16 que quedaban abolidos los fueros personales.

En 1898, el Congreso de la Nación dictó un Código de Justicia Militar, para organizar los tribunales castrenses que debían entender en las faltas exclusivamente militares, es decir, aquellas transgresiones que afectan a la institución o al orden marcial.

Pero he aquí que uno de sus artículos decía que estos tribunales podían también juzgar a los hombres de armas por delitos comunes, siempre y cuando éstos se hubieran cometido en actos de servicio o en lugares sujetos a jurisdicción militar.

El objetivo de esta disposición era agravar las penas para algunos delitos comunes cometidos por militares, en la creencia de que la tutela del orden castrense y el prestigio de la institución exigían esta rigidez. En la mayoría de los casos, este agravamiento penal se aplicaba a delitos de robo u homicidio cometidos por militares subalternos contra sus superiores. En la década de 1930, el famoso crimen cometido por el cabo Paz en perjuicio de un oficial conmovió a la república, al serle aplicada a aquél la pena de muerte, que no regía para los ciudadanos comunes.

En 1951 se sancionó un nuevo Código de Justicia Militar (ley 14.029), pero éste mantuvo la cláusula que permitía a los tribunales militares juzgar a uniformados que habían cometido delitos comunes en actos o en lugares sujetos a jurisdicción militar (artículo 108, inciso 2).

Durante la dictadura iniciada en 1976, se produjeron gruesas violaciones a los derechos humanos. Al retornar la democracia en 1983, los militares acusados de haber perpetrado secuestros, homicidios y tormentos entre 1976 y aquel año, alegaron estar protegidos por dicho artículo y exigieron ser juzgados por los tribunales castrenses.

Es decir, que el principio que se había establecido para agravar el juzgamiento de los delitos comunes cometidos por militares se invocaba esta vez para lograr un mejoramiento de la situación de los uniformados que estaban acusados de haber cometido aberrantes y múltiples faltas.

La cuestión de competencia no llegó a la Corte Suprema, pues el Poder Ejecutivo envió un proyecto de ley al Congreso, que éste sancionó en febrero de 1984, derogando dicha cláusula.

En su mensaje al Congreso, el Poder Ejecutivo decía que el principio establecido por el artículo 108, inciso 2, de la ley 14.029 constituía un verdadero fuero personal, abolido por la Constitución de 1853, y por esa razón se lo eliminaba a partir de entonces.(*)

Desde ese momento, los delitos comunes cometidos por un militar son juzgados por los tribunales ordinarios, como los delitos cometidos por un ingeniero son juzgados por jueces ordinarios y no por el tribunal de ética del Colegio Profesional de Ingenieros.

Sin embargo, he aquí que posteriormente, al dictarse la ley llamada de Punto Final en 1986, se estableció que los hombres de armas acusados de delitos comunes deben quedar detenidos en establecimientos militares, en tanto que un albañil o un arquitecto imputados de delitos comunes no

_____

(*) Para los delitos comunes cometidos por militares desde 1976 a 1983, la ley 23.049 mantenía la competencia de los jueces militares, pero agregaba una instancia civil a cargo de las Cámaras Federales. Se establecía también que si los tribunales militares no dictaban sentencia en el plazo de seis meses, las causas pasarían a las Cámaras Federales. Fue en virtud de este mecanismo que los Comandantes en Jefe Videla, Viola, Agosti y otros fueron juzgados y condenados por la Cámara Federal de la Capital Federal en un memorable juicio.

quedan arrestados en el Sindicato de la Construcción o el Colegio de Arquitectos, sino en una cárcel cualquiera.[10]

Con la sanción de esta norma, la vieja sociedad estamental se imponía a los claros preceptos de igualdad ante la ley prescriptos en la Constitución de 1853, que no parecen haber arraigado demasiado en el ánimo y la conciencia colectiva de los argentinos.

Como lo manifiesta José Enrique Miguens con gran agudeza, después de la independencia americana persistió en nuestras sociedades el espíritu jerárquico y clasista, aunque disimulado bajo un ropaje democrático o republicano.[11]

En la historia de nuestros países, religión y guerra estuvieron unidas desde tiempos muy pretéritos.

En el caso de los árabes, esto ocurre desde el nacimiento del islamismo. Cuando Mahoma, en el siglo VII, se sintió inspirado por Alá y portador de una misión profética, preguntó en su vecindario quién quería seguirlo y ser su lugarteniente y visir. La única persona que contestó afirmativamente fue su primo Alí, un adolescente, quien le manifestó: "Oh, profeta, seré yo. Yo compartiré tus trabajos, yo arrancaré los ojos de tus enemigos, yo les romperé los dientes y les hundiré el pecho".

Con tan acendrados propósitos y méritos, Alí se casó luego con una hija de Mahoma y fue su sucesor desde el año 656 hasta 661.

El islamismo tuvo una rápida e intensa expansión por medios militares, cuyos fundamentos doctrinarios pueden encontrarse en el Corán. El versículo 4 del capítulo XLXVIII exhorta a los creyentes a esta misericordiosa labor: "Cuando encontréis infieles, matadlos hasta hacer una gran carnicería".

En el siguiente, se dice que "Mahoma es el enviado de Dios: sus compañeros son terribles para los infieles y llenos de ternura entre ellos", añadiéndose que "los infieles están perdidos. Sus malas acciones han sido expresamente preparadas para ellos, porque Dios no los dirige".[12]

Para los musulmanes, tanto los pecadores como los no creyentes se condenan y no hay mayor gloria que morir en guerra santa contra los infieles, puesto que desde allí el alma va directamente al paraíso. Esto explica, posiblemente, los fulminantes éxitos del islamismo, que en dos siglos pasó a dominar el norte de África y gran parte de Asia.

Para los árabes, el incentivo bélico era grande: si triunfaban, compartían un cuantioso botín y cumplían su afán de difusión espiritual; si morían, entraban sin esperas ni purgatorios a un edén donde las jóvenes y bellas mujeres llamadas "huríes" les servían ricos manjares y golosinas.

Guiados por este espíritu, los musulmanes se apoderaron en poco tiempo de casi la totalidad de la península ibérica, salvo las montañas del norte. Desde allí iniciaron los reinos españoles la reconquista, para lo cual tuvieron la suerte de contar también con la ayuda de Dios, así como los moros habían contado en su momento con la de Alá.

Hasta un notable historiador norteamericano, William Prescott, pese a que los sajones suelen ser racionalistas y algo escépticos, reconoce esta intervención divina en favor de los hispánicos en su larga guerra de recuperación.

Cuenta Prescott que el antiguo español, "reducido a sus estériles montañas, contemplaba con dolor los apacibles valles y las fértiles llanuras en poder del usurpador, la casa de Dios manchada por sus abominables ritos, y brillando la media luna sobre las cúpulas, consagradas un día a sostener el venerado símbolo de la fe. Hízose su causa la del cielo; y la Iglesia publicó sus bulas de cruzada, ofreciendo indulgencias sin número a los que peleasen, y el paraíso a los que muriesen en batalla contra los infieles. Distinguíase el antiguo castellano por su independiente resistencia a las intrusiones de la Corte romana; pero su especial situación le sujetaba, en un grado nada común, a la influencia eclesiástica interior. Mezclábanse los sacerdotes en el consejo y en el campo y era muy frecuente verlos ostentando sus sacerdotales vestiduras, conducir los ejércitos a la batalla; siendo por otra parte intérpretes de la voluntad del cielo, que tan misteriosamente se revelaba en sueños y visiones. Muy común cosa eran entonces los milagros: las violadas sepulturas de los santos despedían rayos y centellas para consumir a los invasores; y cuando los cristianos desfallecían en la pelea, veíase meciéndose en los aires la aparición de su patrón Santiago, sobre un caballo blanco como la nieve, y agitando la bandera de la cruz, que reanimaba sus rotos escuadrones y los conducía de nuevo a la victoria".[13]

La conquista de América se realizó también con un cierto sentido misional, aunque el ánimo de muchos guerreros —como hemos visto— haya estado incentivado por el afán materialista. Hasta el mismo nombre de Colón (Cristóforo, es decir, portador de Cristo) ha sido interpretado como un signo del sesgo que habría de tener la tarea que iniciara el Almirante. Y las crónicas de los primeros tiempos del descubrimiento señalan que los españoles entraban en batalla contra los indígenas al grito de "¡Santiago y a ellos!", luego de haberles leído en muchos casos el famoso requerimiento, que les comunicaba la existencia de un solo Dios cuyo representante, el Papa, había donado estas tierras a los reyes de Castilla.

En las guerras de la independencia en el Río de la Plata, tanto los generales San Martín como Belgrano se preocupaban por el sostenimiento del espíritu cristiano en sus tropas. Luego de la batalla de Tucumán, el 24 de setiembre de 1812, el general Belgrano designó a la Virgen de la Merced generala del ejército del norte, y le entregó su bastón de mando en una solemne procesión.

Agradecía de ese modo la intervención de la madre de nuestro Señor en favor de su fuerza, que indudablemente había sido más eficaz que el apoyo que el apóstol Santiago había brindado a las tropas realistas del general Pío Tristán.

El insurgente cura Morelos, en México, proponía ese mismo año, en su documento "Sentimientos de la Nación", que una norma constitucional estableciera el 12 de diciembre de cada año como celebración de la patrona de la libertad, la virgen de Guadalupe.

Los realistas, por su parte, se encomendaban a una virgen rival, la de los Remedios, bendecida por los sacerdotes armados que acusaban de hereje y anatemizaban al "enemigo de Dios e impío Morelos".

Tres años después, Simón Bolívar escribía "que los directores de la independencia de México se han aprovechado del fanatismo con el mejor acierto, proclamando a la famosa

114

virgen de Guadalupe por reina de los patriotas, invocándola en todos los casos arduos y llevándola en sus banderas. Con esto, el entusiasmo político ha formado una mezcla de religión que ha producido un fervor vehemente por la sagrada causa de la libertad".

Un jefe realista, también, acusó a Morelos de ser una especie de "segundo Mahoma, que promete la resurrección y el paraíso con el goce de todas sus pasiones a sus felices musulmanes".

En los primeros tiempos del período independiente, cuando el vicepresidente mexicano Valentín Gómez Farías propició un conjunto de reformas contra los privilegios corporativos de la Iglesia, estalló en Morelia una sublevación bajo el lema restaurador de "Religión y Fueros" que terminó acaudillada por Antonio López de Santa Anna.[14]

En el Río de la Plata, en la misma época, el presidente Bernardino Rivadavia realizaba reformas eclesiásticas similares, las que provocaron la reacción adversa del caudillo riojano Facundo Quiroga, quien encabezó un movimiento identificado bajo el lema de "Religión o Muerte"(*).

En las luchas civiles argentinas entre federales y unitarios, los primeros se declararon los defensores de la Santa Religión Católica, Apostólica y Romana, que las ideas progresistas de los segundos parecían amenazar.

En México, la división entre partidos tuvo también como eje fundamental la posición frente a la Iglesia. Aunque la mayoría de los dirigentes liberales pertenecía al catolicismo, querían imponer un laicismo que atenuara los privilegios de una institución que poseía la quinta parte de las riquezas nacionales, controlaba la educación y registraba los nacimientos, los matrimonios y las muertes. Los conservadores, a su vez, hicieron de la defensa de la religión de Estado la

---

(*) Domingo Faustino Sarmiento condenó y a la vez inmortalizó a Quiroga en su libro *Facundo. Civilización o barbarie*. El gobernador peronista de la provincia de La Rioja, Carlos Menem, usaba en 1973 grandes patillas iguales a las de Facundo e invocaba también su lema de "Religión o Muerte", pero cuando en 1989 fue elegido presidente de la Nación aplicó políticas económicas neoliberales. Por eso uno de sus partidarios dijo que "como candidato hablaba como Facundo, pero como presidente gobernó la economía al modo de Sarmiento".

principal de sus banderas. Dado que el pasado indígena mexicano es eminentemente teocrático, la cuestión religiosa fue siempre un tema delicado y urticante de su realidad. El primer ferrocarril que se inauguró en el país, en 1857, unió el centro de la capital con el santuario de la Virgen de Guadalupe. En 1927, ante una ley del presidente Plutarco Elías Calles que castigaba las manifestaciones externas del culto y limitaba el número de sacerdotes, se produjo una reacción católica popular bajo la proclama de "Viva Cristo Rey". Las luchas de los "cristeros" contra las autoridades ensangrentaron el territorio y produjeron casi 80.000 muertos. Solamente los obispos —luego de gestiones del gobierno ante Roma— pudieron persuadir a los cristeros de deponer las armas. Ya Simón Bolívar, en su "Carta desde Jamaica" de 1815, lo había profetizado: "La veneración de la imagen de la Virgen de Guadalupe, en México, es superior a la más exaltada que pudiera inspirar el más diestro profeta".

Educado por los sacerdotes jesuitas, el líder cubano Fidel Castro otorgó a su enfrentamiento con Estados Unidos un carácter casi confesional, de "cruzada" contra los impíos imperialistas que ya habían sido denunciados por el profeta José Martí.

Y Cuba se convirtió así en una especie de moderna misión jesuítica en la cual, a semejanza de las paraguayas de otrora, los naturales tienen educación y asistencia sanitaria gratuita, a condición de no poder expresar su desacuerdo con la nueva religión ni con las interpretaciones del barbado y tonante mesías.

También en este siglo, en la década del setenta, la Argentina se vio asolada por dos bandas guerrilleras que sembraron el miedo y la destrucción. El Ejército Revolucionario del Pueblo (ERP) adoptó una especie de confesión laica, el marxismo, que postula que el capitalismo dará paso al socialismo y sostiene que la violencia es la partera de la historia. Quienes ayuden a este tránsito inexorable, los elegidos para esa misión suprema, se autoconstituyen en modernos mesías que, por el solo hecho de serlo, quedan excusados de observar las normas éticas y el respeto debido a la vida humana. Con ese espíritu de cruzada secular se podía asesinar sin miramientos a militares y empresarios y también a sus cómplices o colaboradores, como policías, choferes, simples trabajadores y hasta niños, como fue el caso de la pequeña hija del Capitán Humberto Viola, ultimada junto a su padre en Tucumán, en diciembre de 1974.

Los Montoneros, a su vez, se declaraban peronistas, pero por encima de su confusa identificación política podía advertirse en el Movimiento ciertos rasgos adquiridos por muchos de sus dirigentes en una pasada educación clerical. Su concepción heroica de la historia que llegaba a despreciar a las personas sencillas como resultado de una conciencia estamental; su glorificación de la acción directa que los movía a la exaltación de la violencia en arranques de fanatismo casi místico, son elementos que convergían finalmente en un culto de la muerte que, más allá de su coincidencia con el fascismo[15], se entroncaba históricamente con las antiguas pasiones de musulmanes y católicos por alcanzar el paraíso al caer en la pelea defendiendo a su Dios.

Para combatir este fervor político religioso, las Fuerzas Armadas argentinas no opusieron las armas de la ley, que en los países avanzados han sido el fruto de siglos de civilización. Como ellas representaban los ideales de la moral occidental y cristiana (curiosa identificación, pues Cristo nació en Oriente), asumieron un rol mesiánico equivalente y no sólo arrasaron con la legitimidad constitucional sino también con los más elementales derechos humanos de toda la comunidad. Por aquellos años se atribuía a uno de los principales generales del Proceso la siguiente frase: "Primero mataremos a los subversivos, después a sus cómplices, luego a los tímidos y por último a los indiferentes".

En las manos usurpadoras de quienes se consideraban a sí mismos como "el reservorio moral de Occidente" (los Estados Unidos ya no lo eran porque el presidente James Carter no les vendía armas), el Estado dejó de ser la expresión de una sociedad organizada jurídicamente, para convertirse en instrumento de una nueva y particular guerra "santa" que sembró el país de cárceles clandestinas en las que se torturaba sistemáticamente, con delectación casi religiosa.

Al restablecerse la democracia, cuando el presidente de la Comisión Nacional sobre la Desaparición de Personas, el escritor Ernesto Sabato, afirmó que la represión estatal se había ejercido en forma "demoníaca", vino a sancionar inconscientemente la idea de que los guerrilleros y el gobierno militar constituían dos facciones fundamentalistas, dos bandos pararreligiosos que luchaban hasta el exterminio porque ambos eran poseedores de toda la verdad, constituían la única posición verdadera.

Es que reconocer que nuestro grupo constituye solamente una parte; asumir que los demás sectores tienen derecho a existir y a expresar sus opiniones sin cortapisas; y aceptar que el Estado es nada más que un mecanismo jurídico para facilitar la convivencia, constituye una humilde expresión de tolerancia que es incompatible con la idea de que existe una sola verdad revelada y que ella se encarna en la unión de las autoridades civiles y religiosas.

En las comunidades que han identificado la religión con la guerra, como ha sido tan común en los países hispanoamericanos, no se ha desarrollado demasiado el espíritu democrático.

Por el contrario, las instituciones republicanas encuentran mejor arraigo en las sociedades que han reservado al plano íntimo las ideas confesionales, separándolas de la actividad política o de seguridad.

Si toda la comunidad considera que los hombres de armas son distintos, no es difícil que ellos mismos lleguen a la conclusión de que son mejores.

En los tiempos iniciales de la conquista, la sociedad colonial privilegiaba a los guerreros por cuanto era la labor de éstos la que posibilitaba los asentamientos. Por estas "fatigas" eran merecedores de indios o tierras.

Muchos historiadores han puesto de resalto en forma negativa que Francisco Pizarro cuidaba chanchos en Extremadura antes de conquistar el Perú, como si la actividad de matar hombres fuera más digna que la de alimentar animales.

Ya en tiempos de "pacificación", los virreyes y gobernadores eran fundamentalmente militares, aunque dichos cargos resumían el mando político, la tarea castrense y la labor de impartir justicia. Como todavía no existía la división de poderes, pero sí la de funciones, la denominación íntegra del cargo indicaba la triple función: el virrey y el gobernador eran también "capitán general y justicia mayor". El primer virrey del Río de la Plata, don Pedro de Cevallos, fue el prototipo del funcionario metropolitano que ocupaba tal cargo por su condición militar y con un principal cometido castrense.

Por la vía del ejercicio del poder político, los hombres de armas siguieron ocupando el primer plano de la vida colonial.

Al producirse las luchas de la independencia contra España, la tarea bélica volvió a ser la primordial en las comunidades americanas. Los generales Simón Bolívar, José de San Martín, Antonio de Sucre, han pasado a ser los paradigmas de nuestras sociedades, los héroes nacionales. Ricardo Rojas llamó a San Martín el "Santo de la Espada" y Belisario Roldán llegó al extremo de la idolatría al mencionarlo en su famosa oración cívica como el "Padre Nuestro que estás en el bronce".

Finalizadas las guerras contra la metrópoli, el suelo americano se ensombreció por prolongadas contiendas civiles. Surgieron así los caudillos que, si bien en su origen solían ser civiles hacendados o comerciantes cuando no aventureros, terminaban estableciendo en sus figuras el mando militar y político. Aunque algunos de ellos habían conseguido honores o grados castrenses en las luchas por la independencia, otros los obtenían de los gobiernos de turno por servicios ocasionales prestados al mando de sus "montoneras". Tal fue el caso de los argentinos Facundo Quiroga, designado general por Rosas, o Vicente "Chacho" Peñaloza, nombrado por Urquiza coronel de la Confederación.

En México, Antonio López de Santa Anna había pensado ser comerciante, pero a los dieciséis años se enroló como cadete en el ejército realista que dirigía Agustín de Iturbide. Sus cualidades y triunfos militares (al servicio de diferentes jefes y causas) le valieron nombradía política y lo catapultaron varias veces hacia la presidencia.

119

Porfirio Díaz, a su vez, fue seminarista y después sus ideas liberales lo orientaban hacia la abogacía, pero la Guerra de Reforma lo llevó hacia la vida militar. Formó un regimiento, creó una policía secreta y una fábrica de municiones y se volvió un experto en escaramuzas y batallas. Luego, durante la intervención francesa y la aventura imperial de Maximiliano de Habsburgo, su estrella militar brilló en el sur con pasmosas movilidades y ataques furibundos. Cuando entregó al restaurado presidente Benito Juárez la capital mexicana, su prestigio castrense lo señalaba ya como el futuro líder político para el final de una centuria que Enrique Krauze bautizaría como el "siglo de los caudillos".

Casi sin excepciones, la América hispánica estuvo gobernada en esa época por brigadieres y generales. Entre 1822, en que Iturbide es consagrado emperador, y 1847, México soportó cincuenta gobiernos militares.

Cuando un uniformado se pronunciaba contra las autoridades, se vivía un aire de fiesta y el pueblo comentaba gráficamente: "Ahí viene la bola", con el mismo sentido que en la Argentina se anunciaba la llegada del "fragote" o el "quilombo".

En este siglo, las luchas de la Revolución Mexicana sirvieron también para promover a jefes militares que luego ocuparon importantes cargos políticos: Venustiano Carranza, Álvaro Obregón, Plutarco Elías Calles y Lázaro Cárdenas son algunas de estas figuras.

En su libro *El crimen de la guerra*, escrito poco después de 1870, el argentino Juan Bautista Alberdi señalaba que la América del Sur no había contribuido a la obra de la civilización universal sino por el trabajo de la guerra de su independencia. No hay allí —decía— ninguna invención como la del pararrayos de Franklin, la máquina de vapor de Fulton o el telégrafo de Morse, que son norteamericanos. Ni en las ciencias físicas, ni en las conquistas de la industria, ni en ramo alguno de los conocimientos humanos —añadía—, el mundo conoce una gloria sudamericana que se pueda llamar tal.

La única gloria que allí existe —agregaba Alberdi— es la

gloria militar, los únicos grandes hombres son grandes guerreros. Por eso cada gobernante quiere ser un Bolívar, aspira a ser un San Martín. Pero como la independencia de España ya está conquistada, se emprenden guerras de "libertad interior" que lo único que logran son grados militares para quienes las dirigen. Así, concluía el gran pensador argentino, el atraso, la barbarie y la opresión están constituidos en la América del Sur por la espada y el elemento militar, que a su vez representan la guerra civil convertida en industria, en oficio de vivir, en orden permanente y normal.[16]

Después de 1860, la Argentina logró superar esa etapa y entró en el período de sucesión constitucional de sus gobernantes, aunque hasta 1916 no haya existido verdadera libertad de sufragio.

Pero al doblar el siglo, algunas innovaciones legislativas sembraban semillas militaristas que luego habrían de germinar.

La ley 4.031, dictada en 1901, introdujo en el ejército argentino dos aportes fundamentales: el servicio militar obligatorio y la necesidad para todo oficial de cursar el Colegio Militar de la Nación.

Hasta ese momento, la masa de soldados estaba compuesta por enganchados voluntarios que se enrolaban por dos, cuatro o seis años; y por "destinados", es decir, condenados a presidio o personas desocupadas que eran mal vistas por los jueces de paz. Entre estas últimas se contó el imaginario gaucho Martín Fierro, cuyas desventuras fueron llevadas a la dimensión de leyenda por el escritor José Hernández.(*)

Uno de los objetivos del servicio militar obligatorio fue lograr que los hijos de inmigrantes adquirieran espíritu patriótico a través de la inculcación de los valores nacionales,

---

(*) Según decreto del 30 de agosto de 1815 contra la vagancia, todo hombre sin propiedad debía tener un patrón que respondiera por él; en caso contrario era pasible de ser condenado a cinco años de prisión. Juan Álvarez, *Estudios sobre las guerras civiles argentinas*, Juan Roldán, Buenos Aires, 1914, pág. 99; citado por Alain Rouquié, *Poder militar...*, tomo I, pág. 76.

aunque con frecuencia esto último haya sido entendido más como adhesión formal o exterior a los símbolos que como difusión de valores cívicos personales.

Los soldados conscriptos, muchos de ellos hijos de inmigrantes y todavía apegados a los países de sus padres, debían ser instruidos en las tradiciones nacionales por los oficiales, para evitar así los virus del anarquismo o la indiferencia.

Un militar distinguido, el teniente coronel Carlos Smith, quien había advertido que durante el descanso algunos soldados entonaban en italiano canciones de *trattoria* y no los himnos patrióticos que se les enseñaban, manifestaba en 1918 que el objetivo de la conscripción era hacer ciudadanos argentinos a partir de un "conglomerado híbrido y confuso", renacionalizar el alma nacional desembarazándola de "exotismos que la debilitan y de impurezas que la descomponen".

A su vez, la obligatoriedad para los oficiales de pasar por el Colegio Militar que había fundado Domingo Faustino Sarmiento implicaba también un cambio muy importante.

Hasta ese entonces, los hombres de armas adquirían sus conocimientos militares en los propios cuarteles, por lo cual obviamente no eran demasiado instruidos.

En muchos casos, los oficiales obtenían sus grados en las luchas civiles, como ya hemos visto. En otros, ciertas personas influyentes y bien consideradas por los poderes políticos recibían el estado militar por simple decreto. En este último caso, se trataba generalmente de gente que no hacía de la milicia una profesión, sino un oficio ocasional o un medio para aumentar nombradía.[18]

A partir del paso obligado por el Colegio Militar para obtener el título de subteniente, los oficiales adquieren mayor cohesión y espíritu de cuerpo. Además, la conciencia de que su misión es nada menos que formar a los ciudadanos argentinos les revigoriza el sentimiento de superioridad. En 1915, el Dr. Manuel Carlés, profesor del Colegio Militar, señalaba en una conferencia que el oficial siente que la nación le confía "la redención del conscripto inculto, ignorante y perverso", añadiendo que estos últimos son "argentinos de nacimiento y bárbaros de condición, constituyendo un peligro para la estabilidad social y una amenaza a nuestra cultura".

Si los antiguos oficiales improvisados se sentían superiores por su misión de doblegar a los gauchos, los nuevos profesionales se sienten aun más importantes, puesto que ahora deben "argentinizar" a los gringos.[19]

En 1920, el general Agustín P. Justo, director del Colegio Militar, señalaba en el acto de graduación de los nuevos subtenientes que los mismos entraban "a formar parte del cuerpo de oficiales, es decir, de un conjunto de hombres de bien que, guiados por un ideal superior, tienen mayores responsabilidades y cumplen funciones más trascendentales que la mayoría de sus conciudadanos, porque deben amalgamar hombres de todas las procedencias a fin de moldear en nuestros ciudadanos el alma argentina".[20]

El paso obligado por el instituto de enseñanza, entonces, les ha dado instrucción y conciencia de elite; y el presunto objetivo de su tarea les otorga un rol casi mesiánico de formación de la nacionalidad.

No es extraño entonces que otro de los militares "intelectuales", el teniente coronel A. Maligne, señalara en la época que "hoy, el ejército es la nación; es como su armazón externa de acero, que asegura la cohesión de sus partes y la preserva de choques y caídas".[21]

El teniente coronel Carlos Smith, a su vez, como colofón de su libro *Al pueblo de mi patria*, expresaba: "La patria para el Ejército; la política para los políticos".[22]

Sin duda, estos hechos y estas manifestaciones contribuyeron a crear un estado de espíritu que habría de eclosionar en el golpe de Estado de 1930, que inició un proceso ininterrumpido de casi cincuenta años de intervenciones militares.

La conciencia estamental que viene desde antaño; la identificación entre guerra y religión, que suele dar lugar a una política bélica; más el rol mesiánico que los militares acentuaron desde principios de este siglo, habrían de deparar a los argentinos consecuencias más profundas que los golpes de Estado que se sucedieron desde 1930.

A partir del cuartelazo del 4 de junio de 1943, el influyente coronel Juan Domingo Perón, Ministro de Trabajo y Previsión, intenta ascender a la primera magistratura del país a través del establecimiento de un régimen semifascista, basado en concesiones a la clase obrera pero con el contrapeso del sector empresarial.

En momentos en que el nacionalsocialismo alemán y el fascismo italiano declinan en Europa, Perón logra movilizar a los trabajadores otorgándoles beneficios económicos y promoviendo la formación de sindicatos adictos. Simultáneamente, pretende atraer a los patrones, asustándolos con el fantasma del comunismo. En su famoso discurso del 25 de agosto de 1944, en la Bolsa de Comercio de Buenos Aires, Perón vaticinaba que "toda Europa entrará dentro del socialismo panruso" y, luego de hablar de los días de agitación que se venían, exhortaba a los empresarios: "Está en manos de nosotros hacer que la situación termine antes de llegar a ese extremo, en el cual todos los argentinos tendrán algo que perder, pérdida que será directamente proporcional con lo que cada uno posea: el que tenga mucho lo perderá todo, y el que no tenga nada no perderá".

Sin embargo, como bien lo ha señalado Pablo Giussani, la situación internacional hizo que los industriales nacionales no reaccionaran como los italianos en 1920. En aquel entonces, el reciente triunfo de los bolcheviques durante la Revolución Rusa encolumnó a los empresarios tras de Mussolini, en tanto que en la Argentina de 1944 la figura aparentemente bonachona de José Stalin aparecía en los noticiarios y en los diarios junto a sus aliados Franklin Roosevelt o Winston Churchill, líderes ideológicos de los sectores ganaderos y patronales. El mensaje de Perón, por tanto, no habría de ser escuchado por los empresarios, que nunca le prestaron mayor apoyo.

Por ello, Perón debió usar a las Fuerzas Armadas como contrapeso de la movilización sindical que permanentemente estimuló, en reemplazo de los empleadores.[23]

Utilizando la compra de armamentos tanto como la glorificación de la figura del general San Martín al cumplirse cien años de su muerte; la creación de un complejo industrial militar tanto como la entrega de automóviles Mercedes

Benz a bajo precio a sus jefes adictos, el régimen de Perón habría de culminar en setiembre de 1955, cuando las Fuerzas Armadas le restaron su apoyo y se rompió el equilibrio que lo sostenía.

Pero el militarismo no había dado todavía en la Argentina sus peores frutos. Si bien es sabido que el espíritu estamental en una sociedad no favorece el desarrollo de la democracia, puesto que ésta supone el principio de igualdad ante la ley, los sucesos ocurridos a partir del golpe de Estado de 1976 iban a mostrar que la toma del poder por una facción con intenso sentimiento clasista puede producir consecuencias funestas. En efecto, habría de comprobarse hasta límites pavorosos que la conciencia jerárquica no suele ser propicia al respeto de los derechos humanos, es decir, aquellos derechos que corresponden a todos los sectores sociales y no solamente a los que gobiernan.[24]

Durante la llamada guerra antisubversiva que las Fuerzas Armadas manifestaron librar durante aquel período, en las cárceles clandestinas llegó a torturarse a mujeres embarazadas, aplicándose la picana eléctrica incluso a fetos que se encontraban en el seno materno.[25] No hubo demasiado problema en hacerlo, dado que dichas mujeres y sus criaturas aún sin nacer no pertenecían a este estamento, sino al otro... No formaban parte de nuestro bando, sino del contrario...(*)

(*) Los Montoneros, muy emparentados con esta ideología, como hemos visto, tampoco respetaron la vida de los niños, como ocurrió con el asesinato de Paula Lambruschini.

NOTAS

[1] Juan B. Terán, *El descubrimiento de América en la historia de Europa*, Universidad Nacional de Tucumán, Tucumán, 1981, págs. 26 y 77.

[2] Salvador de Madariaga, *Vida del muy magnífico...*, págs. 18 y siguientes.

[3] Juan B. Terán, *ob.cit.*, pág. 83.

[4] Juan B. Terán, *ob.cit.*, pág. 83.

[5] Juan B. Terán, *ob.cit.*, pág. 87.

[6] Demetrio Ramos, "Colón y el enfrentamiento de los caballeros. Un serio problema del segundo viaje que nuevos documentos ponen al descubierto", en *Revista de Indias*, Madrid, 1979, N° 155-158, enero-diciembre 1979, pág. 9.

[7] María del Carmen Velázquez Chávez, "La estructura del ejército colonial", en *Revista del Ejército y Fuerza Aérea Mexicanos*, tomo 2, Época XVI, diciembre de 1978, pág. 8; Clarence Haring, *ob.cit.*, pág. 57.

[8] Ricardo Zorraquín Becú, *La organización judicial...*, pág. 91.

[9] Ricardo Zorraquín Becú, *ob.cit.*, págs. 92 y 93.

[10] Ley N° 23.469, artículo 3°.

[11] José Enrique Miguens, *Honor militar, conciencia moral y violencia terrorista*, Sudamericana-Planeta, Buenos Aires, 1986, pág. 39.

[12] José Enrique Miguens, *ob.cit.*, pág. 74.

[13] William Prescott, *Historia de los Reyes Católicos*, Argonauta, Buenos Aires, 1947, tomo I, pág. 24.

[14] Enrique Krauze, *ob.cit.*, págs. 58, 74, 79, 80, 83, 132 y 133.

[15] Pablo Giussani, *Montoneros, la soberbia armada*, Sudamericana-Planeta, Buenos Aires, 1984, pág. 93.

[16] Juan Bautista Alberdi, *El crimen de la guerra*, págs. 137 a 144.

[17] Teniente Coronel Carlos Smith, *Al pueblo de mi patria*, Talleres Gráficos del Estado Mayor del Ejército, Buenos Aires, 1918, págs. 88 y 89; citado por Alain Rouquié, *Poder militar...*, tomo I, pág. 84.

[18] Alain Rouquié, *ob.cit.*, tomo I, pág. 78

[19] Alain Rouquié, *ob.cit.*, tomo I, pág. 83.

[20] Alain Rouquié, *ob.cit.*, tomo I, pág. 84.

[21] Alain Rouquié, *ob.cit.*, tomo I, pág. 83.

[22] Alain Rouquié, *ob.cit.*, tomo I, pág. 85.

[23] Pablo Giussani, *ob.cit.*, págs. 175 a 203.

[24] José Enrique Miguens, *ob.cit.*, págs. 48 y 92.

[25] *Nunca más*, Informe de la Comisión Nacional sobre la Desaparición de Personas, Eudeba, Buenos Aires, 1985, legajo N° 4.178, pág. 317.

Capítulo VI

EL INCUMPLIMIENTO DE LA LEY

Otra característica de nuestra historia ha sido el permanente divorcio entre la ley y la realidad, el constante desconocimiento en los hechos americanos de lo que las normas españolas indicaban en el plano jurídico o ideal.

No había ocurrido esto en España, en donde el derecho foral era la cristalización de costumbres muchas veces vividas durante décadas o siglos.

Para consolidar un territorio ganado a los moros o como premio a sus habitantes, como ya hemos puntualizado, la Corona solía otorgar a las ciudades el derecho a tener sus propios jueces y a regirse por las normas consuetudinarias que ya venían aplicándose y que de ese modo adquirían confirmación real. Así ocurrió con los fueros de Castrogeriz o de Cuenca, por ejemplo[1].

Las Reales Cédulas para las Indias, en cambio, fueron mucho más expresiones de deseos o anhelos de la Corona, que conductas practicadas en el territorio.

Al igual que Juan B. Terán, Juan Agustín García ha destacado que "en todo lo que se refiere a la América española, el estudio de la ley escrita es el menos importante e ilustrativo. Las cédulas se repiten sin que se calme un dolor o se repare una injusticia. El derecho vigente es el primitivo de la conquista, por el que las personas y los bienes de los vencidos quedan a merced de los vencedores"[2].

La suerte corrida por las capitulaciones firmadas entre Cristóbal Colón y la Corona de Castilla el 17 de abril de

127

1492, fue un prenuncio del constante desconocimiento de la ley que habría de imperar en América (*).

Los reyes de Castilla habían convenido otorgar a Colón el título de Almirante de la Mar Océana a perpetuidad, más el de Virrey y Gobernador de las tierras que descubriera. Se le concedía también el derecho a impartir justicia en dichos territorios (privilegio feudal que en esos tiempos la Corona trataba de restringir), el diez por ciento de todos los beneficios materiales que se obtuvieran y el derecho a participar en una octava parte en las excursiones posteriores.

Durante su tercer viaje, a raíz de la rebelión del Alcalde Mayor Francisco Roldán y por pedido del propio Colón, la Corona decidió enviar a la isla La Española, como investigador, a Francisco de Bobadilla, oficial de la Casa Real y comendador de la Orden de Calatrava.

Después de su pesquisa, Bobadilla resolvió poner presos al Almirante y a sus hermanos Giaccomo y Bartolomé, lo que significaba destituirlo como Gobernador y, con ello, empezar a incumplir lo pactado; el episodio, además, constituía el primer caso de la tradición americana de investigar más a la víctima que al victimario.

Colón fue engrillado y enviado a España, en 1500, en esas condiciones, en las cuales meditaría sin duda sobre las mudanzas de la fortuna y la ingratitud de los hombres, sin distinción de rangos. "De la nada os he dado las Indias", escribiría después, quejoso y soberbio, a los reyes.

En 1505, Diego Colón, hijo del Almirante, pidió a la Corona que se le otorgara el gobierno de las Indias, en virtud de lo establecido en las capitulaciones y en retribución de los grandes servicios prestados por su padre. Colón, postrado ya por la enfermedad, escribió también al rey Fernando, apoyando la petición de su hijo.

Muerto el Almirante en 1506, Diego volvió a instar a la Corona en pro de la recuperación de las prerrogativas heredadas y logró que se le reconociera el derecho a la décima

---

(*) A partir de este incumplimiento inicial, bien podría afirmarse que las Indias españolas, en este aspecto, nacieron "mal paridas".

parte sobre los impuestos reales en las Indias, pero no se dio cumplimiento inmediato a tal declaración.

En 1508, realzado en su investidura por el casamiento con María Álvarez de Toledo, sobrina del Duque de Alba y prima del Rey Fernando, Diego Colón logró que se lo designara gobernador de las Indias, pero sin el título de Virrey.

En 1509 llegó a Santo Domingo acompañado de su esposa, su hermano Fernando y sus tíos Giaccomo y Bartolomé, además de una comitiva de miembros de distinguidas familias castellanas, que permitieron cierta pompa colonial.

Mientras tanto, Diego había entablado juicio a la Corona por la totalidad de las prerrogativas convenidas con su padre y, en 1511, el Consejo de Castilla se expidió determinando que "al dicho Almirante y sus sucesores pertenece la gobernación y administración de la Justicia de La Española como de las otras islas que el Almirante Cristóbal Colón su padre descubrió en aquellos mares, con título de virrey de juro y heredad por siempre jamás".

Como este fallo no mencionaba al continente, el rey nombró como capitán general y gobernador de Panamá a Pedrarias Dávila en 1514. Previamente, había designado gobernadores en Uraba, Veragua y Puerto Rico, ante lo cual Diego Colón había protestado, por entender que se lesionaban sus derechos. Pero la Corona continuó ininterrumpidamente con su política de nombrar funcionarios en las Indias, que se había iniciado con la deposición de Cristóbal Colón en 1500.

Tanto este tema como lo atingente a los beneficios económicos y la organización de la justicia en las Indias dieron lugar a interpretaciones encontradas, por lo que se reabrió el pleito en España, mientras en América el gobernador y ahora también virrey Diego Colón tenía permanentes disputas y encontronazos con los funcionarios reales.

El veredicto de 1511 disponía que los fallos de los alcaldes debían apelarse ante el virrey Diego Colón y de ahí ante el Rey y las personas que éste designase. Por ello el monarca nombró ese mismo año la primera Audiencia de Santo Domingo, compuesta de tres jueces. En un extenso memorial de más de 40 capítulos, Diego reivindicó su derecho a tener el gobierno absoluto de las Indias, incluyendo la administración superior de justicia y la designación de todos los funcionarios. Por eso se agraviaba ante la creación de la Audiencia y decía que, si dicho tribunal debía continuar, entonces tendría que constituir una especie de consejo virreinal que entendiera en las apelaciones juntamente con él.

En cuanto a la décima parte de las ganancias obtenidas en los territorios descubiertos, los reyes de Castilla la habían interpretado como aplicable a las rentas de la Corona en oro, perlas y otros artículos de valor provenientes de las regalías de las minas y de la pesca o de las posesiones de los monarcas. Pero Diego y su familia entendían que debía aplicarse a todos los beneficios líquidos obtenidos tanto por la Corona como por los particulares, incluyendo los impuestos reales, los diezmos eclesiásticos y las multas.

Luego de una larga visita de Diego a la península, que duró cinco años, el joven emperador Carlos V se expedía el 17 de mayo de 1520 sobre su reclamación confirmando a aquél en sus derechos como virrey y gobernador de las Indias occidentales y reconociéndole facultades limitadas para designar funcionarios menores en las Indias. Los cargos de alcalde, procurador y escribano quedaban reservados al rey. En el plano judicial se mantuvo la supremacía de la Audiencia sobre el virrey y se volvió a negar a los Colón el derecho amplio a la décima parte de los tributos reales.

Antes de regresar a Santo Domingo, el 23 de agosto de ese año, el Almirante y Gobernador Diego Colón presentó una formal protesta y apelación de esta medida, descontento con los escasos resultados obtenidos.

En 1523 fue llamado de nuevo a la península para responder a los cargos de haber otorgado rentas no autorizadas sobre fondos del tesoro real en las Indias; haber concedido indultos y privilegios por dinero, entendiendo en causas que no caían bajo la jurisdicción del almirantazgo; y haber librado impropiamente decretos en nombre del monarca y con su sello real.

Estas denuncias eran la consecuencia de los constantes desencuentros entre los oidores y funcionarios del tesoro con el virrey hereditario, a quien consideraban un "italiano españolizado" (aunque había nacido en Portugal) favorecido por la fortuna, en una reedición de los terribles celos que su padre, el inmortal Almirante Don Cristóbal, había encontrado en su momento en la corte de los Reyes Católicos.

Aprovechando su estancia en España, Diego intentó dar nuevo impulso a su demanda. La creación del Consejo de Indias, en 1524, le hizo suponer que su tema estaría próximo a decidirse.

Pero no hubo resolución, y la muerte sorprendió al segundo virrey de las Indias en Montalbán, un pueblito cercano a Toledo, el 23 de febrero de 1526. Durante 15 años había sido gobernador de las tierras descubiertas por su padre y junto a él fue enterrado en el convento de las Cartujas, próximo a Sevilla, desde donde fue luego llevado a tierra americana.

El pleito fue continuado por la viuda de Diego, María Álvarez de Toledo, en representación de su hijo mayor, don Luis, entonces de 5 años de edad.

Una comisión del nuevo Consejo de Indias resolvió en 1527 revisar las decisiones de 1511 y 1520. En 1534, luego de un estudio de siete años, se expidió confirmando el derecho de los herederos de Colón a los cargos de Almirante, Virrey y Gobernador con jurisdicción, no sólo sobre las Islas, sino también sobre las costas continentales de Paria y Veragua (hoy Venezuela) que el descubridor había explorado en sus últimos viajes.

Tampoco esta vez quedó conforme la descendencia del legendario Almirante, que solicitaba derechos y prerrogativas sobre la totalidad de lo que ahora ya se conocía que era un nuevo continente, por entender que se estaba violando la letra y el espíritu de las capitulaciones que, como se sabía desde el tiempo de los romanos, debían ser "como la ley entre las partes".

En 1536, por mediación del presidente del Consejo de Indias, cardenal Loaysa (siempre la Iglesia en las grandes transacciones), se llegó a un acuerdo: don Luis conservaría el título de Almirante a perpetuidad, pero renunciaba a todos los derechos concedidos a su familia por las capitulaciones y posteriores sentencias, a cambio de una renta vitalicia de diez mil ducados anuales, la propiedad territorial señorial de Jamaica y 25.000 leguas cuadradas en el Istmo de Panamá, con los títulos de Marqués de Jamaica y Duque de Veragua.

Habían pasado 36 años y tres generaciones de Colones, pero no terminaron allí los famosos "juicios colombinos", cuyo nombre ha pasado a la historia como sinónimo de pleito largo, importante y complicado.

Don Luis volvió a Santo Domingo en 1540, con el cargo de capitán general, pero en este carácter por designación real y no por derecho hereditario. Lo conservó hasta 1551 y durante su mandato promovió demandas sobre cuestiones de interpretación del arreglo anterior hasta que, en 1556, cuando Felipe II sucedía a Carlos V, realizó un nuevo acuerdo.

Había fracasado en su tentativa de colonizar la provincia de Veragua y, entonces, a cambio de una pensión adicional de 7.000 ducados, renunció a todas las concesiones anteriores, con la sola excepción de los títulos de Almirante y Duque de Veragua. Procesado por poligamia, fue condenado al destierro en el penal de Orán, en África, donde murió en 1572 (*).

Si al cabo de 80 años desde el descubrimiento, los Colón estaban prácticamente arruinados, el incumplimiento de lo pactado tampoco acarreó a la Corona española beneficios demasiado duraderos, como ya hemos señalado.

Bien podría aplicarse a tan altas majestades la frase que acuñara un importante cronista de la conquista y colonización: "Que es plaga ordinaria de los caudales adquiridos en Indias no alcanzar a los nietos de los que se afanaron por conseguirlos, quizás por las injusticias que suelen acompañar a la negociación"[3].

(*) Su sobrino Diego, segundo duque de Veragua y cuarto Almirante de las Indias, fue el último miembro de la familia Colón por línea masculina directa. El originario título de las capitulaciones era el de Almirante de la Mar Océana y su importancia era muy grande pues en Castilla había a la sazón solamente un Almirante, que era un pariente del rey Fernando. Cuando en las capitulaciones se acepta otorgar a Colón jurisdicción sobre las islas y tierras descubiertas, el representante de la Corona, Juan de Coloma, agrega: "siempre y cuando este derecho lo tenga el Almirante de Castilla". Ver Clarence Haring, *ob.cit.*, págs. 24 y siguientes; y Salvador de Madariaga, *Vida del muy magnífico señor Don Cristóbal Colón*, Sudamericana, Buenos Aires, 1973, pág. 262.

Si el tratamiento que la Corona dio a Colón y sus herederos fue el preludio del incumplimiento de la palabra real en América, el caso de las instrucciones oficiales sobre la consideración debida a los aborígenes fue un vibrante, armonioso e interminable acto único y solemne, sin el alivio de ningún intervalo.

El desconocimiento de las Reales Cédulas que ordenaban la libertad y el trato digno a los indígenas podría haber sido interpretado como una venganza de los conquistadores hacia los reyes por el incumplimiento de la primera capitulación con Colón, si no fuera porque este desquite se instrumentó sobre los inocentes hombres de la América.

Ya hemos visto en detalle que la palabra real ordenó siempre que los indios fueran libres y bien tratados, pero esto nunca se cumplió. Eran esclavos en todo menos en el nombre: "se llamaban libres", ha dicho Clarence Haring. Tuvieron una libertad de papel y una dignidad de tinta, y arrastraron su sumisión y su miseria aun hasta nuestros días[4].

En 1529 el emperador Carlos V ordenó que los naturales no fueran usados como bestias de carga[5]. Pero aún hoy puede verse en el Cuzco a los descendientes de los incas llevando leña en sus hombros, encorvados por la madera y por la condición subhumana a la que los han conducido siglos de opresión envilecedora.

¿Podemos creer que en 1530 o 1540 se cumplirían las órdenes reales sobre buen tratamiento a los indígenas, cuando sabemos que en nuestra América dichas normas no se observan aún en este siglo?

En un ingenio azucarero de Tucumán, alrededor de 1940, el administrador le preguntó a un peón cuál era la causa por la cual el médico le había concedido licencia por enfermedad: "Dice que tengo neurosis", contestó el hombre. "Andá a trabajar, ésa no es enfermedad de mulatos", ordenó el gerente, posiblemente descendiente de conquistadores, que con estilo ancestral desconocía los diagnósticos de los facultativos.

Desde el principio los indios fueron maltratados: el licenciado Monzón, oidor de la Audiencia de Lima, decía en 1562, en carta al rey: "Ninguna de las cédulas que se enviaron se ha cumplido. Las provisiones no se obedecen y son instrumentos para robar a los vasallos". El virrey Toledo, en 1570, se expresaba igual: "Se puede decir que de lo mandado por V.M. nada se ha hecho. Voy hallando cédulas dadas por V.M. en favor de los indios no osadas ejecutar por ningunas justicias".

En México la situación no era distinta. "La culpa de los males de las Indias es de los jueces, que no han ejecutado jamás las leyes que les mandan ni las provisiones e instrucciones de buen gobierno", puntualizaba un informe del bachiller Sánchez al Consejo de Indias. El licenciado Cerrato, miembro de la Audiencia de Guatemala, señalaba en 1548 al monarca: "Sepa V.M. que después que vinieron aquí presidentes y oidores ninguna ley ni ordenanza de las nuevas y viejas guardaron ni pusieron en ejecución"[6].

Aunque las Leyes de Burgos de 1512 detallaban profusamente la alimentación que debían recibir los indios encomendados, más de un siglo después el cura Vázquez Trujillo decía que los indígenas de La Rioja "padecen miseria en grado extremo: su habitación es debajo de los árboles, su cama el suelo desnudo y no gozan de ningún género de pan ni de carne..."[7].

En 1513, la comisión de padres jerónimos enviados por el rey a La Española advirtió no solamente que los encomenderos y autoridades violaban las leyes de protección a los indígenas, sino también que era casi imposible lograr que las cumpliesen. Como consecuencia, sugirieron al monarca que se permitiese la introducción de negros esclavos, para aliviar de esa particular manera la demanda de mano de obra nativa y, por ende, la situación de estos desdichados. El oidor Zuazo que, como hemos dicho, había cortado orejas nativas, coincidió luego con esta proposición.

El legendario padre Las Casas, erigido como modelo del "anticonquistador" por Juan B. Terán, propuso también esta alternativa como una de las posibles variantes para mejorar la condición de los indígenas, aunque al final de su vida manifestara arrepentimiento por la idea.

Jorge Luis Borges ha descripto esta circunstancia en su *Historia universal de la infamia* con una ironía tan fina que hasta podría llegar a ser deliciosa, si el asunto no fuera asaz dramático: "En 1517, el P. Bartolomé de las Casas tuvo mucha lástima de los indios que se extenuaban en los laboriosos infiernos de las minas de oro antillanas, y propuso al emperador Carlos V la importación de negros, que se extenuaran en los laboriosos infiernos de las minas de oro antillanas. A esa curiosa variación de un filántropo, debemos infinitos hechos: los blues de Handy, el éxito logrado en París por el pintor doctor oriental don Pedro Figari, el tamaño mitológico de Abraham Lincoln, los quinientos mil muertos de la Guerra de Secesión, la estatua del imaginario Falucho, el moreno que asesinó a Martín Fierro, y la deplorable rumba El Manisero"[8].

Si bien los negros ingresaron en América con consecuencias mucho más importantes que las mencionadas en la ocurrencia de Borges, no se logró con ello el cumplimiento de las normas que formalmente protegían a los aborígenes.

La creación del famoso "requerimiento" que los capitanes de las expediciones descubridoras debían leer a los aborígenes antes de hacerles la guerra, fue otro elemento que ayudó a la formación de una cultura que hace del desconocimiento permanente de la ley uno de sus pilares.

En cuanto España se cuestionó sus títulos a la conquista de América, el jurista Juan López de Palacios Rubios aconsejó que los adelantados, previamente a entrar en batalla con los indígenas díscolos, leyeran un documento en que se les instruyera sobre la autoridad del emperador hispánico y exhortara a prestar obediencia.

Según este requerimiento, el capitán, "en nombre de Don Fernando el Quinto de las Españas, muy poderoso y muy católico defensor de la Iglesia, siempre vencedor y nunca vencido, domador de las gentes bárbaras", debía notificar a los aborígenes que existe un solo Dios que creó el mundo y que existe un Papa a quien el Señor encargó "que de todos los hombres del mundo fuese señor y superior, a quien todos obedeciesen y le dio todo el mundo por su reino, señorío y jurisdicción".

Agregaba que uno de estos Papas había hecho donación de estas islas y tierra firme a los Reyes de Castilla y sus sucesores, según constaba en un documento que los indios podían ver si quisieren, y que por eso sus Altezas eran señores de las Indias y debían los indios obedecerles.

Si así lo hicieren —continuaba— el Rey les dará privilegios y mercedes; de lo contrario, "con la ayuda de Dios os haré la guerra y os sujetaré al yugo y obediencia de la Iglesia y de sus Altezas y tomaré vuestras personas y las de vuestras mujeres e hijos y os haré esclavos. Y también tomaré vuestros bienes y os haré todos los daños que pudiere, como a vasallos que no obedecen, y protesto que las muertes y daño que dello se recrecieren sean vuestra culpa y no de su Alteza, ni mía, ni destos caballeros que conmigo vinieron".

Las reacciones de los indígenas y de los primeros españoles que tuvieron que cumplir con este riguroso mandato de la Corona —que hizo suya la doctrina de Palacios Rubios— ilustran sobre los efectos que este escrupuloso formalismo pudo imprimir a la sociedad en que se aplicaba.

Cuando se realiza la expedición conquistadora al istmo de Darién, en Panamá, el bachiller Fernández de Enciso cuenta que el jefe del grupo, el adelantado Pedrarias Dávila, le encargó que leyera el requerimiento a dos caciques de la provincia de Cenú.

Cuando los naturales lo escucharon, respondieron que "en lo que decía, que no había sino un Dios que gobernaba el cielo y la tierra, les parecía muy bien y así debía ser; pero que el Papa daba lo que no era suyo, y que el rey que lo pedía y lo tomaba debía de ser algún loco, pues pedía lo que era de otros; que fuese a tomarlo y le pondrían la cabeza en un palo, como tenían ya otros de sus enemigos".

Uno de los compañeros de Pedrarias Dávila, Gonzalo Fernández de Oviedo, comentaba: "Mandó el gobernador que yo llevase el requerimiento que se había de hacer leer a los indios, y me lo dio de su mano, como si yo entendiera a los indios para leérselo, o tuviéramos allí quien se lo diese a entender queriéndolo ellos oír, pues mostrarles el papel en que estaba escrito poco hacía al caso. En presencia de todos yo les dije: 'Señor, paréceme que estos indios no quieren escuchar la teología de este requerimiento, ni vos tenéis quien se la dé a entender. Mande vuestra merced guardarla

136

hasta que tengamos algunos de estos indios en la jaula para que despacio lo aprendan y el señor obispo se haga entender'. Y le di el requerimiento y él lo tomó con mucha risa de él y de todos los que me oyeron...

"Yo pregunté después, el año 1516, al doctor Palacios Rubios: 'Si quedaba satisfecha la conciencia de los cristianos con aquel requerimiento' y díjome que sí, si se hiciese como el requerimiento dice. Mas paréceme que se reía muchas veces cuando yo le contaba lo de esta jornada y otras que algunos capitanes después habían hecho; y mucho más me pudiera yo reír de él y de sus letras (que estaba reputado por gran varón y por tal tenía lugar en el Consejo Real de Castilla), si pensaba que lo que dice aquel requerimiento lo habían de entender los indios sin discurso de años y tiempo"[9].

La mente alerta y penetrante de Fray Bartolomé de las Casas advirtió que "la ceguedad perniciosísima que siempre han tenido los que han regido las Indias ha llegado a tanta profundidad que han imaginado y practicado que se les hagan a los indios requerimientos para que vengan a la fe y a la obediencia a los Reyes de Castilla sin ninguna predicación ni doctrina, siendo ello no sólo cruel sino también cosa absurda y estulta, digna de todo vituperio y escarnio".

Refiriéndose a la expedición de Pedrarias Dávila, agregaba el dominico que "íbanse de noche los tristes españoles salteadores hasta media legua del pueblo en que pensaban que había oro, y allí aquella noche entre sí mismos pregonaban o leían el mismo requerimiento, diciendo: 'Cacique e indios de esta tierra firme, hacemos os saber que hay un Dios y un Papa y un rey de Castilla que es Señor de estas tierras', y al cuarto del alba, estando los inocentes indios durmiendo con sus mujeres e hijos, daban en el pueblo, poniendo fuego a las casas que comúnmente eran de paja, y quemaban vivos los niños y mujeres, y muchos de los demás; antes que acordasen mataban los que querían y los que tomaban a vida mataban a tormentos porque dijesen de otros pueblos de oro o de más oro de lo que allí hallaban; y a los que restaban herrábanlos por esclavos"[10].

Entre la inocente perplejidad de los naturales, las risas

137

de Fernández de Oviedo y Palacios Rubios y el horror de Las Casas, el formalismo de las leyes y requerimientos fue imponiéndose a la sustancia de la legislación.

En las Indias alcanzó dimensiones colosales el antiguo aforismo español resumido en la frase: "Se acata pero no se cumple".

"Vicarios de Dios son los reyes, puestos sobre los hombres para mantenerlos en justicia y en verdad", decían las Partidas de Alfonso el Sabio. Esta antigua definición entrañaba un concepto teocrático, pero limitado por los claros fines que debía cumplir el mandatario.

Con el correr de los siglos se fue creando en España una democrática costumbre de desobediencia, una peculiar figura que marcó una diferencia entre el dictado de la ley y su vigencia práctica, que el jurista Castillo de Bobadilla resumió así en su obra *Política para Corregidores*: "Por leyes de estos reynos está dispuesto que las provisiones y cédulas reales, que se dieren contra derecho y en perjuicio de partes no valgan y sean obedecidas y no cumplidas. Y la razón de esto es porque tales provisiones y mandatos se presume que son fuera de la intención del príncipe, el cual, como dijo Justiniano, no es de creer que por una palabra y cédula quiera subvertir el derecho proveído y acordado con muchas vigilancias".

Como las noticias tardaban meses en llegar de América a la península, y tiempo análogo demoraban las órdenes dictadas en España para arribar a las Indias, esta presunción de ilegitimidad de las leyes se llegó a practicar en nuestro continente con una profusión y extensión inusitadas.

La Corona otorgó a los virreyes y otros funcionarios la atribución de suspender la ejecución de órdenes de la metrópoli que, en razón de las circunstancias especiales de la región correspondiente, podían resultar inadecuadas, peligrosas o inoportunas, y producir conflictos o violaciones de derechos. En esos casos, se debía explicar al rey o al Consejo las razones de la adopción del desacato a la provisión real, enviándose la misma en devolución a España solicitando su reconsideración[11].

El incumplimiento de la ley, en Indias, tuvo entonces una triple vía.

En primer lugar, el desconocimiento formal a la orden a través del autorizado recurso de "se acata pero no se cumple", como en el caso de Hernán Cortés con la prohibición de encomendar indios.

En segundo término, el simple desconocimiento o archivo de tal norma, tal cual lo denunciara el Virrey Toledo. Corroborando estos hechos, el ministro del Consejo de Indias, don Rodrigo de Aguiar y Acuña, se quejaba alrededor de 1615: "Para dar o quitar el derecho a las partes, los oficiales de papeles resucitan la cédula que es en favor del amigo y esconden o niegan la que no lo es"[12].

Por último, el cumplimiento formal o exterior de la regla, pero violándola en realidad con subterfugios o dobleces. Esto fue una constante especialidad de los funcionarios, como el caso del gobernador de Nicaragua, Rodrigo de Contreras, quien esquivaba la prohibición de tener más de 300 indios encomendados anotándolos a nombre de parientes o amigos. Ya hemos dicho que llegó así a tener 30.000 aborígenes.

Otro extremo que fue minando la práctica de cumplir la ley fue la llamada "disimulación". Cuando nace el régimen de las encomiendas luego de la rebelión de Roldán, el repartimiento tenía carácter personal y sólo era válido en vida del titular. Muerto el encomendero, los aborígenes retornaban a la Corona y ésta debía hacer una nueva distribución o entrega de los mismos. Se decía por tanto que la encomienda tenía vigencia sólo "por una vida".

No obstante, en México empezó a ocurrir que, producido el fallecimiento de algún encomendero, su heredero se hacía cargo de los aborígenes "por vía de disimulación". Los funcionarios dejaban pasar esta transferencia y la costumbre mereció la aprobación expresa de los monarcas en algunos casos concretos. En 1536, una real provisión permitió directamente el otorgamiento de encomiendas por dos vidas, de una manera general[13].

No terminó ahí esta práctica de "disimular" el traspaso de

los indios más allá de la autorización general. Por un decreto de 1555, el segundo virrey de Nueva España, Luis de Velazco, fue autorizado a extender encomiendas a una tercera generación pero "por vía de disimulación", lo que entrañaba tratarse de una circunstancia especial y el pago de una suma a la Corona. En 1607 la autorización se extendió hasta el punto de que el virrey podía "disimular" una cuarta vida y más tarde incluso una quinta[14].

¿Puede sorprender entonces que en la Argentina de 1974 las máximas autoridades hayan simulado no ver que la organización terrorista Triple A había nacido en el Ministerio de Bienestar Social que presidía López Rega y estaba integrada por policías, muchos de ellos en actividad?

Desde 1976 hasta 1983, las autoridades nacionales tampoco vieron que desaparecían 8.961 ciudadanos y que casi todos ellos fueron torturados y asesinados en campos clandestinos de detención estatales[15].

También pasó disimulado todo esto para el entonces ministro de Justicia del gobierno del general Videla, doctor Alberto Rodríguez Varela, quien declaraba en 1979 a la prensa que la Argentina estaba exportando tecnología penitenciaria y que las prisiones argentinas eran ejemplares[16].

Las autoridades de México, en 1968, registraron en la Plaza de Tlatelolco un número de muertos mucho menor al que mostraban los medios de difusión.

Y en tiempos del presidente López Portillo, muchos miembros de la guerrilla urbana "Liga 23 de Setiembre" fueron ejecutados en procedimientos ilegales, sin que el gobierno diera explicaciones ni aparecieran los cadáveres.

Otro fenómeno de incumplimiento permanente de la ley fue el contrabando, originado en la pertinaz política española de no permitir el libre comercio.

Ya en 1517, la comisión de frailes jerónimos enviada por el rey a Santo Domingo sugería al Consejo de Castilla abrir los puertos de España al comercio y facultar a todos los peninsulares a pasar a América, pues entendía que las restricciones no eran beneficiosas ni habrían de ser cumplidas.

El licenciado Alonso de Zuazo, poco después, pedía que

se favoreciera a los mercaderes "para que acudan de todos los puertos, que son grandes los inconvenientes de reducir la negociación al solo agujero de Sevilla". Y los procuradores de La Española presentaron un memorial pidiendo "libertad de comercio, entre España e Indias, aun para extranjeros"[17].

Más de un siglo después, un regidor del Cabildo de Buenos Aires, Bernardo Gayoso, manifestaba que "las ciudades y puertos son grandes en cuanto tienen grande comercio y franca salida de sus frutos y entrada de los ajenos"[18].

Pero la Corona hizo siempre oídos sordos a estos reclamos y el monopolio comercial y las restricciones fueron mantenidos hasta el ocaso del régimen colonial.

La consecuencia fue el contrabando, realizado muchas veces por los propios cargadores oficiales de Sevilla y Cádiz, o por extranjeros, en una escala nunca conocida en la historia.

Frecuentemente, los buques contrabandistas con mercaderías prohibidas viajaban junto a las flotas y galeones oficiales destinados a las Indias.

La política del monopolio comercial, de por sí restrictiva y limitadora, se agravaba cuando la monarquía española aumentaba los derechos de "haberías" para poder costear las flotas armadas para las guerras religiosas que Felipe II desarrollaba en Europa. Las mercaderías se hacían entonces tan caras y escasas, que el contrabando era mirado como algo muy beneficioso por los hombres americanos.

Según algunos cronistas, los desembarcos de los corsarios en el Caribe contaban con el beneplácito y aun la ayuda de los pobladores.

El capitán Hawkins desembarcó en 1568 en la isla Margarita y fue "recibido por Pedro Ambulo y los demás oficiales reales como si fuera el general de las Indias. Le dieron toda clase de mantenimientos que necesitó, le obsequió Ambulo en su casa un espléndido banquete de todo género de aves y carnes siendo tiempo de cuaresmas y Semana Santa". Así "el luterano puso tienda abierta con toda clase de mercaderías, cosa que no osara hacer con tanta facilidad en Londres".

"Eran tan esperados los corsarios —expresa también un

141

documento de esos tiempos— que muy a la clara y sin vergüenza demandaban por ellos a los que íbamos a España, como si fueran hermanos o capitanes enviados por V.M. para los defender y decían a boca llena que no había otra contratación sino la de los ingleses y franceses porque hacían la tierra barata, así de mercaderías como de negros"[19].

La sociedad de los siglos XVII y XVIII no sólo consideraba estas defraudaciones como actos lícitos —dice Juan Agustín García— sino que los miraba con simpatía: un derivativo lleno de emociones del espíritu aventurero de los colonos, castigado por el legislador en defensa de intereses odiosos[20].

Tan notorio y escandaloso era el contrabando que se hacía en Buenos Aires, por donde se evadía metálico que venía de Potosí, que en 1568, al llegar un viajero extranjero, encontró "veinte buques holandeses y dos ingleses, cargados de regreso con cueros de toro, plata en láminas y lana de vicuña, que habían recibido a cambio de sus mercaderías".

Para evitar este fenómeno, el rey dispuso en 1661 la creación de una Audiencia en esta ciudad, para que en las provincias del Río de la Plata, Tucumán y Paraguay "se atienda con la puntualidad necesaria a la administración de mi hacienda y se eviten los fraudes que se han cometido y cometen contra ella admitiendo navíos extranjeros en el puerto de Buenos Aires al tráfico y comercio estando tan prohibido", según decía la Real Cédula que disponía la fundación.

La acción de esta Audiencia local fue muy efectiva y llegó a eliminar casi completamente el contrabando, pero la disminución del comercio ilícito afectó enormemente la prosperidad y riqueza de la región. La población comenzó a languidecer y tanto el gobernador como el Cabildo expusieron la situación a la Corona.

En 1671, un documento capitular expresa que el puerto de Buenos Aires se encuentra "afligido y falto de lo más necesario para el uso de la vida humana, por faltarle el comercio de la mar". La Corona dispuso entonces suprimir la Audiencia, por exceso de eficacia en su labor, y aumentar el envío de los buques de registro[21].

Pero nunca estos barcos oficiales, que hacían viajes por excepción y con permiso expreso, fueron suficientes. Por ello, hasta los propios buques de registro fueron instrumentos muy importantes del tráfico ilegal, según lo han puntualizado tantos autores.

"Ni los frailes de los conventos —dice Juan María Gutiérrez— fueron ajenos a la tentación de lucrar con el fisco, y se vio entrar al claustro a los agentes de policía a aprehender delincuentes entre los más condecorados lectores y definidores"[22].

En 1654, una Real Cédula instaba a que "en adelante se evitasen los daños que resultaban de las ocultaciones que se hacían de los géneros extraviados en los conventos de los religiosos"[23].

Desde México, en 1528, el licenciado Quiroga había advertido inútilmente a la Corona sobre las consecuencias del mantenimiento de un régimen comercial contra la libertad económica. "Jamás, nunca —dijo de este sistema— se guardó, guarda ni guardará, porque la ley y la ordenanza han de ser posibles para ser cumplidas"[24].

Tan acertado estuvo, que Juan Agustín García, al recrear incomparablemente, casi cuatro siglos después, el ambiente colonial de la ciudad de Buenos Aires, pudo decir:

"Una legislación inadecuada, que violentaba las tendencias naturales del país, produjo como consecuencia forzosa la corrupción general. La podredumbre se inicia en las capas superiores, desciende y se infiltra en todo el organismo social, corroyendo sus fuerzas más vivas. Las personas de elevada posición, los acaudalados, consiguen las concesiones, monopolios y privilegios, cohechando a los funcionarios; los otros se arriesgan en el delito. Desde el alto empleado hasta el esclavo, todos viven en una atmósfera de mentiras, fraudes y cohechos.

"La sociedad se educa en el desprecio de la ley; idea tan dominante y arraigada que a poco andar se transforma en sentimiento, se incorpora al porteño, pervirtiendo su inteligencia y su moralidad. Lo peor del caso es que el historiador no puede condenarla; una suprema necesidad excusa y justifica todo; se veían obligados a fomentar el germen pernicioso que continuará debilitando a la sociedad argentina; por eso ha preferido siempre los hombres a las leyes y los caudillos a las ideas"[25].

Como resultante de este clima de quebrantamiento y duplicidad, no es extraño que todos los golpes de Estado que se han producido en la Argentina en el siglo XX —y no han sido pocos— hayan invocado como motivo la defensa... ¡de la Constitución!

En este sentido, acaso el pintoresco dictador boliviano Mariano Melgarejo, quien llegó al poder por un golpe de Estado, haya tenido actitudes más sinceras. En 1861 impuso una nueva Constitución y, cuando juraba por ella, guiñaba un ojo y hacía el gesto de metérsela en el bolsillo con la mano. El regocijo general de los complacientes circunstantes era sin duda una elocuente manifestación del atraso político y cultural de una sociedad que todavía hoy no sabe vivir dentro de la ley, cuyo respeto irrestricto es uno de los signos más claros de civilización.

Los peregrinos ingleses que llegaron originariamente a las costas de la América del Norte en 1620 eran miembros de las sectas religiosas puritanas, perseguidas entonces por la Iglesia oficial anglicana.

Los puritanos no sólo eran austeros en sus principios y costumbres, sino que también se identificaban con las incipientes teorías democráticas y republicanas de la época. Con el deseo de vivir a su manera y poder practicar libremente su culto, llegaron hasta las inhóspitas y desoladas costas de lo que hoy es Nueva Inglaterra, más precisamente la ciudad de Plymouth. No bien desembarcaron del "Mayflower", los ciento cincuenta emigrantes suscribieron un acta mediante la cual se organizaban en comunidad política. Su texto decía:

"Nosotros, los abajo registrados, que por la gloria de Dios, el desarrollo de la fe cristiana y el honor de nuestra patria, hemos emprendido el establecimiento de la primera colonia en estas remotas orillas, convenimos por la presente, por consentimiento mutuo y solemne, y ante Dios, constituirnos en cuerpo de sociedad política con el fin de gobernarnos y trabajar en cumplimiento de nuestros designios; y

144

en virtud de este pacto, convenimos en promulgar leyes, actas, ordenanzas y, de acuerdo con las necesidades, en instituir magistrados a los que prometemos sumisión y obediencia".

Los inmigrantes que fundaron en 1637 el estado de New Haven, los que crearon Rhode Island en 1638, los primeros habitantes de Connecticut en 1639 y los de Providence en 1640 se agruparon bajo textos o espíritu de parecidas características[26].

Podemos advertir que el pacto fundacional no habla del soberano inglés, sino del compromiso mutuo de organizarse en comunidad, dictar leyes y obedecer a los magistrados encargados de hacerlas cumplir.

La ley, para los peregrinos, no nacía de un acto de autoridad del soberano, sino por inspiración de ellos mismos. No provenía de una imposición exterior, sino de una creación interna basada en convicciones íntimas.

Posteriormente establecieron comunicación con la Corona inglesa, quien designaba un gobernador delegado y dictaba leyes de regulación del comercio, pero los colonos mantuvieron siempre una asamblea política representativa que practicaba el autogobierno y ejercía la potestad legislativa en cuanto no colisionara con el orden metropolitano.

Cuando las ordenanzas británicas sobre tráfico mercantil fueron restrictivas, en las colonias norteamericanas también surgió el contrabando, que se practicaba en Boston o Newport tanto como en La Habana o Buenos Aires.

Pero fue precisamente contra las leyes limitativas sobre la melaza y el té, que se produjo la rebelión a mediados del siglo XVIII, que culminó con la independencia en 1776[27].

Es decir que las normas contra el sistema económico libre duraron menos de siglo y medio y, en definitiva, las fuerzas sociales de las colonias repudiaron ese corsé legal y terminaron produciendo un cambio revolucionario que acomodó y armonizó el orden y gobierno políticos con la legislación económica liberal. La sociedad repudió la impostura y, en vez de responder a las leyes restrictivas o abusivas con el incumplimiento permanente pero solapado, sinceró las variables económicas y políticas a través de un fenómeno emancipador.

En la América española, en cambio, las leyes siempre provinieron de un monarca lejano y absoluto, nunca de un pacto concertado entre los propios colonizadores. Y al producirse la independencia de nuestros países nos vimos sometidos a luchas civiles que culminaron o se intercalaron con grandes períodos de autoritarismo, en que la legislación también se elaboró sin el concurso real de los gobernados.

Como toda la sociedad se sentía extraña a la legislación y no la respetaba, hubo tendencia en los gobiernos a hacer leyes más severas y más abundantes, pero no más cumplidas.

En México la discrecionalidad de los funcionarios llegó a resumirse en una frase tan cruel como elocuente: "Para los amigos todo; para los enemigos la ley".

Y en toda Hispanoamérica los ciudadanos seguimos practicando el incumplimiento de las leyes como si se tratara casi de un deporte.

NOTAS

[1] Ricardo Zorraquín Becú, *Historia del derecho argentino*, Perrot, Buenos Aires, 1978, tomo I, pág. 49; Juan Agustín García, *ob.cit.*, pág. 91.

[2] Juan Agustín García, *ob.cit.*, pág. 27; y Juan B. Terán, *El nacimiento...*, págs. 19 y 145. Terán dedica todo el capítulo IX de esta obra al tema del incumplimiento de la ley.

[3] Padre Lozano, *Historia de la conquista del Paraguay*, citado por J. A. García, *ob.cit.*, pág. 118.

[4] Eduardo Galeano, *ob.cit.*, pág. 59.

[5] Clarence Haring, *ob.cit.*, pág. 62.

[6] Juan B. Terán, *ob.cit.*, pág. 149.

[7] Eduardo Rosenzvaig, *ob.cit.* pág. 90.

[8] Jorge Luis Borges, *Historia universal de la infamia*, Emecé, Buenos Aires, 1966, pág. 17.

[9] José M. Ots Capdequí, *ob.cit.*, tomo I, pág. 254; Salvador de Madariaga, *Hernán Cortés*, pág. 158.

[10] Fray Bartolomé de las Casas, *Brevísima Relación...*, pág. 50.

[11] Clarence Haring, *ob.cit.*, pág. 130.

[12] Eduardo Martiré, *Guión sobre el proceso recopilador de las leyes de las Indias*, Perrot, Buenos Aires, 1978, pág. 15.

[13] José M. Ots Capdequí, *ob.cit.*, tomo I, pág. 306.

[14] Clarence Haring, *ob.cit.* pág. 69.

[15] *Nunca más*, Informe de la Comisión sobre la Desaparición de Personas, Eudeba, Buenos Aires, 1985.

[16] Diario *La Nación*, 7/9/1979, pág. 14. Ver Carlos Zamorano, *Prisionero político*, Estudio, Buenos Aires, 1985.

[17] Juan B. Terán, *ob.cit.*, pág. 141.

[18] Ricardo Zorraquín Becú, *La organización judicial...*, pág. 164.

[19] Juan B. Terán, *ob.cit.*, pág. 130.

[20] Juan Agustín García, *ob.cit.*, pág. 132.

[21] Ricardo Zorraquín Becú, *ob.cit.*, págs. 158 y siguientes.

[22] Juan María Gutiérrez, *Revista de Buenos Aires*; citado por Juan Agustín García, *ob.cit.*, pág. 132.

[23] Juan Agustín García, *ob.cit.*, pág. 135.

[24] Juan B. Terán, *ob.cit.*, pág. 142.

[25] Juan Agustín García, *ob.cit.*, pág. 139.

[26] Alexis de Tocqueville, *ob.cit.*, tomo I, pág. 55.

[27] Dan Lacy, *ob.cit.*, págs. 49 y 121.

Capítulo VII

LA INFLUENCIA RELIGIOSA

El año de 1492, en que España reconquista el último baluarte de los moros y, simultáneamente, expulsa a los judíos de su territorio, es el punto inicial y decisivo de un largo período de unificación e intolerancia religiosa, quizás inacabado.

Poco después de 1500, un monje alemán llamado Martín Lutero, luego de pasar unos años de estudio en Roma, reacciona contra lo que considera excesos y corruptelas de la sede apostólica y genera el fenómeno de la Reforma, profundizado y diversificado por Juan Calvino y otros seguidores.

Prosiguiendo el impulso de ocho siglos de lucha militar contra los islámicos y tres de campañas antisemitas, España se mantiene al margen de estas innovaciones "peligrosas" y se convierte en la nación tradicionalista no contaminada por las "heréticas pravedades"; en el bastión del cristianismo ortodoxo, la defensora de la "verdadera religión".

La Reforma se difunde por muchos países europeos y gana adeptos en varias naciones, pero España sigue firme en su tradicionalismo militante.

Los Reyes Católicos son sucedidos por su nieto Carlos V y éste por su hijo Felipe II, quien se convierte en el príncipe europeo que defiende con las armas la preeminencia de su fe. Combate a los turcos por infieles y a los ingleses por herejes. Cuando el Duque de Alba, comandante de la Armada Invencible, le dice que es arriesgado mandar los barcos contra las costas británicas porque hay allí vientos peligrosos, el monarca ratifica su orden de combate manifestándole que los navíos españoles no precisan brisas ni les temen, porque están conducidos por la mano de Dios.

Lamentablemente para Felipe II, la voluntad del Supremo se inclinó esa vez por los ingleses y nunca más pudo España recuperar el dominio sobre los mares.

Descubierta América también en 1492, el año más importante en la historia de España tanto para bien como para mal, su conquista y colonización se realizó bajo este signo de unificación e intolerancia religiosa.

Por expresa disposición de los reyes, a las Indias no podían pasar moros, judíos ni herejes, como tampoco los gitanos sin profesión[1]. Esta prohibición se mantuvo los tres siglos de vida colonial y, por las dudas algo se escapara y alguien quisiera practicar la libertad de culto, los tribunales de la Santa Inquisición funcionaban localmente y, con su acalorada tarea, ponían las cosas en su lugar. La América española fue, así, católica.

¿Qué influencia tuvo el hecho de que las colonias españolas fueran católicas sobre nuestra cultura actual, sobre nuestro desenvolvimiento económico y estructuración política o, mejor dicho, sobre nuestra falta de desarrollo capitalista e insuficiente democracia?

Antes de ensayar algunas respuestas, permítasenos formular ciertas precisiones.

En primer lugar, señalar que a nadie podría ocurrírsele hoy, a esta altura del desarrollo del pensamiento político, que el factor religioso sea el único o principal determinante de los cambios sociales o de la estructura de una comunidad. Es obvio que las sociedades son organismos vivos, con una dinámica determinada en la cual muchos factores se relacionan dialécticamente y se influyen entre sí. Quede entonces advertido que si en oportunidades debemos esquematizar o simplificar exageradamente ciertos fenómenos, lo hacemos solamente a los fines analíticos, expositivos o didácticos, sin caer en reducciones o unicausalismos.

Asimismo, no se nos escapa que tanto entre católicos como entre protestantes y judíos, se ha ido difundiendo en los últimos tiempos una suerte de indiferencia religiosa, de tal modo que esta esfera de la vida espiritual y cotidiana parece haber pasado hoy a segundo plano tanto en el terreno vivencial como intelectual. No obstante esta frialdad o desinterés por el tema, no caben dudas de que tanto en el desarrollo ontológico de cada hombre, como en la influencia filogenética determinada por la especie, la formación religiosa desempeña un importante papel en el plano subconsciente y sigue provocando comportamientos conductas, pareceres y opiniones en todos los ámbitos de la existencia.

Por muy liberados que se crean los hombres de las preocupaciones o tensiones religiosas, las influencias inconscientes de la educación siguen operando sobre ellos y determinan muchos rasgos culturales que parecen tener otras filiaciones o motivaciones. En parejas o matrimonios en que ambos esposos son ateos o indiferentes, ha ocurrido que aparecen discordancias que dificultan la convivencia y cuya naturaleza no está clara, hasta que se advierte que están causadas por los diferentes orígenes religiosos[2]. Es que las secuelas o influencias de la formación confesional no se extinguen en una o dos generaciones, por lo que consideramos que no es ocioso extendernos en el análisis de estos factores.

Volviendo a la historia, Lutero inició la Reforma religiosa como una reacción contra los desbordes vaticanos y el fenómeno terminó arraigando y dando sus mejores frutos en algunos países ubicados en el norte de Europa: Inglaterra, Holanda, Suiza y, más tarde, Suecia, Noruega y demás países escandinavos.

De allí pasó a la América del Norte, más por la vertiente de los disidentes anabaptistas que por la de luteranos y calvinistas, y cristalizó en un nuevo modelo de sociedad en el que la tolerancia de cultos y la separación entre la Iglesia y el Estado fueron la base para el desarrollo de un clima de libertad, en el cual el capitalismo alcanzó sus más altos niveles y donde se estructuró un sistema de gobierno representativo, democrático y estable, con preservación continuada de los derechos individuales.

La dinámica de este desarrollo ha sido tal, que el marginamiento y la discriminación de los negros —fenómeno tan condenable como inaceptable, prueba quizás de que no hay sociedad sin bajezas ni opresiones— se ha ido resolviendo inexorablemente dentro de los marcos y mecanismos que el propio sistema se impuso desde su fundación, sin necesidad de quiebras o revoluciones.

El protestantismo también arraigó en Alemania, país mixto en lo religioso y cuna de Lutero. Debido a ello y al oprobioso episodio del nazismo y el holocausto de los judíos y otras minorías, trataremos su caso por separado.

Notamos que en las naciones que adoptaron la Reforma se desarrollaron el capitalismo y la democracia política, pero previo a referirnos a la relación entre estos aspectos, queremos destacar algunas diferencias entre los países protestantes y católicos que ya fueron advertidas por ciertos autores a principios del siglo XX y que, hasta hoy, no han variado demasiado.

Los viajeros que recorrían el mundo apreciaron que en las principales ciudades de los países mayoritariamente protestantes hay un orden, una limpieza, una pulcritud y un espíritu cívico que no es frecuente encontrar en las urbes de las naciones de mayoría o tradición católica.

Los ejemplos sobre la prolijidad y la probidad de la población son tan bien conocidos que no vale la pena repetirlos, y van desde el quiosco de diarios en el que la gente saca el periódico y deja su dinero sin ningún control, hasta el uso generalizado de cheques y pagos por correo, basados en la confianza recíproca entre desconocidos.

Es en esas sociedades donde nacieron y primero se impusieron los movimientos feministas, donde primero se abolió la prostitución reglamentada y se dictaron leyes de divorcio que sinceran las situaciones de fracaso matrimonial y disminuyen las hipocresías y falsedades de los sistemas de amantes o relaciones triangulares que tan bien ilustró la literatura de Francia, país católico y latino por excelencia.

En dichas naciones protestantes siguen teniendo más importancia los impuestos directos que los indirectos, que en nuestras sociedades prácticamente no son rentables porque la gente nunca es veraz en sus declaraciones impositivas.

La expresión "*A man, a word*", es decir, "un hombre, una palabra" es de raíz sajona y protestante, y denota lo mismo que "confiabilidad" (*reliability*); contrariamente, sabemos que en nuestras naciones ni el Estado ni los particulares se caracterizan por el cumplimiento de sus promesas, y las palabras sirven muchas veces más para dulcificar las maneras que para expresar las intenciones categóricas de un individuo[3].

¿Hay más honestidad en estos países que en los católicos y latinos?

Nos resistimos a la contestación afirmativa lisa y llana a esta pregunta. Gente honesta y gente deshonesta hay en todas las sociedades y en todas las culturas, y las lacras y defectos no son patrimonio de ningún grupo humano, cualquiera sea el patrón divisorio que se use, religioso o no.

La prohibición de venta de bebidas alcohólicas generó abundante corrupción en los Estados Unidos, y nadie puede negar que aún hoy existe en dicha sociedad mucha delincuencia y predominio de la mafia, sin que el origen italiano de esta cofradía pueda servir de atenuante o justificativo. Al amparo de su gran mercado de consumo, el tráfico ilegal de drogas asuela hoy a esta nación mayoritariamente protestante.

No obstante ello, y aun otros síntomas que puedan notarse, hay un elemento propio de los países de tradición católica que los distingue de las sociedades protestantes: la aceptación o tolerancia colectiva ante la corrupción y el abuso, que no suele registrarse en las comunidades de origen puritano.

En 1980, una revista norteamericana publicó una estadística informal según la cual México y la Argentina (entonces bajo dictadura militar) eran los dos países del mundo en que la corrupción de los funcionarios estaba más generalizada y donde los "precios" que las empresas multinacionales debían pagar para obtener sus favores mostraban los porcentuales más altos del universo.

Sin eximir de responsabilidad a los que aceptan o promueven la corrupción ("el que peca por la paga o el que paga por pecar", como decía Sor Juana Inés de la Cruz), la "mordida" mexicana y la "coima" argentina, descendientes de los "camaricos" de la colonia española y secretos a voces cuya vigencia se conoce y consiente, nos han llevado a encabezar este infame y degradante ranking de la corrupción internacional.

¿Quién no sabe que en Buenos Aires hasta para conseguir entradas para el cine o el teatro hay que pagar sobreprecios o "coimas" a los boleteros? ¿No han tenido difusión en toda la prensa mundial los escándalos mexicanos? ¿No proliferaron y corrompieron a la Francia de la posguerra los mercados negros, mientras que otros países que también fueron ocupados, como Noruega y Holanda, no sufrieron tanto ese fenómeno?[4].

Es obvio que en todos los países hay corrupción y deshonestidad, pero en los Estados Unidos el presidente Richard Nixon tuvo que renunciar porque había mentido al declarar que no conocía los detalles del escándalo Watergate, episodio de espionaje político en el cuartel general del Partido Demócrata, que parece un juego de niños al lado de otros que ocurrieron y ocurren en nuestras sociedades.

El puritanismo norteamericano —expresado en el control social que no admite dobleces ni mentiras en los hombres públicos— se expresó nuevamente en épocas recientes, tanto en el "Irangate" de Ronald Reagan como en el episodio amoroso extraconyugal que en 1981 frustró la candidatura presidencial de Gary Hart. En tanto, sabemos que en nuestras sociedades la resignación y el consentimiento tácito o expreso a los delitos de los funcionarios o particulares es una realidad tan cotidiana como reprobable.

A los múltiples ejemplos históricos que hemos dado ya en este trabajo y a los pequeños o grandes episodios que todos conocemos a diario, podemos añadir que en 1955, luego del derrocamiento de Juan Perón, se exhibieron públicamente en la entonces residencia presidencial argentina los suntuosos bienes, joyas y automóviles, presuntamente fruto del latrocinio y la corrupción, que habían disfrutado Eva Perón y su marido, a pesar de las manifestaciones de éste de que vivía con un sueldo de escasos 300 pesos mensuales.

La gente del pueblo visitaba la deslumbrante exposición, hecha con fines moralizantes, pero su actitud era más admirativa que crítica. No se condenaba la espuria adquisición de bienes sino que, más bien, se interpretaba que los lujos de los caudillos políticos eran una reivindicación de los desposeídos que, a través de sus líderes, realizaban los sueños o aspiraciones inalcanzables. En las elecciones posteriores y en todas las que tuvieron lugar hasta 1975 inclusive, los votos peronistas superaron ampliamente a los de los otros partidos.

¿Y no son las leyes de Punto Final y la mal llamada de Obediencia Debida, que otorgaron impunidad a los miembros de las fuerzas de seguridad argentinas que torturaron y asesinaron a miles de personas entre 1976 y 1983, un paradigma de aceptación colectiva de las espeluznantes violaciones de los derechos humanos, sancionadas ante una comunidad sin reflejos morales?

Las disparidades entre ambos tipos de sociedad se pueden apreciar también a través de comparaciones sobre los porcentajes de analfabetismo entre países de uno y otro credo.

En 1921 Suiza, Suecia, Noruega e Inglaterra tenían menos del 1% de analfabetos. Holanda tenía el 2,1% y Estados Unidos el 5,4%. Entre los países católicos, Italia tenía un 25%, Polonia el 35,4%, España el 46,8% y Portugal el 67,2%. En 1981 Portugal tenía todavía una tasa de analfabetismo del 20,6% y España, en 1986, del 4,2%[5]. La comparación es elocuente y revela el hecho de que la Iglesia Católica privilegió en general la enseñanza universitaria sobre la primaria y la secundaria, mientras que los protestantes se orientaron en inverso sentido[6].

Nos damos cuenta de que España tuvo, en literatura o en pintura, muchos más hombres valiosos y personalidades más notables que Suecia, por ejemplo. Cómo no mencionar a Cervantes o Lope de Vega en letras, o a Velázquez, Goya o Picasso en arte, que opacan sin duda a los valores escandinavos.

Pero la presencia de esas singularidades no altera el hecho de que, en países con tan grande proporción de analfabetos, la cultura suele estar producida y destinada a las minorías, cosa que no ocurre en las naciones con instrucción extendida.

Párrafo aparte merece la tarea educativa realizada en la

155

Argentina en el siglo XIX, a través de la orientación y labor de gobernantes como Sarmiento, Avellaneda y Roca, que propiciaron la educación primaria, gratuita, estatal y obligatoria, introduciendo a nuestra república en el concierto de las naciones civilizadas. En uno de sus viajes al interior, Sarmiento se preguntaba: "¿Córdoba la Docta? ¿Cómo va a ser docta, si tiene un 95% de analfabetos, aunque posea una antigua universidad?".

De allí la tarea de fomentar la instrucción, a cuyo efecto había que elevar el nivel de respeto y consideración hacia los docentes, colocándolos en un plano similar al que ocupaban los sacerdotes encargados antaño de una educación que sólo podían brindar a minorías.

En la década de 1960, la UNESCO destacó la excepcional labor alfabetizadora que realizó en Cuba el gobierno de Fidel Castro, quien efectuó una tarea con alcances similares a los logrados un siglo antes en la Argentina de Sarmiento y Roca. Paradójicamente, algunos sectores de la autodenominada "izquierda nacional", herederos del llamado revisionismo histórico, abjuraban de la labor de Sarmiento y Avellaneda, por "antinacionales y extranjerizantes", mientras alababan en el Caribe lo mismo que no sabían apreciar en la historia de su tierra.

Volviendo a las comparaciones, también las cifras sobre mortalidad infantil nos ilustran sobre las diferencias: en 1930 Suiza tenía un 4,8 por mil, Dinamarca el 7, Suecia el 5,1, Noruega el 4,7 e Inglaterra el 6,2. En el sector católico, Polonia tenía el 14,7 por mil, España el 11,3 y Portugal el 14,6[7]. En 1993, Polonia tenía el 16,2, España el 6,7 y Portugal el 8,7[8].

Se puede sostener que estas diferencias entre los niveles de educación, condiciones sanitarias, limpieza y orden en las ciudades, e incluso económicas, nada tienen que ver con el trasfondo religioso, sino que obedecen a otros elementos peculiares de cada nación.

Sin embargo, es llamativo que ciertos países de confesión mixta, como Canadá y Suiza, muestren disímiles características según la religión de la zona que se trate. En la ciudad de Montreal, las diferencias se notan incluso entre barrio y barrio, de acuerdo con el origen francés (católicos) o inglés (protestantes). También en Irlanda, según se vaya al sur o al norte, las diferencias descriptas entre los países católicos y protestantes se van perfilando de igual modo.

En nuestros días y en nuestro continente, los casos de Trinidad y Tobago y Barbados son un ejemplo elocuente de lo expuesto. Ambos países tienen origen protestante (fueron colonizados por Inglaterra) y son los dos más ricos del Caribe. Mientras en 1991 Haití tenía una renta anual per cápita de 370 dólares, Honduras de 580, El Salvador de 1.080 y Nicaragua de 460, la de Barbados era de 6.630 y la de Trinidad y Tobago de 3.670[9].

Estos dos últimos países viven, además, en democracia, mientras en general la zona centroamericana (con algunas excepciones recientes como Costa Rica y la República Dominicana) ha sido azotada por dictaduras permanentes.

En Barbados, las luchas civiles de 1642 (reflejo de los enfrentamientos en Inglaterra) llevaron a un acuerdo entre las facciones, luego ratificado por el Parlamento londinense, que establecía los siguientes puntos: a) libertad de conciencia en cuestiones de religión; b) no aplicación de derechos de aduanas ni impuestos a los habitantes sin que dieran su consentimiento en una asamblea general; y c) el gobierno de la isla estaría a cargo de un gobernador designado por el rey y una asamblea elegida por los propietarios de tierras[10].

Habitada mayoritariamente por hombres de color de origen africano que anteriormente fueron esclavos, Barbados presentó en nuestro siglo una importante evolución política: el sufragio dejó de estar vinculado a la propiedad y luego fue universal. En 1966, la pequeña isla logró su independencia de Inglaterra y su desarrollo económico y social no ha tenido convulsiones tan grandes y violentas como otras de la región[11].

¿Podrán deberse estas diferencias a las distintas potencialidades económicas de cada zona, más que al origen religioso o cultural?

Inglaterra tuvo los yacimientos de carbón. Los Estados Unidos llegaron a dominar y señorear, luego de la conquista del Oeste, un territorio tan rico como extenso. Trinidad y Tobago tiene petróleo.

Brasil, México, Venezuela o la Argentina poseen, sin em-

157

bargo, riquezas naturales y extensiones comparables, sin que esto haya obstado para que tengan, como todos los países latinoamericanos, grandes sectores de población lindando con el infraconsumo. Y en el caso de la Argentina, ¿cómo explicar que a principios de siglo haya estado en ciertas estadísticas económicas en el octavo puesto en el mundo, para haber descendido en 1980 al lote de los setenta u ochenta? ¿Por qué México, que en la década de 1950 tenía casi el doble de ingreso por habitante que Taiwán y Corea, posee ahora alrededor de la mitad?

Si no queremos destacar la importancia del fenómeno religioso, podemos apelar al argumento de que los países protestantes han sido sociedades nuevas (Inglaterra, Estados Unidos, Suecia, Noruega, Dinamarca), mientras que los católicos son las antiguas de tradición latina (Italia, España, Portugal, etc.). Si bien este hecho es cierto y evidente, el argumento se derrumba cuando advertimos que las naciones latinoamericanas también son nuevas, pero de ningún modo han alcanzado el desarrollo político y económico de aquellas sociedades. Lo mismo podría decirse de Estados africanos aun más nuevos que los que ponemos como ejemplo.

¿Podrá ser la raza el elemento determinante? Distintas son las etnias que han predominado y predominan en países protestantes (sajones, escandinavos, germanos, celtas en Gales, latinos en algunos lugares de Suiza, africanos en Barbados y Trinidad y Tobago), por lo cual nos negamos a aceptar la validez de esta conjetura, reprobable también por elementales razones de humanidad.

¿Podrá ser el clima frío, como lo sostuvieron algunos tratadistas y naturalistas? Los polacos e irlandeses tuvieron y tienen los rasgos típicos del origen y la tradición católicas, aunque su clima sea más parecido al inglés o escandinavo que al italiano o español.

La presente tesis apunta a que nuestra situación actual se debe, sobre todo, a razones culturales de muy hondo arraigo, que debemos buscar en el plano de la historia para poder entenderlas y superarlas. El aspecto del origen religioso nos ofrece una cantera muy rica, a pesar de que la preocupación por la fe no ocupe hoy un papel demasiado relevante, al menos en las sociedades occidentalizadas, mal que les pese a los fanáticos de cualquier país en que impere el fundamentalismo.

Una última reflexión: existen quienes han sostenido que no es la religión la que ha determinado la manera de ser de los hombres, sino que, más bien, son los factores ambientales o personales de cada individuo o comunidad —la raza, el clima, el suelo, el temperamento, etc.— los que posibilitan que dicha sociedad elabore o acepte determinada religión.

No podemos responder a esa inquietud más que afirmando que, seguramente, existe una relación o interdependencia dialéctica entre ambos factores, si es que pudieran ser tomados en puridad. De todos modos, lo que nos interesa a los efectos de este trabajo es que, una vez que por razones equis un pueblo asume, acepta o adopta una determinada religión —en nuestro caso, la católica—, la misma imprime a la comunidad una serie de rasgos de carácter que pasan a integrar parte importante de su sustrato cultural.

NOTAS

[1] Ricardo Zorraquín Becú, "Las bases fundamentales del derecho indiano", en sobretiro de la *Revista de la Facultad de Derecho de la Universidad Autónoma de México*, tomo XXVI, enero-julio 1976, N° 101/102, pág. 826.

[2] Federico Hoffet, *El imperialismo protestante*, La Aurora, Buenos Aires, 1949, pág. 13.

[3] Federico Hoffet, *ob.cit.*, pág. 47.

[4] Federico Hoffet, *ob.cit.*, pág. 50.

[5] *Anuario Estadístico de la UNESCO*, 1991.

[6] Federico Hoffet, *ob.cit.*, pág. 39.

[7] Federico Hoffet, *ob.cit.*, pág. 39.

[8] *Demographic Year Book 1995*, United Nations, Nueva York, 1997, pág. 380.

[9] *Informe anual del Banco Mundial 1993*, Washington, pág. 121.

[10] Lawrence Harrison, *El subdesarrollo está en la mente*, Rei, Buenos Aires, 1989, pág. 140

[11] Lawrence Harrison, *ob.cit.* págs. 144 y siguientes.

Capítulo VIII

CATOLICISMO Y SUBDESARROLLO

Cuando se trata el tema de la relación existente entre el desarrollo económico y la religión, es imposible dejar de mencionar el libro *La ética protestante y el espíritu del capitalismo*, escrito por Max Weber a principios de este siglo. Se confirma en este caso la frase de don Miguel de Unamuno: "Para novedades, los clásicos".

Weber había notado que, en los países europeos mixtos en el plano religioso, los dueños de empresas y los gerentes o altos empleados eran, generalmente, protestantes. Esta preeminencia sobre los católicos en las actividades económicas se daba no solamente en aquellas naciones o zonas donde los protestantes fueran minorías políticamente discriminadas o perseguidas (circunstancia que suele incentivar al trabajo y al esfuerzo, como ocurre tantas veces con los judíos), sino en todos los casos. Fueran mayoría o minoría, fueran perseguidos o bien tratados, los protestantes sobresalían en las actividades productivas y llevaban ventaja en este campo a los individuos de religión católica.

Analizando los orígenes del tema, Weber destacaba que el ideal de cristiano tradicional había sido, hasta fines de la Edad Media, el hombre que dejaba los placeres y actividades del mundo para recluirse en un convento y dedicarse a la vida contemplativa. La oración y la actividad meramente espiritual, abandonando todo lo material y terrenal, eran el mejor camino para la salvación del alma. El modelo del cristiano, entonces, era el monje o anacoreta.

Lutero había reaccionado contra este concepto y había

161

entendido que Dios daba a cada cristiano un lugar o profesión sobre la tierra y que todo hombre debía aceptar su tarea como una misión sagrada. Para el Altísimo todos los trabajos tenían el mismo valor e idéntica jerarquía —se tratara de un modesto zapatero o un elevado mercader— y el hombre debía salvar su alma a través del honrado ejercicio de su actividad en este mundo.

Es a partir de Lutero y de la traducción de una Biblia protestante, cuando la palabra "profesión" (en alemán *Beruf* y en inglés *calling*, en el sentido de llamado o vocación) pasa a tener un significado religioso, además de ser un medio de vida y la tarea o posición en la sociedad.

Hasta Lutero, "santo" era quien dejaba el mundo y se hacía monje yéndose a un convento. A partir del reformador alemán, "santo" es quien abandona el monasterio y ejerce honradamente su trabajo en este suelo. Con razón ha podido decirse que el protestantismo convierte en monje a cada cristiano por todo lo que le queda de vida en esta tierra.

Calvino y sus seguidores añaden a estas ideas la doctrina de la predestinación: Dios, desde su infinita omnipotencia, ha dispuesto que ciertos hombres se salven y otros se condenen. Es imposible modificar con las obras estos designios insondables, producidos seguramente con el objeto de resaltar la magnificencia del Supremo. Ni siquiera se puede saber si uno está entre el grupo de los que se salvan, aunque Calvino haya sido afortunado y haya podido acceder a la revelación de su propia seguridad. Pero si uno trabaja en forma permanente y honrada, el éxito material en esta vida puede ser un indicio de salvación.

John Wesley, Richard Baxter y otros seguidores de Calvino fueron creando con sus enseñanzas y escritos una verdadera mística del trabajo puritano y reparador. Estos predicadores sostuvieron que la contemplación inactiva es moralmente censurable cuando se lleva a cabo en perjuicio de la labor cotidiana, ya que Dios quiere que trabajemos y Él dio el ejemplo, dedicando al descanso solamente el séptimo día. Paradójicamente, suele ocurrir que aquellos que viven en la holgazanería son los que no encuentran luego una hora para dedicar a Dios.

El hombre debe trabajar aunque sea rico —propugnaban— puesto que ha de cumplir con el mandato de Dios, quien le ha dado una tarea que no puede descuidarse. Cumpliendo con el trabajo, se impulsa la propia gloria de Dios.

Si el hombre no tiene una profesión estable —anticipan—, sus trabajos serán accidentales y fugaces y terminará destinando más tiempo al ocio que a la tarea productiva. Es conveniente por ello tener una ocupación permanente, en la que pueda ejercitarse la voluntad metódica, sistemática, que demanda la espiritualización de la vida en la Tierra. La existencia profesional debe ser una práctica ascética y consecuente de la virtud, esmero y cumplimiento de las normas laborales. Dios no obliga solamente a trabajar por trabajar, sino al quehacer productivo y puntilloso dentro de una actividad noble y estable.

Las confesiones protestantes establecían que el cambio de profesión es positivo, cuando se va hacia un trabajo más agradable a los ojos de Dios. Y para determinar este criterio, debían tenerse en cuenta primero los principios éticos, luego el provecho general para la comunidad y, en tercer lugar, el beneficio económico que reporta al individuo.

Para la ética de los continuadores de Calvino, cuando Dios revela a algún elegido la posibilidad de una ganancia, lo hace con alguna finalidad, de modo que el cristiano debe escuchar el llamamiento y obtener el beneficio.

"Si Dios os señala una senda por la que habrá de proporcionaros más riqueza que la que pudiérais conseguir por otro camino distinto (sin perjuicio de vuestra alma ni las ajenas), y la desecháis para emprender la ruta por la que os enriquecerá menos, estáis poniendo trabas a uno de los propósitos de vuestra vocación y os estáis negando a actuar como administradores de Dios y recibir sus dones para valeros de ellos en Su servicio y en el momento en que Él os lo demandase", escribe Richard Baxter[1].

De estos principios se derivaba también que la riqueza obtenida con el trabajo escrupuloso y productivo —aun en sentido dinerario, como hemos visto— no debía destinarse a la sensualidad o concupiscencia, sino a la glorificación de Dios; y como el Hacedor se honra con la ocupación y la vida austera y limpia, las ganancias debían dirigirse a mayor actividad productiva manteniendo esa existencia honrada y prolija.

El cristiano se purificaba moralmente por la vía laboral, a la vez que el sistema económico se realimentaba impulsado por el principio de que, siendo el hombre solamente administrador de los bienes confiados por la divinidad, era responsable de su acrecentamiento, como el sirviente del Evangelio que debía rendir cuentas de los talentos recibidos.

Con estas doctrinas se habían eliminado todos los obstáculos psicológicos respecto del afán de lucro o de ganancia, mientras simultáneamente se restringía el consumo de artículos lujosos o superfluos mediante la condena a los placeres sensuales y el estímulo del ahorro.

Si el puritano trabajaba mucho y gastaba poco, la consecuencia ineludible debía ser la acumulación de un capital. Y si era menester no disipar lo amasado, correspondía entonces reinvertirlo con propósitos fructuosos.

El espíritu del capitalismo había encontrado en este tipo de personalidades el sustrato humano que necesitaba para su desarrollo vigoroso y sin trabas.

Este fenómeno se complementó por el lado de los trabajadores, que no solamente habían entendido con Lutero que su tarea y posición significaban una misión divina, sino también con Calvino que la desigualdad en el reparto de bienes está impuesta por los secretos designios de la Providencia, por lo que se constituyeron en elementos moderados, probos, leales y de gran dedicación al trabajo disciplinado y productivo, coadyuvando a la consolidación del proceso económico e industrial.

Sin duda, el sentimiento religioso fue disminuyendo paulatinamente y hasta puede afirmarse que en ciertos lugares prácticamente ha desaparecido, al menos en los niveles conscientes.

También es cierto que la ética puritana fue evolucionando desde el severo ascetismo y la férrea austeridad hacia el consumismo cada vez más generalizado y permisivo. Pero es imposible negar que en los procesos psicológicos analizados y en la ética religiosa que tan bien describió Max Weber, se encuentra el origen cultural del formidable avance económico experimentado por algunas naciones del mundo bajo el nombre —tan vilipendiado entre nosotros— de capitalismo.

Si estudiamos estos modos de pensar, estas formas de conducta y estos estilos de trabajo, enfocándolos con la frialdad casi de laboratorio del analista intelectual, y los comparamos con los sentimientos y los hábitos imperantes en Hispanoamérica, quizás encontremos las causas culturales que determinan nuestro estancamiento o subdesarrollo.

En la antigüedad y durante siglos y siglos, la forma habitual del trabajo era la mano de obra esclava. Los hombres libres, como lo destacaron Platón y Aristóteles, podían dedicar su tiempo a labores más "nobles", típicamente la faena intelectual.

En épocas posteriores van desapareciendo la esclavitud y el trabajo servil del feudalismo, y es la persona libre quien va al mercado laboral para ofrecer su fuerza productiva.

El trabajo ya no es forzado, pero la mentalidad tradicional hace que la gente labore estrictamente para cubrir ciertas necesidades elementales, de tal modo que en algunas oportunidades un aumento en el salario determinaba que se trabajara menos horas, pues con ellas bastaba para llegar a aquellos niveles.

El afán inmoderado de lucro, el deseo de ganancias inmensas hechas de inmediato y sin reparos ni trabas morales, existieron desde antiguo y posiblemente existirán siempre, como los del Capitán Holandés que con tal de hacer fortuna era capaz de "descender a los infiernos aunque la vela se le chamuscara"; el árabe que hoy vende sus chafalonerías a veinte veces su valor en las pirámides de Giza; o el desaprensivo taxista del aeropuerto de Buenos Aires o México que esquilma a sus pasajeros.

También es cierto que aun antes de la Reforma existieron en el mundo formas económicas capitalistas de producción, basadas en trabajo voluntariamente contratado.

Pero el desarrollo enorme y la difusión generalizada del capitalismo no se lograron con la mentalidad inescrupulosa del mercachifle ni con el trabajador tradicional que labora lo estrictamente necesario para cubrir un mínimo de satisfacciones, sino con el tipo de hombre que, forjado en las ideas del protestantismo, expresó la nueva cultura del trabajo e internalizó la obsesión por la faena permanente y creativa, alternada con hábitos austeros y de frugalidad.

Como bien lo ha señalado Erich Fromm, esta tendencia compulsiva hacia el trabajo ha sido tan necesaria al capitalismo como el vapor o la electricidad.

¿Qué criterios imperaron durante la colonia y cuáles rigen actualmente nuestros comportamientos colectivos?

También con relación a este tema, la larga lucha de reconquista del territorio contra los moros, que duró ocho siglos, otorgó a España características especiales.

En los lugares que se iban recuperando, pero que quedaban en zonas de frontera o constituían bolsones españoles dentro de territorio árabe, los habitantes preferían criar cabras antes que dedicarse a la agricultura, pues en caso de volver los moros, los emigrantes podían llevarse los animales, pero no los frutos de la tierra aun sin cosechar.

Castilla era ya de por sí zona árida y seca, poblada por hombres enjutos y magros, y a las razones climáticas o geográficas vino a sumarse el hecho cultural producido por la guerra permanente.

Si leemos con atención el máximo exponente de la literatura castellana, el famoso *Cantar del Mío Cid*, advertiremos que ni la mayor figura de la gesta española ni sus hombres dejan en algún momento la espada para labrar la tierra, ni alternan el oficio de la guerra con quehacer alguno. Por el contrario, hay varias referencias al hecho de que permanentemente se alimentaban con los cultivos de los árabes y que, a su paso, dejaban "los campos yermos y despoblados".

Esto, sin mencionar la circunstancia de que en la única transacción comercial que efectúa al abandonar el reino, el Cid engaña a sus amigos los judíos Raquel y Vidas, entregándoles arcas vacías en garantía del préstamo recibido, simulando que estaban llenas de joyas.

Algunos siglos después, en los tiempos en que el hombre mercantil y semiagnóstico había comenzado a predominar en las restantes naciones europeas, sobre todo en los principados italianos, en España seguían reinando con caracteres absolutos el militar y el fraile, acompañados por el letrado. Y el castellano, forjado en la lucha secular contra el infiel, desarrolló un particular sentimiento de la riqueza que lo hizo aspirar más al señorío de la tierra que a su posesión para sembrarla y fecundarla; más al dominio feudal o parasitario del suelo que a su propiedad dinámica y productiva; más a la apropiación del hombre y de su trabajo que a la conquista del territorio para transformarlo con su labor[2].

Estos conceptos se trasladaron a las Indias. Cristóbal Colón, aunque algunas veces con arranques místicos, tuvo siempre buena cuenta de sus intereses económicos y, como hemos visto, fue el introductor de la esclavitud. Se conservan los libros de cabecera que encendían su imaginación antes del descubrimiento. Cuando leía a D'ailly o a Marco Polo, las visiones le brotaban ante las descripciones de seres fabulosos, criaturas inexistentes y elementos fantásticos que, se afirmaba, poblaban el Oriente. Pero, volviendo a la realidad, anotaba secamente al margen: "Hay gemas y riquezas"[3].

Es cierto que Colón, por convicción y por instrucciones de la Corona, llevó en su segundo y tercer viajes agricultores y hortelanos, pero no es menos cierto que, como lo destacó Silvio Zavala, "la colonización pacífica a cargo de los labradores y artesanos no fue el patrón normal y general de la emigración de españoles a América durante las primeras décadas del período colonial. La mayoría de los integrantes de las primeras expediciones estaba formada por soldados que habían luchado en la reconquista, oficiales de las campañas en Francia o Italia o segundones de las familias hidalgas empobrecidos por el mayorazgo". Es que al terminar la lucha contra los moros, los guerreros pasan a constituir una mano de obra desocupada "que se vuelca sobre América y, en vez de labrarla, la siembran de discordia y de pendencia[4] (*).

(*) Al culminar el gobierno militar argentino en 1983, e iniciarse el período democrático, el ministro del Interior, Antonio Tróccoli, adjudicó la autoría de algunos atentados y secuestros a la "mano de obra desocupada", es decir, a parapoliciales y paramilitares que habían participado de la llamada "guerra sucia" contra la guerrilla. Una vez más, los soldados, acostumbrados a la muerte y la rapiña, habían sido "agredidos por la paz". Véase Marcos Aguinis, *Un país de novela*, pág. 49.

En 1508, como los pocos colonizadores de labores manuales abandonaban sus tareas y se procuraban indígenas para vivir a costa de ellos, la Corona dispuso que se les obligara a ejercer sus oficios[5].

En el primer siglo de la conquista, una memoria del Perú decía que "de ocho mil españoles, siete mil no tienen nada que hacer ni trabajar, ni cavan ni aran porque dicen que no han venido a América para eso"[6].

También en esa época, cuando ya en Europa bullían en la mente de los protestantes las ideas de Lutero y de Calvino, el bachiller Sánchez informaba al Presidente del Consejo de Indias que "todos cuantos pasamos a las Indias vamos con intención de volver a España muy ricos, lo cual es imposible —pues de acá no llevamos nada y allá holgamos— sino a costa del sudor y sangre de los indios"[7].

En 1529, el Obispo de México, Juan de Zumárraga, expresaba que "al año y medio de venir los españoles, dejan las minas y los trabajos mecánicos y quieren indios".

A su vez, el licenciado García de Castro mostraba en 1565, en Lima, su contrariedad por "la gente holgazana de esta tierra, que todos se querrían estar en esta ciudad comiendo pasteles".

Ya hemos consignado que en 1597, el virrey del Perú, don Luis de Velazco, manifiesta al rey que los españoles "no vienen acá a trabajar sino a servirse de los indios y sus hacendillas"[8].

Como en el caso de las provisiones que recomendaban el buen tratamiento de los indios, la multiplicación de reales cédulas que exhortan al trabajo hace presumir que las indicaciones no solían cumplirse.

En 1609, un documento de la Corona destinado a Panamá expresa que "sabemos que hay gente humilde y pobre que no se digna trabajar en labores del campo y lo tienen por menos valor, de lo que resulta tanta gente perdida y cargar en los indios todo el peso del trabajo. Os encargo y mando —añade la Real Cédula— que cada año se vaya introduciendo en la labor del campo niños de algunos españoles porque a su imitación resulte que los demás se vayan aplicando al trabajo, con cuya introducción se habrá de desterrar de las Indias la opinión que los españoles tienen de que es cosa vil y baja servir a otros, especialmente en dichos suministros de labores"[9].

La Corona, sin embargo, no era demasiado coherente en este afán didáctico hacia el trabajo, ya que la Recopilación de Leyes de Indias prohibía que los regidores de los cabildos tuviesen tiendas o negocios con venta al menudeo o usasen de "oficios viles", que eran los que se ejercían con las manos[10].

Asimismo, en 1557 Felipe II, siempre acosado por necesidades financieras, ordenó que se vendieran en Indias mil "hidalguías" a personas de toda clase, sin reparar en su falta de linaje. Los compradores adquirían entonces los privilegios del rango (a los que se podía acceder también constituyendo un mayorazgo) con el título de "Don", que vedaba el ingreso a toda profesión vinculada al comercio e industria, so pena de pérdida del estado.

En Lima, así, llegaron a existir en el siglo XVIII más de cuarenta familias de condes y marqueses que no trabajaban ni podían trabajar, aunque muchos de ellos eran en realidad mestizos que hacían redactar minuciosas y largas "informaciones" para probar su "limpieza de sangre"[11], en absurdos torneos en los que el racismo se mezclaba con la molicie.

Buenos Aires era más modesta y no tenía estas pretensiones de relumbres nobiliarios, pero su inclinación a la faena industrial o productiva no era mayor. De los 10.000 habitantes que tenía en 1744, sólo 33 eran agricultores.

Es que si en la madre patria labrar la tierra era tarea de menestrales y de siervos, hacerlo en América era de tontos.

En las fértiles llanuras de la pampa se practicaba el pastoreo, que casi no exigía mano de obra ni vigilancia. Simplemente, una vez por año se hacía una gran matanza de vacunos, persiguiéndolos a caballo con una lanza que en su punta tenía una especie de guadaña muy filosa. Los criollos asestaban a los animales, desde atrás, un golpe en el tendón, produciéndoles un corte; la pata se contraía y el vacuno caía a los pocos pasos. Unos veinte peones practicaban esta cacería durante una hora, y al cabo de ella setecientas u ochocientas cabezas de ganado yacían en los pastos. Entonces, desmontaban y se dirigían hacia las bestias para sacarles el sebo, la lengua y los cueros, que se embarcarían luego en los buques de registro hacia la metrópoli; el resto quedaba para las aves de rapiña.

Los que habían participado del rodeo experimentaban, quizás, con esas carreras al descampado y la lucha con los animales bravíos, parecidas sensaciones a las de los antiguos caballeros y soldados españoles guerreando contra los moros en las tierras de Valencia[12].

En general, y como había ocurrido con los minerales, la riqueza americana no se producía ni cultivaba: se recogía[13].

Al cabo de tres siglos de vida colonial, el sistema semiesclavista acentuó ciertas costumbres: mientras los siervos rechazan la faena impuesta, y sólo la cumplen en la medida que los controlan o castigan, los amos se acostumbran a la ociosidad[14].

No es de extrañar, entonces, por todo esto, que hacia el final del período colonial, en 1770, un memorial del ayuntamiento de México sostuviera que "el principal fondo con que podemos contar los americanos son los sueldos (del Estado). Los oficios mecánicos —agregaba— no se compadecen bien con el lustre del nacimiento ni sufragan en Indias para una decente subsistencia"[15].

El prejuicio contra los trabajos manuales no puede sorprendernos en las Indias si consideramos que simultáneamente tenía plena vigencia en España, en donde había sido introducido o acentuado por los árabes(*).

En el siglo XVII, en un clima de pobreza general a pesar de los ingresos americanos, los jóvenes de las familias hidalgas peninsulares eran enviados a la Corte con la esperanza de que pudieran obtener un empleo de escribiente o tinterillo, ya que su condición les impedía ocuparse de labores "viles".

Estos muchachos de dieciséis a veintiún años, llamados "pretendientes" o "pretensores", permanecían inactivos sus mejores años y formaban legiones de brillantes desocupados, mientras saciaban su hambre aristocrática mediante

---

(*) "De los moros sacamos la burla de lo material, de lo mecánico. Hasta hace muy poco España era, como los países árabes, una nación esencialmente agrícola", ha dicho Fernando Díaz Plaja. Véase Marcos Aguinis, *ob. cit.*, pág. 64.

engaños y correrías que nutrieron las páginas de las novelas picarescas.

En América, este espíritu no cesó ni fue demasiado atenuado con la independencia. Cuando Charles Darwin visitó la Argentina, en 1833, preguntó a dos gauchos de Mercedes por qué no trabajaban. Uno contestó que "los días eran demasiado largos". El otro que "era demasiado pobre"[16].

Después de 1880 el país comenzó a convertirse en una potencia agroexportadora, pero los grandes terratenientes no invirtieron sus ganancias en la industria. En 1895, el 90 por ciento de los dueños de establecimientos manufactureros era extranjero. En 1918, de los 47.500 industriales que había en la República, 31.500 no eran argentinos[17].

En tiempos de los Reyes Católicos, Jorge Manrique exaltaba a través de sus inmortales coplas de pie quebrado, los dos quehaceres fundamentales que se privilegiaban en la época, al expresar que "el vivir que es perdurable"

los buenos religiosos
gánanlo con oraciones
y con lloros;
los caballeros famosos
con trabajos y aflicciones
contra moros.

Varios siglos después, en la Argentina provinciana de nuestra infancia, subsistía en el ánimo de las familias tradicionales la idea de que, para progresar social y económicamente, era muy importante tener en su propio seno, no un empresario o un industrial, sino... ¡un cura y un militar!

Las diferencias con el hombre formado en el protestantismo no sólo se expresaban en el desapego hispánico hacia el trabajo, sino que también se patentizaban en la falta de costumbres austeras por parte de nuestros antepasados.

El obispo de México ya citado, Juan de Zumárraga, manifestaba en 1529 que los españoles "usan brocados y sedas más que los caballeros en Castilla; andan endeudados y van de un lado a otro"[18]. Constantino Bayle señaló la fastuosidad y el derroche de las celebraciones de la santificación de Ignacio de Loyola, en México, durante el virreinato del Marqués de Salinas[19].

Un siglo después, el padre Cobo decía que los nobles, y aun los ciudadanos ordinarios de Lima, sólo usaban trajes de seda[20].

En la isla La Española, el tesorero Gonzalo de Guzmán resumía la situación al expresar que, en general, había gran celo para derrochar y poca diligencia para ahorrar[21].

Con referencia a Buenos Aires, Juan Agustín García manifiesta que los fondos del Cabildo "se administran en una forma infantil. Lo necesario cede siempre a lo superfluo. El gasto vano y decorativo, el despilfarro, es la idea madre, dominante en el proceso histórico de esta economía colonial. Antes de arreglar algún camino, cegar los pozos que imposibilitan el tránsito por las calles más centrales, atender cualquiera de las necesidades apremiantes no satisfechas, se pagan luminarias, toros y cañas, se atiende a la vanidad decorativa del Regimiento, que ocupa un puesto de honor en estas representaciones"[22].

El juego, asimismo, parecía ser la pasión con la que los conquistadores alternaban la embriaguez del combate y la holganza de la encomienda. El riesgo del azar suplía la emoción de la refriega y el vértigo de la incertidumbre los encendía y motivaba. Quienes no ejercían oficios "viles" ni laboraban con las manos para no rebajarse socialmente, exhibían las habilidades de sus dedos y sus mentes en el despliegue maravilloso de los naipes sobre la mesa.

Hernán Cortés fue uno de sus cultores, aunque al parecer no el más afortunado, ya que un tribunal lo condenó a reponer 12.000 pesos oro que había perdido jugando a las cartas durante la campaña de México.

El vicio de la timba provenía de la península, a juzgar por las palabras con que un representante del fisco apostrofaba a los integrantes de una expedición a tierras nuevas: "Que no jueguen, para que no vivan como en España".

El virrey Velazco, ya mencionado, destacaba en 1597 que en Lima "todos huelgan y viven en juegos y amancebamientos".

Estaba tan adentrado el juego entre los militares que un

autor de la época reconoce que es en vano tratar de impedírselo al soldado, pero sugiere que al menos "no lleve los naipes en la capilla ni juegue su espada o los vestidos".

Los religiosos tampoco escaparon al fenómeno, de tal suerte que el Concilio de Lima de 1582 debió ocuparse del tema y llamarlos a la mesura. "Han pasado ya tan adelante los excesos de muchos en el juego —se indignaban los obispos— que es necesario ver si se puede atajar esta gran infamia y corregir las demasías de los que tan locamente se entregan a él"[23].

En el mismo año de estas evangélicas exhortaciones, solamente en México se fabricaban 9.000 docenas de juegos de naipes que, según se decía, eran más apreciados que los traídos de España[24]. Parece ser éste uno de los pocos casos en que el empeño industrial americano superaba al de la península, según los consumidores.

Ni el juego, el despilfarro o el excesivo boato menguaron con la independencia.

Facundo Quiroga, en la Argentina, y el cura Morelos y Antonio López de Santa Anna, en México, fueron timberos empedernidos. El reñidero de gallos de San Agustín de las Cuevas era, en tiempos de Santa Anna, una especie de sucursal del Palacio Nacional. "Era de verlo en este ámbito del desbarajuste y la licencia, tomando dinero ajeno que no pagaba, dando reglas para las peleas de pico y revisando las navajas —contó un cronista—. Y cuando el juego languidecía, el bello sexo le concedía sus sonrisas y lo acompañaba en sus torerías"[25].

"Los indios —manifestó en México el austero zapoteca Benito Juárez, quien en su juventud en casa de sus patrones había servido la mesa a Santa Anna— necesitan de una religión que los obligue a leer, y a no gastar en cirios para los santos"[26].

Durante la expansión económica del "porfiriato", los millonarios construían residencias lujosas y vivían rumbosamente, en el barrio de Las Lomas de Chapultepec, pero la generalidad del territorio conservaba todavía su tradicional aspecto de una "aristocrática esterilidad".

Los ganaderos argentinos viajaban a Europa, a principios de este siglo, con una vaca en el barco para tener leche fresca, mientras los jóvenes de las familias brillantes dilapidaban fortunas en París en memorables calavereadas que terminaron por imponer el tango.

Con los beneficios del trigo y de las vacas se construyeron en Buenos Aires magníficos palacetes, que todavía evocan una opulencia deslumbrante. Las dos residencias más fastuosas, las de las familias Paz y Anchorena, pasaron a ser ocupadas por el Círculo Militar y el Ministerio de Relaciones Exteriores, acaso como símbolo del triunfo de la milicia y el burocratismo dentro de una sociedad que vuelve siempre a sus raíces.

Considerando esta doble vía de poco trabajo personal y derroche en las costumbres (lo contrario de la cultura protestante) no habría sido difícil prever el futuro que esperaba a los colonizadores españoles a medida que la mano de obra esclava o semiesclava fuese consumiéndose.

Colón había llegado en 1492 a las islas del Caribe, es decir, a las zonas cálidas y tropicales, donde abundaban los frutos y los pájaros y no había demasiados problemas de alimentación. Los indios eran mansos, salvo los caribes, y hasta las mujeres indígenas prestaban sus favores con gran generosidad a los españoles, que se diseminaron por las áreas favorables e iniciaron la explotación de minerales y otras riquezas naturales.

No obstante estas ventajas, que hoy llamaríamos comparativas, la raigambre cultural que hemos descripto provocaba tanto grandes fortunas como rápidas decadencias.

La expresión "padre mercader, hijo caballero, nieto pordiosero", acuñada en la época, reflejaba con sintética elocuencia la evolución de las familias en una sociedad que no había internalizado la cultura del trabajo en cada uno de sus miembros.

Los peregrinos ingleses que llegaron en 1620 a la América del Norte tuvieron que ir allí precisamente porque las zonas templadas y más favorecidas por la naturaleza habían sido ya ocupadas por los colonizadores españoles o portugueses. Debieron ir hacia el norte, donde se encontraron con un clima frío y zonas inhóspitas y desoladas, en que las costas eran azotadas ese invierno por vientos huracanados. Todo parecía serles adverso[27].

Sin embargo, en 150 años habían desarrollado tal empuje económico que la evolución de sus fuerzas productivas desencadenó la independencia de Inglaterra, uno de los emporios comerciales de la época.

Las cualidades de trabajo y austeridad que hemos descripto se mantuvieron o acrecentaron, con los resultados que están a la vista y sin perjuicio de las distintas modalidades que los diferentes tiempos fueron imponiendo.

A principios del siglo XX, John D. Rockefeller, fundador de la dinastía que lleva su apellido, bendecía religiosamente el pan antes de comer y, en su mesa, solamente se tomaba agua, a la antigua usanza puritana.

En nuestra sociedad, en cambio, ¿no sigue imperando la idea supersticiosa de que el azar puede reemplazar al esfuerzo del trabajo? La práctica argentina de comer ñoquis los días 29, o la mexicana de llevar un ajo macho en el bolsillo, con la esperanza de hacerse rico, ¿no es expresión tan absurda como ridícula de lo mismo?

En pleno auge del justicialismo, cuando el culto a la personalidad alcanzaba picos inusitados, se llegó a llamar a Juan Domingo Perón "el primer trabajador argentino", cuando fue toda su vida un militar, es decir, un empleado público sin labores productivas que se entrena para una guerra que no se realiza.

¿No existe acaso desconfianza hacia el rico? ¿No se piensa que todo lo que tiene lo ha robado? En Estados Unidos, Nelson Rockefeller, nieto de John D., fue elegido varias veces gobernador del estado de Nueva York, mientras que en la Argentina los millonarios tradicionales, como los Martínez de Hoz, solían llegar al poder enancados en los golpes militares.

¿No existe la idea en nuestros gobernantes y en nuestro pueblo de que pueden contraerse deudas internas o externas porque luego no se pagarán? ¿No se interpreta que pueden hacerse grandes gastos o inversiones superiores a nuestras posibilidades, puesto que en el futuro, mágicamente, se solventarán o arreglarán sin mayores costos?

Podrá decirse a esta altura de los razonamientos que los

países cambian, que las sociedades evolucionan, que Japón e Italia tienen distinto origen cultural que los pueblos protestantes que hemos descripto y que, sin embargo, han pasado a ser potencias industriales después de la última guerra.

Todo ello es cierto, pero también lo es que estas dos naciones han llegado a los niveles actuales a través de la adopción de pautas y comportamientos culturales, con relación al trabajo y la productividad, propios de los pueblos que primero forjaron la cultura del trabajo.

Esa transición posible, esa evolución deseable y que seguramente hoy ya estamos desarrollando, la vislumbró para todos nuestros países el poeta Antonio Machado, cuando en su libro *Campos de Castilla* decía:

La España de charanga y pandereta,
cerrado y sacristía,
devota de Frascuelo y de María,
de espíritu burlón y de alma inquieta,
ha de tener su mármol y su día,
su infalible mañana y su poeta.

Esa España inferior que ora y bosteza,
vieja y tahúr, zaragatera y triste.

Mas otra España nace,
la España del cincel y de la maza
con esa eterna juventud que se hace
del pasado macizo de la raza.

NOTAS

[1] Citado por Max Weber, *La ética protestante y el espíritu del capitalismo*, Premia, Buenos Aires, 1984, pág. 100.

[2] Pedro Corominas, *El sentimiento de la riqueza en Castilla*, citado por Juan B. Terán, *ob. cit.*, pág. 123; Clarence Haring, *ob. cit.*, pág. 13.

[3] Salvador de Madariaga, *Vida del muy magnífico señor Don Cristóbal Colón*, págs. 133 y siguientes.

[4] Silvio Zavala, "Los trabajadores antillanos en el siglo XVI", en *Revista de Historia de América*, N° 3, pág. 75; citado por Clarence Haring, *ob. cit.*, págs. 229 y 230.

[5] Silvio Zavala, *ob. cit.*, págs. 74 y 75; citado por Clarence Haring, *ob. cit.*, pág. 228.

[6] Juan B. Terán, *ob. cit.*, pág., 96.

[7] Juan B, Terán, *ob. cit.*, págs. 100 y 124.

[8] Juan B. Terán, *ob. cit.*, pág. 134.

[9] Juan B. Terán, *ob. cit.*, pág. 124.

[10] Ricardo Zorraquín Becú, *Organización política...*, pág. 322.

[11] Clarence Haring, *ob. cit.*, pág. 219.

[12] Juan Agustín García, *ob. cit.*, pág. 22

[13] Marcos Aguinis, *ob. cit.*, pág. 58.

[14] Carlos Rangel, *Del buen salvaje al buen revolucionario*, Monte Ávila, Caracas, 1982, pág. 253.

[15] Juan B. Terán, *ob. cit.*, pág. 132.

[16] Marcos Aguinis, *ob. cit.*, pág. 87.

[17] Ernesto Tornquist, *El desarrollo económico en la República Argentina en los últimos cincuenta años*, Buenos Aires, s.e., 1920, pág. XX; citado por Alain Rouquié, *Poder militar...*, tomo I, pág. 48.

[18] Juan B. Terán, *ob. cit.*, pág. 123.

[19] Constantino Bayle, *ob. cit.* pág. 755.

[20] Clarence Haring, *ob. cit.*, pág. 219.

[21] Clarence Haring, *ob. cit.*, pág. 801.

[22] Juan Agustín García, *ob. cit.*, pág. 111.

[23] Juan B. Terán, *ob. cit.*, págs. 23, 125, 126, 134, y 135.

[24] Clarence Haring, *ob. cit.*, pág. 298

[25] Enrique Krauze, *ob. cit.*, págs. 129 y 141

[26] Fernando del Paso, *Noticias del Imperio*, Diana, México, 1995, págs. 35 y 639.

[27] Alexis de Tocqueville, *ob. cit.*, tomo I, pág 53.

Capítulo IX

RELIGIÓN Y DEMOCRACIA

Las grandes democracias del mundo se han desarrollado en países de religión protestante.

Al mencionar el tema, nos vienen inmediatamente a la mente los nombres de Estados Unidos e Inglaterra, pero también podemos recordar los casos de Suecia y los demás países escandinavos, Holanda o Suiza. En estas naciones europeas, la tradición monárquica se ha combinado con el ejercicio de la representatividad política, de modo que la transición hacia las formas modernas de la democracia se ha dado sin mayores sobresaltos ni alternativas.

Lejanos los tiempos de las turbulencias de la revolución británica de 1648, en el corazón de la Europa protestante arraigaron las prácticas de la tolerancia política y el respeto de los derechos cívicos de la población, hasta el punto de que dichos países han pasado a ser ejemplos de vigencia de los derechos humanos en todas sus manifestaciones, incluida la "objeción de conciencia" que permite al creyente liberarse de su obligación militar si su religión le prohíbe agredir o matar.

En las naciones de formación católica, el fenómeno se nos presenta exactamente al contrario. Los cambios sociales y las reformas políticas no se logran en un clima de calma y estabilidad y el tumulto permanente ha sido una realidad durante décadas y décadas.

En el orbe católico y latino, Francia ha ocupado siempre un lugar preeminente por su cultura e ilustración y, sin

179

duda, su revolución de 1789 ha sido y es un símbolo para quienes luchan por la libertad y contra el absolutismo, pero no podemos dejar de advertir que sus dos primeras repúblicas terminaron con la restauración de un imperio, y la mutabilidad de los gobiernos de la tercera culminó con el desastre de 1940. La misma suerte corrió la cuarta república, cuyos liquidadores debieron convocar al general Charles De Gaulle a que gobernara como un moderno monarca, bajo el título de presidente (*).

Como ya hemos visto, en España los antecedentes democráticos se remontan a la reconquista, cuando los monarcas o los señores feudales otorgaban a algunas ciudades, mediante los fueros, el gobierno propio, pero la historia de la península es una sucesión de alternancias entre los intentos de libertad y los períodos de férrea autocracia y fanatismo religioso. No en vano a comienzos del siglo XIX, cuando las guerras civiles estallaron alrededor de la polémica figura de Fernando VII y sus derechos al trono, el escritor Mariano José de Larra pudo ironizar en trágica síntesis: "Aquí yace la mitad de España. La otra mitad la mató".

La república tuvo poca duración en nuestra madre patria, y el alzamiento del general Francisco Franco y los sectores fascistas en 1936 provocó la guerra civil que volvió a dividir y ensangrentar a nuestros hermanos. Con el triunfo de los nacionalistas en 1939, Franco instauró una dictadura semimedieval que duró hasta su muerte en 1975. Ya concluida la contienda, que costó un millón de muertos, el gobierno franquista fusiló a 200.000 opositores políticos y el oscurantismo cultural y la intolerancia religiosa fueron tan patentes, que hasta se llegó a prohibir la venta del Antiguo Testamento, es decir, de la Biblia[1].

Pocos años antes, Benito Mussolini creaba el fascismo en

(*) Ya el propio De Gaulle, al final de la guerra, se consideraba a sí mismo como una encarnación de la nación. "Yo creo en el destino de la Francia", dijo al ordenar y encabezar el desfile de la victoria por los Campos Elíseos, desoyendo las advertencias de que los alemanes podrían ametrallar a la multitud. "Cómo me parezco a vosotros", decía también en esa oportunidad a sus compatriotas, con ese sentido de identificación propio de los líderes semiabsolutistas. Maurice Bruézière, *Pages d'auteurs contemporains*, Hachette, París, 1980, pág. 7.

la católica Italia, que en el siglo XIX había sido la última nación europea en constituirse políticamente, luego de siglos de luchas incesantes entre los distintos principados y el papado. Con la organización de los *fascios de combatimento*, se instalaba un Parlamento corporativo y se instituía el partido único, que representaba a la nación italiana y sus renacidas ansias imperiales. Quien estuviera en contra del movimiento estaba contra Italia, de modo que el término totalitario pasó a tener una siniestra vigencia. A los disidentes se les administraba aceite de ricino y el crimen político fue también un recurso de la intolerancia.

En Portugal, los cuarenta años de dictadura de Oliveira Salazar completan la moderna trilogía católica del autoritarismo de este siglo en la Europa occidental.

En la América Latina, las ex colonias españolas adoptaron la forma republicana desde comienzos del siglo XIX, pero sabemos muy bien que la historia de nuestros países estuvo manchada por los conocidos "pronunciamientos" de militares salvadores y las dictaduras castrenses fueron una realidad más concreta que las formas democráticas.

En la Argentina, los federales del tirano Rosas condenaban a los "salvajes unitarios" y la mazorca los degollaba. El liberal Sarmiento, que sin duda hizo sobrados méritos en favor de la civilización y el republicanismo en la Argentina, indicaba a Mitre que Urquiza merecía "Southampton o la horca" y le sugería que "no ahorrara sangre de gauchos", refiriéndose a los opositores.

Los golpes militares se sucedieron desde 1930 y, en 1946, el gobierno de facto establecía un Registro Nacional de Cultos No Católicos, disponiendo que no podían establecerse nuevas misiones desde esa fecha. El gobierno constitucional en 1948 ratificaba dicho decreto y exigía la inscripción en el registro para practicar la religión, ejemplo de supervivencia medieval de la intromisión estatal en la esfera de la conciencia, solamente igualado en la época por países como la España franquista o el Portugal de Oliveira Salazar[2].

Poco después y bajo el mismo régimen, se encarcelaba al diputado Ricardo Balbín, jefe de la oposición, por desacato al presidente, mientras todos los que no estuvieran de acuerdo con el oficialismo eran considerados "vendepatrias".

A la caída del peronismo, un decreto prohibía a la prensa mencionar el nombre de Perón, quien durante años fue solamente nombrado como "el tirano prófugo".

Durante el llamado "proceso militar" iniciado en 1976, la dictadura hizo desaparecer a casi 9.000 personas y la tortura pasó a ser un ingrediente cotidiano en los campos clandestinos de detención. Las narraciones de los sobrevivientes compiladas ante los organismos internacionales y en el libro oficial *Nunca más* demuestran que los refinamientos de la crueldad superaron, no en cantidad pero sí en calidad, los atroces métodos usados por los nazis en los campos de concentración.

En su libro *Siglo de caudillos*, Enrique Krauze ha resumido admirablemente las dificultades mexicanas posteriores a la Independencia, al observar que el poder tradicional, jerárquico, confesional, patrimonialista de la Corona se había perdido, mientras el sistema moderno, republicano, representativo, laico, no se consolidaba, sino que se prostituía en asambleas o se doblegaba ante las armas[3].

El gobernador Melchor Ocampo, una de las figuras más representativas del liberalismo, quien en tiempos de Santa Anna debió exiliarse junto con Benito Juárez en Nueva Orleáns, sostenía que para apaciguar y gobernar a México hacían falta no apretones de manos, sino de pescuezos. "Yo soy de los que me quiebro pero no me doblo", se ufanaba también Melchor Ocampo, con expresión idéntica a la que décadas después habría de utilizar para definir su intransigencia Leandro Alem, el creador en la Argentina del partido radical.

Emiliano Zapata, quien buscaba la devolución de las tierras usurpadas por hacendados a los nativos de su estado de Morelos, apoyó la sublevación de Francisco Madero contra Porfirio Díaz. Al llegar Madero a la presidencia, se levantó en armas contra él. Cuando Huerta derrocó a Madero y se proclamó presidente, también lo combatió y apoyó a Venustiano Carranza. Pero al producirse la victoria de Carranza y su elección como primer jefe, Zapata se volvió contra él y comenzó a combatirlo junto con Pancho Villa. Fue asesinado en una emboscada por las fuerzas carrancistas y su nombre pasó a la leyenda como un idealista precursor de una reforma agraria que aún hoy sacude y produce violencia en el convulso México.

No hacen falta muchos más ejemplos (que los hay) para reconocer que quienes vivimos en países de tradición católica parecemos tener una cierta incapacidad para vivir en un clima de tolerancia, respeto recíproco y autogobierno.

Los Estados Unidos participaron en las dos primeras guerras mundiales y a ningún grupo se le ocurrió decir que, dada esa situación de emergencia, no se podían hacer elecciones hasta que terminara la contienda. En la Argentina de 1976, la existencia de grupos guerrilleros absolutamente minoritarios determinó que las Fuerzas Armadas se hicieran cargo del poder y violaran sistemáticamente no sólo las garantías cívicas sino también los derechos humanos más elementales, ante la complacencia de la población.

Cuando la democracia retornó en 1983 y se juzgó a los comandantes en jefe, los inculpados manifestaron que habían reprimido en esa forma porque el gobierno constitucional de 1975 había ordenado "aniquilar la subversión". Otro intento de exculpación para la tortura fue decir que se había tratado de "una guerra", aunque durante la dictadura se había negado a los guerrilleros la condición de beligerantes y se obligaba al periodismo a llamarlos "delincuentes subversivos". Se olvidaba, dentro de ese trágico sainete de contradicciones que no puede ocultar la realidad de una sociedad bárbara, que incluso la guerra tiene sus normas y que la Convención de Ginebra de 1948 impide los malos tratos a los prisioneros.

Estas dificultades de los católicos para practicar la democracia y esta aparente disposición para la misma que poseen los protestantes, ¿tienen alguna relación con las doctrinas religiosas?

El punto no es de fácil dilucidación. En primer lugar porque no es posible hablar de una doctrina protestante, desde que una de las cosas que caracterizan al protestantismo es, precisamente, la diversidad y multiplicidad de sectas que lo componen, por razones que luego mencionaremos. En segundo término, porque en tiempos del cisma y la consolidación de estas religiones, la principal preocupación de reformados y católicos era la salvación del alma, mucho más que las doctrinas políticas o el desarrollo del capitalismo, cuestiones éstas que se trataron muchas veces de modo incidental.

No obstante ello, podemos distinguir entre los protestantes, al respecto, tres grandes tendencias.

En primer término, los seguidores de Lutero, quien siempre se mostró sumiso en relación con la autoridad gubernamental. Así como Lutero manifestaba que Dios le había dado al cristiano un trabajo profesional y éste debía aceptarlo resignadamente, también expresaba que debía someterse al poder político, bueno o malo, que le había sido instituido por la divinidad. El reformador germano negaba incluso en la práctica el derecho de rebelión, pues señalaba que si el Príncipe obra incorrectamente el cristiano podrá negarle obediencia, pero en ese caso deberá aceptar con humildad el castigo que se le imponga. Con su concepción, Lutero parece inclinarse a favorecer los principios de la monarquía.

El calvinismo, en cambio, está insuflado de ideas netamente democráticas, pese a que la doctrina de la predestinación implica una desigualdad notoria. Calvino era teocrático en cuanto postulaba la unión de la Iglesia y del Estado y fue precisamente eso lo que intentó hacer cuando ocupó el poder político en Ginebra, pero como para él la Iglesia no debía tener una organización jerárquica ni vertical, sino democrática y horizontal, en su libro *Institución Cristiana* realiza un elogio encendido de los principios republicanos. Al considerar que los fieles son personas semejantes que se unen para adorar a Dios y deben organizarse ellos mismos sin autoritarismos, el reformador francés estaba adelantándose a las ideas igualitarias de la Ilustración[4].

Este pensamiento democrático fue desarrollado aun más por las sectas disidentes que surgieron del propio calvinismo. Los puritanos, congregacionalistas y presbiterianos, tercera gran tendencia protestante, no sólo pregonaron estas ideas de igualdad, sino que establecieron y sostuvieron que ninguna autoridad personal ni estatal tiene derecho a forzar la conciencia de sus semejantes ni a entrometerse en sus convicciones religiosas. Perseguidos en Inglaterra por los anglicanos, los disidentes postularon que el cristiano debe solamente obediencia a Dios y puede organizarse como quiera para practicar su culto.

Imbuidos de este ideario religioso, fueron puritanos y congregacionalistas los peregrinos que cruzaron el Atlántico en 1620 para establecer la primera colonia inglesa en Massachusetts. Y el pacto que firmaron al desembarcar del "Mayflower", que ya hemos mencionado, fue la trasposición al terreno político de los principios religiosos de igualdad y tolerancia, en los que querían vivir y por los cuales habían emigrado de Inglaterra. Sobre estos preceptos se edificó la sociedad norteamericana, por hombres que se consideraban aptos para administrar sus destinos en el plano espiritual y gubernamental[5].

¿Y la doctrina católica sobre los regímenes políticos? Santo Tomás consideraba que la democracia es el sistema más apto para promover el bien y muchos pensadores católicos y encíclicas papales, sobre todo en los últimos tiempos, la han postulado como modelo por seguir y practicar.

De lo expuesto surgiría que no es exactamente en las posturas y opiniones expresas sobre el orden político adecuado donde encontraremos la clave para comprender la distinta aptitud de católicos y protestantes para la práctica del sistema representativo. En efecto, los escandinavos pertenecen a la vertiente luterana, no obstante lo cual han desarrollado democracias estables y eficientes.

Tampoco parece estar el secreto en el tipo de organización interna de cada religión, puesto que tanto anglicanos como católicos tienen una estructura doméstica jerárquica, pero son muy distintos en cuanto al cultivo político de las prácticas y valores de la convivencia democrática.

El elemento decisivo debe encontrarse en el modelo de personalidad, en el tipo de hombre, en la clase de estructura psicológica que fue creada por el espíritu de la Reforma[6].

En primer lugar, debemos notar que el protestantismo liberó al cristiano de toda tutela de tipo religioso.

Ya hemos dicho que después de haber estado tres años en Roma, donde observó muchos excesos y corruptelas por parte de las jerarquías eclesiásticas, Lutero reaccionó creando el movimiento reformista y, con el tiempo, llegó a elaborar la doctrina llamada del sacerdocio universal. Ésta señala que no son los frailes, los obispos ni el Papa quienes deben indicarle la verdad al hombre, sino que éste debe buscarla directamente, sin ningún tipo de intermediarios, en la palabra de Dios, volcada en el Antiguo y en el Nuevo Testamento. El individuo es el centro de la vida religiosa y a él le compete la tarea y la responsabilidad de buscar y encontrar la verdad. Esta función es, además, indelegable, y el cristiano no puede transferirla a ningún tercero. Toda autoridad exterior desaparece en el plano religioso y cada persona pasa a ser su propio sacerdote, su propio obispo, su propio Papa. Las consecuencias psicológicas de esta doctrina —que son las que acá nos interesan— han sido de una importancia fundamental.

Por de pronto, el protestante se vio obligado a pensar, a reflexionar, a decidir. Se encuentra con que ya no tiene un cura o un obispo que le indique la buena doctrina o las normas de comportamiento y, por el contrario, se le entrega la Biblia, donde él mismo debe buscar la verdad y las pautas concretas a las que ajustará su conducta.

Esta actitud y esta práctica constante, esta tarea de dirigir su propia vida espiritual, fueron formando, sin duda, en el protestante un tipo de personalidad seria, grave, responsable. El hombre religioso adquiere madurez en este cometido y se habitúa a la independencia, a la libertad, a la asunción de sus deberes y obligaciones. En el trabajo solitario e incluso tensionante de bucear en la palabra divina para elaborar sus propias normas, el reformado irá encontrando y forjando una dignidad y una nobleza que, precisamente, lo impulsan a cumplir sus deberes.

La conciencia, para el protestante, pasa a tener entonces un valor muy particular y muy distinto del forjado por el catolicismo. El reformado tiene una mente que elabora normas, una conciencia legislativa o pretoriana, para decirlo con términos jurídicos que nos vienen desde el derecho romano. Y precisamente porque el protestante crea sus propias reglas o códigos de conducta, la violación de los mismos le resulta muy difícil y dolorosa, pues su incumplimiento llega a entrañar un desgarramiento de su propia personalidad. Ya que él mismo es quien deberá decidir si puede divorciarse o no, si puede o no controlar la natalidad, una vez que haya elegido su camino tenderá a seguirlo con naturalidad y rectitud.

La conciencia del católico, en cambio, funciona más bien como un órgano de control del cumplimiento de normas que le son dictadas desde afuera. La autoridad religiosa le indica si puede divorciarse o no, si puede controlar la natalidad y hasta solía decirle qué libros podía leer y qué películas podía ver. La conciencia, entonces, más que elaborar reglas concretas de comportamiento, se limita a verificar o registrar si hemos cumplido con las que nos marca la jerarquía externa.

Posiblemente sea por esta circunstancia que los católicos somos tan propensos a la violación de las normas. No las hemos elaborado nosotros, sino que nos vienen del exterior y, muchas de ellas, son de complicado o difícil cumplimiento. Y si no las observamos, también de afuera nos viene el perdón, a través de la absolución que nos administra un sacerdote, alivio espiritual que los protestantes no tienen.

Cuántas veces en nuestra infancia habremos dicho ¿hago o no hago tal cosa?, para luego culminar: "Y... lo hago, total después me confieso", ejercitando un mecanismo psicológico que consiste en eludir nuestra responsabilidad y, simultáneamente, transferir nuestras culpas hacia afuera.

La creación exterior de reglas apareja también otra impronta.

La misma autoridad eclesiástica que las elabora crea excepciones y dispensas que, con el pretexto de adecuar las normas a casos especiales, van favoreciendo el clima para su incumplimiento. Debe ayunarse en Cuaresma... pero los ancianos, los niños, los enfermos y los soldados están exceptuados. No se permite el divorcio... pero el matrimonio puede anularse en tales y cuales situaciones. Sin duda alguna, el espíritu de los católicos se va acostumbrando al casuismo, en cuyo desarrollo y perfeccionamiento los jesuitas llegaron a mostrar una habilidad y refinamiento curialescos de ribetes casi florentinos.

Esta normatividad externa y la presencia de autoridades jerárquicas que le indican el camino, piensan por él, reflexionan y disponen por él, indicándole qué actitudes debe adoptar y cuáles no, e incluso lo perdonan desde arriba cuando infringe las reglas, hacen que el católico viva, en la esfera religiosa, sujeto a tutelas. Por eso, mientras el protestante tiene el modo de actuar, las maneras de ser y las actitudes propias de las personalidades fuertes, vigorosas, acostumbradas a decidir, el católico va formando un temperamento débil, más bien sumiso, habituado a buscar fuera de sí mismo la solución moral de la situación que enfrenta. Miembro de una Iglesia jerárquica e incluso autoritaria, cuya organización interna se asemeja a una monarquía, su carácter se ve restringido en su crecimiento por las limitaciones y reglamentaciones que aquella va marcando.

Por lo pronto, la Iglesia Romana nos indica a los católicos que debemos buscar la salvación dentro de ella. La frase *extra ecclesiam, nulla salus*, ("fuera de la Iglesia no hay salvación"), resume muy bien este concepto. Y permaneciendo dentro de la misma, el católico se acostumbra a descansar en todas las decisiones importantes e incluso en las pequeñas, como era en nuestra infancia la concurrencia a ver determinada película, en la opinión del sacerdote, el obispo o la Comisión Religiosa de Calificación Cinematográfica.

No es de extrañar entonces que, aun cuando el espíritu o las prácticas religiosas se vayan atenuando, el hombre de formación católica posea insuficiente desarrollo de su personalidad, que lo hace parcialmente inepto para vivir en democracia.

El ánimo crítico o independiente del católico se va formando en contra de las reglamentaciones o indicaciones de la jerarquía eclesiástica. Es en la rebeldía o en la resistencia contra esas normas o autoridades donde el católico va modelando su personalidad. No es casual que la figura prototípica del laico, del librepensador (un buen ejemplo es Voltaire), haya surgido en los países católicos como Francia y no en naciones de tradición protestante.

Es que en estas comunidades no hay, precisamente, autoridades jerárquicas ni tutelas contra las cuales reaccionar. Simplemente, cuando algunas personas religiosas tienen pensamientos u opiniones afines, forman su propia secta o grupo sin que nadie se oponga, escandalice ni los anatemice, por cuanto eso es la consecuencia natural de la doctrina del sacerdocio universal y la libertad de conciencia que ella consagra. Esto es lo que explica la proliferación de sectas protestantes, mientras la Iglesia Católica trata de mantenerse una, grande y eterna, con una tendencia a la homogeneidad similar, aun en sus términos, a la concepción fanática y autoritaria con que el general Franco definía a España.

El equivalente argentino de Voltaire es quizás Sarmiento, que al propulsar las leyes que establecían el matrimonio civil y la educación obligatoria, gratuita y "laica", desató la encarnizada y férrea oposición de la Iglesia Católica. El vicario Jerónimo Clara, sucesor de Fray Mamerto Esquiú en la diócesis de Córdoba, prohibió a sus feligreses enviar a sus hijos a escuelas donde enseñaran maestras protestantes, a pesar de que el gobierno garantizaba que no se predicaría dicha religión y hasta había pedido a las autoridades eclesiásticas que enviaran docentes para divulgar la doctrina católica[7].

El obispo de Salta, directamente, prohibió la asistencia a misa a las alumnas de las Escuelas Normales, establecimientos laicos donde se formaban las maestras. Como parte de este conflicto, el presidente Julio Roca expulsó del país al nuncio papal.

En México fue Benito Juárez, que por su sangre indígena encarnaba algo así como "un misticismo del poder", según lo define Krauze, quien aplicó "la piqueta de las leyes de reforma" que había ideado Melchor Ocampo. Como ya hemos visto, las resistencias de los sectores clericales a las transformaciones republicanas fueron todavía más cerradas y violentas. Casi todos los obispos fueron deportados y hubo santos decapitados y escenas parecidas a las de la Revolución Francesa.

Más allá de la defensa de sus privilegios como religión única y oficial, que incluían el monopolio de la educación y los registros de nacimiento, casamiento y defunciones, la Iglesia disputaba el derecho a ejercer su tutela espiritual sobre los hombres, que indudablemente limita y atenúa la disposición crítica e independiente de los ciudadanos. Mientras para los protestantes el disenso es natural, para el católico implica un esfuerzo de personalidad, una tensión que trata de vencer la coraza de reglamentaciones que lo agobia.

De ahí, quizás, que el pensamiento católico libertario parezca agresivo y hasta anárquico. Es la reacción de la independencia que debe superar a una fuerza igual y contraria que se ejerce sobre su autonomía.

No es casual que en la Revolución Francesa los sectores republicanos y progresistas debieran luchar contra el clero. En el Río de la Plata, en los sucesos del 25 de mayo de 1810, los tres obispos que existían en el virreinato, los de Buenos Aires, Córdoba y Salta, estuvieron en contra del movimiento patrio. Fenómeno similar ocurrió en las restantes colonias españolas de América.

En los Estados Unidos, en cambio, donde el pacto político inicial se basa en la necesidad de respetar las creencias religiosas de cada uno y éste es el fundamento del Estado, para lograr la independencia de Inglaterra no fue necesario vencer a ninguna jerarquía ni tutela confesional. Ni en el plano gubernamental, porque no había ni hay unión de la Iglesia con el Estado; ni en el plano personal, porque los principios liberales de la doctrina del sacerdocio universal habían dotado al individuo de independencia y espíritu crítico. Y quien es libre para pensar y obrar en el terreno religioso, suele serlo igualmente en todos los campos.

Hemos entrado ya en el meollo del fenómeno religioso que puede ayudar a explicar la incapacidad que hemos tenido o tenemos los católicos para vivir en democracia. La práctica del autogobierno o régimen representativo requiere hombres acostumbrados a actuar libremente y que, además o como consecuencia de ello, tengan un acendrado sentido de la responsabilidad.

En cuanto al criterio de libertad, se nos podrá decir que dentro de la Iglesia es admitido el pluralismo y por eso pueden convivir en su seno tanto los sectores ultraconservadores como los progresistas.

Si bien es cierto que han existido y coexisten grupos muy diferentes, no es menos cierto que todos los sectores reclaman siempre para sí la exclusividad de la ortodoxia y de la verdad y recurren a tal o cual encíclica o documento para justificar su creencia de que ellos son "la verdadera iglesia". Esto es tan aplicable a los renovadores como a los máximos tradicionalistas, y entendemos que confirma el fenómeno psicológico que hemos intentado describir: el católico debe buscar o corroborar su verdad en una autoridad exterior y superior, más que en el marco de una reflexión o decisión íntima. Su opción o lineamiento es correcto porque lo respalda tal Papa o tal encíclica, más que por ser el fruto de una convicción autónoma, madurada y propia.

Hemos visto que la responsabilidad —elemento esencial para integrar una comunidad civilizada y democrática— suele nacer precisamente en los ambientes libres, como causa y consecuencia de la libertad.

Cuando los padres o maestros comenzamos a dar libertades a nuestros adolescentes, éstos empiezan a experimentar un sentimiento de independencia, de dignidad, que los obliga a actuar con responsabilidad y seriedad. Esta sensación de autonomía, de poder, lejos de inducir a los jóvenes a los desbordes, por el contrario genera en ellos el deseo de responder a esa libertad con un proceder maduro y recto.

Este sentimiento colectivo de responsabilidad es absolutamente indispensable para poder vivir, no solamente en sociedades prolijas y ordenadas, sino también en comunidades democráticas que puedan autogobernarse. Si queremos una ciudad limpia, debemos tener la responsabilidad de no ensuciar; si queremos una urbe ordenada, debemos tener el cuidado de ser prolijos en todos los actos de nuestra vida. Y si queremos una comunidad democrática que se rija a sí misma, debemos tener la responsabilidad de cumplir las leyes y los deberes cívicos que la convivencia nos impone. Como decían los clásicos, debo arrodillarme ante las leyes para no tener que prosternarme ante ningún tirano, porque la democracia no es otra cosa que la práctica continuada de la autolimitación. Si no estamos dispuestos a cumplir las normas ni a comportarnos con pulcritud, ya vendrá algún dictador que, con el pretexto de poner orden, conculque nuestras libertades y nos suma en los excesos y la corrupción que los gobiernos totalitarios suelen engendrar.

Observando la sociedad política de los Estados Unidos,

alguien dijo que la Estatua de la Libertad que está en la entrada del puerto de Nueva York debería ser complementada con un monumento a la responsabilidad; porque es precisamente el espíritu responsable de los norteamericanos el que les permite vivir con libertad y haberla mantenido ininterrumpidamente durante dos siglos.

Acostumbrado a respetar los cultos ajenos y a elaborar sus propias normas, el protestante posee el espíritu cívico necesario para desarrollar su existencia en libertad. La independencia, la personalidad fuerte, los mecanismos de su conciencia lo llevan a ser libre y disciplinado, a respetar las normas de conducta íntimas al tiempo que cumple las leyes del Estado, porque considera a ambas como partes de sí mismo. Así como se autoimpuso un comportamiento ético-religioso, también se otorgó un gobierno con facultad legislativa y ambos ordenamientos legales han pasado a ser parte de su personalidad. Al igual que en el plano moral, violar las normas jurídicas implica para él un quebrantamiento de su propio ser.

Es posiblemente por este camino por donde los pueblos protestantes han llegado a la tolerancia antes que los católicos. En Estados Unidos, el pacto que unió a los peregrinos traducía las ideas de John Locke, en el sentido de que el fundamento de un Estado es la preservación de los derechos individuales de los ciudadanos. El gobierno sólo debe existir como garantía de esos derechos y nunca para conculcarlos ni para otro fin[8]. Si bien algunas leyes iniciales tenían un excesivo matiz puritano y con el pretexto de cuidar las costumbres parecían ingresar en la esfera privada de los habitantes, muy pronto la sociedad americana privilegió y valoró la tolerancia en todos los órdenes de cosas.

En los restantes países protestantes se evolucionó en igual sentido, si bien algo más lentamente. Calvino llegó a quemar en la hoguera a Jean Servet por haber negado el dogma de la Santísima Trinidad, pero con el paso de los siglos los países reformados llegaron a ser los más adelantados en materia de tolerancia, que es una de las características necesarias para poder vivir en libertad y democracia. A través del ejercicio y la interacción de estos tres elementos —libertad, responsabilidad y tolerancia—, el hombre protestante parece ser el individuo ideal para desarrollarse en democracia.

¿Tenemos los pueblos de origen católico ese espíritu?

Con relación a la libertad, ya hemos dejado puntualizado que el católico es en principio un ser tutelado, que nace y vive bajo la sujeción a la Iglesia y se acostumbra a actuar con esas restricciones que le vienen de afuera. Es un hombre obediente a la autoridad eclesiástica y habituado a atemperar su crítica. "Hijos fieles y sumisos a la Iglesia" es un elogio habitual del Vaticano a los hombres de Estado de países católicos. "Varones probos y temerosos de Dios" debían ser los tipos humanos que la Iglesia deseaba para colonizar las Indias. En ningún caso se buscaba la altivez ni la dignidad, sino la docilidad y el temor.

¿Pero no es acaso entre los católicos donde surgen los críticos más acerbos y enconados, los librepensadores y laicos, los grandes revolucionarios y los mártires de la igualdad? En alguna medida, sí.

Pero una cosa es la actividad espontánea, natural, de quien ha hecho un hábito de la libertad y la ejerce como cosa impensada y fluida, y otra distinta el rasgo de independencia que nace como reacción contra el permanente despotismo.

Sabemos que la verdadera educación es la que se brinda no con las palabras sino con las actitudes y el ejemplo. Pero también esta educación por la conducta se expresa a veces en forma negativa: el hijo del borracho se hace abstemio y el discípulo del libertino se hace austero.

En el plano de estas reacciones negativas, podemos anotar la conducta de aquellos que son educados en la sumisión y, de golpe, explotan en gestos libertarios.

Acosado por restricciones y agobiado de tutelas, el católico se rebela un día contra las normas y pretende romperlas todas, aun las constructivas y valederas. Enfermo de reglas, se levanta contra todo control y rechaza cualquier orden pretendiendo vivir sin disciplina. Felipe II quiso hacer de España la nación más católica del orbe... ¡y la convirtió en la tierra clásica de la anarquía!

La vida del hombre católico parece ser una oscilación permanente entre la obediencia y la rebeldía, entre la mansedumbre intelectual y las violentas explosiones de libre pensamiento. Quizás sea por eso que la historia de España y los países latinoamericanos (o la de Polonia u otras naciones de la misma religión) sea la crónica de la inestabilidad y la variación entre estos extremos.

Todos parecemos tener el valor y la actitud del gesto heroico contra la tiranía, pero pareciera que nos falta la constancia cotidiana para el ejercicio de la libertad. Nos cuesta pasar de la protesta a la propuesta, como dice Marcos Aguinis. Tenemos la fuerza para derrocar al despotismo, pero carecemos de la disciplina para conservar la independencia.

La falta de responsabilidad, asimismo, parece provenir de este acostumbramiento a la tutela, de esta convivencia con la sumisión. Si las normas no las hacemos nosotros, si nos son impuestas, ¿por qué tenemos que respetarlas y preservarlas? Lo hacemos mientras nos pueden ver y castigar, y sólo por eso.

A veces, cuando nos acobardan con tantas restricciones y reglas, nos rebelamos violentamente y desconocemos todo orden.

Por una vía u otra, la responsabilidad no existe. O rechazamos sordamente un plexo normativo que nos viene de afuera, o lo rompemos violenta y abiertamente. Sea como fuere, se trata de una actitud de indiferencia y hostilidad hacia un ordenamiento que no nos pertenece en el fuero íntimo, que no es nuestro.

La carencia de responsabilidad suele expresarse también en los planos más modestos. Los hispanoamericanos, por ejemplo, consideramos que las ciudades deben estar limpias, pero creemos que ésa es una labor de los gobernantes y que nada tenemos que ver nosotros con ello.

En general, todo es responsabilidad del Estado o los gobiernos, mientras los ciudadanos no tenemos ninguna obligación. Y como todo debe venir de afuera, de esferas superiores, también esperamos que desde allí nos vengan salvaciones, más que soluciones, como gráficamente lo ha expresado Aguinis.

Es que la solución es tarea de uno y exige autoconfianza, paciencia, esfuerzo y racionalidad. La salvación, en cambio, es labor de otro y no impone trabajo sino suerte o la obra de un Mesías. La solución es interna y puede ser fallida, en cuyo caso requiere un nuevo esfuerzo. La salvación es externa e·infalible, porque es cosa de magia o de mundos extra-sensibles. No exige nada de nosotros mismos; es un bien que ha de llegarnos desde arriba. ¿Para qué entonces el esfuerzo y la responsabilidad?[9].

Dentro de estos esquemas psicológicos, es difícil ser tolerante.

Para poder entender en plenitud la intolerancia que parece caracterizarnos a los hispanoamericanos, es preciso remontarnos a la historia de España, muchos siglos antes del advenimiento de la Reforma. El hecho que singularizó el devenir de España y la distinguió de las otras realidades europeas fue, sin duda, la invasión de los moros.

Considerándose un profeta más de la tradición judeocristiana, Mahoma creó en Arabia, a principios del siglo VII, su propia religión monoteísta que terminó llamándose "islam", que significa sumisión a Dios. Una característica del islamismo fue que su difusión se realizó, más que a través del pacífico adoctrinamiento, por medio de guerras religiosas que protagonizaron exitosamente primero Mahoma y luego sus sucesores, los califas.

En el año 711, los ejércitos musulmanes pasaron a España y derrocaron en el río Guadalete al rey visigodo Rodrigo, quien pereció en la batalla. En poco tiempo más ocupaban casi toda la península, que pasó a ser un emirato dependiente del califa de Damasco.

La intransigencia y el fanatismo religioso de los moros parecen haberse atenuado algo en España, en cuyas ciudades convivieron con judíos y cristianos, llamados estos últimos "mozárabes".

Los españoles (celtas e íberos romanizados y luego invadidos por los visigodos, con quienes se habían integrado y compartían la religión cristiana) se refugiaron en el norte e iniciaron de inmediato la reconquista, que duró casi ocho siglos. En ese proceso de reconquista militar, más que en la convivencia o el contacto con los musulmanes, el cristianismo hispánico parece haberse imbuido de un fuerte sentido bélico y militante, cuyos rasgos aún existen.

Es cierto que otros países europeos, como Inglaterra o Francia, participaron de las Cruzadas organizadas en el siglo XI para luchar contra el islamismo. Pero éstas duraron poco más de doscientos años, con varios intervalos, y sus luchas se desarrollaron en el norte de África y el occidente asiático, más que en su propio territorio.

La lucha española fue constante, duró cuatro veces más y se libró palmo a palmo en su propio suelo, creando un sustrato cultural de intolerancia religiosa que marcó a su sociedad con trazos indelebles. Heredera de la tradición judía que señala al propio Israel como el pueblo elegido del Señor, la nación española agudizó durante la reconquista el sentido de diferenciación y exclusivismo, que no suele ser propicio al desarrollo de la tolerancia y la concordia.

Por ello quizás no sea casual que en el mismo año de 1492, en que culmina la reconquista con la caída del reino de Granada y la rendición de Boabdil el Chico, los Reyes Católicos hayan decretado también la expulsión total y definitiva de los judíos del reino, luego de varios siglos de campañas antisemitas.

Los judíos habían llegado a la península ibérica poco después del año 74 d.C., cuando los romanos destruyeron Jerusalén bajo el imperio de Vespasiano, iniciándose la trágica diáspora que se completa en el siglo siguiente. Tradiciones israelitas sostienen incluso que los primeros asentamientos se remontan a los tiempos del rey Salomón, en los cuales algunos judíos habrían fundado la ciudad de Toledo, cuyo nombre sería una variante del vocablo hebreo tholedoth, que quiere decir generaciones.

Cualquiera sea la fecha de su ingreso, es innegable que el pueblo y la cultura judíos obraron un significativo y valioso aporte a la vida española durante los catorce siglos que, documentadamente, permanecieron en su seno.

"Difícil será abrir la historia de la península ibérica, ya

civil, ya política, ya religiosa, ora científica, ora literariamente considerada —dice un especialista en el tema—, sin tropezar en cada página con algún hecho o nombre memorable, relativo a la nación hebrea"[10].

El filósofo Maimónides o el bachiller Fernando de Rojas, autor de *La Celestina*, descendiente de conversos, son personalidades que confirman el aserto.

"Todas las formas de la vida civilizada, con la única excepción quizás de las artes plásticas, llevan en España el sello de esta raza tan activa, industriosa y creadora", ha puntualizado Salvador de Madariaga, seguidor de la hipótesis de que Cristóbal Colón era miembro de una familia judeo-catalana que habría emigrado a Génova un par de generaciones antes de su nacimiento[11].

Luego de atravesar etapas de opresión y antisemitismo, sobre todo al comienzo de los períodos visigótico y musulmán, los judíos pudieron expandirse espiritual y económicamente en España más que en ninguna otra nación europea, con consecuencias que no sólo nutrieron a la península, sino también a la propia cultura del pueblo israelita, constituyendo una de sus dos ramas principales[12].

El crecimiento y el progreso de los judíos, notorio en todos los lugares donde se asentaban, acentuó durante los siglos XIII y XIV las campañas antisemitas de los españoles. Se los acusaba de haber colaborado con los árabes al comienzo de la invasión musulmana, de practicar la usura y de tener afición por la tarea de recaudación de impuestos, tan antipática entonces como ahora. También se decía que los viernes santos crucificaban a algún muchacho cristiano, y que sus médicos envenenaban a los enfermos cristianos siempre que podían, entre otros disparates de parecido tenor.

La verdadera razón —ha dicho Madariaga— hay que buscarla en la envidia, cáncer del carácter español, puesto que los israelitas eran laboriosos e inteligentes, y lo que no se les perdonaba era su riqueza y prosperidad.

La causa última de los males judíos —antes y hoy— era la diferencia, aspecto muy bien graficado en un apólogo del Talmud: tres gotas de aceite piden permiso para entrar en un cántaro de agua, y el agua se niega diciendo: "Si entráis, no os mezclaréis, subiréis a lo más alto, y por mucho que hagamos después para lavar el cántaro, siempre quedará aceitoso".

Es difícil aceptar a quienes son diferentes; y mucho más si las diferencias son a favor de los otros. Como son distintos y suelen progresar, todo lo que hagan está mal hecho.

Es frecuente oír acusaciones a los judíos por ayudarse mucho entre ellos, como si eso fuera un vicio y no una virtud.

Jean-Paul Sartre, quien afirmaba que el sólo hecho de hablar de un "problema judío" ya era discriminatorio e irracional, puntualizaba que ser racista es pertenecer a la comunidad de los mediocres. Es decir, al grupo de quienes no pueden aceptar ni digerir que otros puedan ser distintos.

Thomas Mann lo ha expresado con términos más duros: "El antisemitismo es la aristocracia de los miserables". El racista parte del reconocimiento inconsciente de su propia pequeñez y, para consolarse, elabora el siguiente mecanismo mental: "Debo admitir que no soy nadie; pero al menos no soy judío". De este modo, el insignificante llega a sentirse alguien a través del odio gratuito a una porción de sus congéneres[13].

Además, el antisemitismo sirve para liberar el odio reprimido que muchos individuos llevan adentro, habitualmente por acontecimientos infantiles. Al autoconvencerse de las supuestas maldades de una colectividad, dichas personas encuentran una legitimación a la ira que necesitan canalizar, han hallado un objeto para odiar libre e impunemente[14].

A fines del siglo XIV, las pasiones antisemitas se acentuaron en la península y un hecho de la naturaleza, la peste, terminó por convertirlas en un delirio. La llegada de la enfermedad, que también a su paso por Alemania y por Roma fue atribuida a los hebreos, sin que el Papa Clemente VI hubiera podido hacer nada contra esta creencia insensata, sensibilizó a los españoles, quienes se lanzaron al asalto y la destrucción de los barrios judíos, pensando que estaban luchando contra el morbo.

En Barcelona y Gerona hubo espantosas matanzas de judíos; y en Sevilla las persecuciones y crímenes se efectuaron dentro de una campaña antisemita dirigida por el archidiácono de la ciudad, don Ferrán Martínez.

Algunos años más tarde, el Gran Canciller de Castilla, don Pedro López de Ayala, habría de escribir sobre estos hechos que "todo esto fue codicia de robar, según pareció, más que devoción"[15]; actitud que nos recuerda el espíritu de cruzada con que patrullas paramilitares iban a secuestrar individuos entre 1976 y 1983 en la Argentina, y se llevaban también, para provecho propio, el televisor y los muebles del futuro "desaparecido".

En 1412 se decretó la clausura de judíos y moros en barrios especiales y, en 1479, como ya lo mencionáramos, los Reyes Católicos crearon la Santa Inquisición o Tribunal del Santo Oficio, para investigar y castigar a los israelitas conversos que "judaizaban" en secreto, es decir, que mantenían subrepticiamente sus creencias y prácticas religiosas originarias.

En 1492, Fernando e Isabel disponen la expulsión de todos los judíos que no se hubieran convertido. Ya no quedan moros ni israelitas; somos todos cristianos. Colón, en sus tres carabelas de velamen orlado por la cruz, lleva ese mismo año la intolerancia religiosa hacia las Indias.

Con la unificación confesional que operan los Reyes Católicos, más la política de evitar la "contaminación" con el protestantismo que se desarrolla en las siguientes décadas en los restantes países europeos, se acentúa en España, tanto en lo político como en lo psicológico, la idea resumida en la frase que afirma que "el católico es duro con el hereje pero benévolo con el pecador".

Si está fuera de nuestra cofradía, lo anatematizamos y hasta podemos llegar a quemarlo en la hoguera, mediante legal fallo del tribunal del Santo Oficio. Si en cambio es uno de los nuestros, si pertenece a nuestro grupo, a nuestra fe, puede contar con nuestra benevolencia y el perdón de sus pecados, por graves que hayan sido.

No es extraño entonces que en 1985 en Buenos Aires, cuando el líder sindical Saúl Ubaldini mencionó en un acto público de la Confederación General del Trabajo (CGT) al diputado radical César Jaroslavsky, una enfervorizada multitud comenzara a corear: "Judíos hijos de puta, judíos hijos de puta"; o que un sacerdote seguidor de Monseñor Lefevre haya sostenido en 1988 que al cielo sólo entran los católicos...[16].

Tanto en la Argentina como en México, decirle a alguien "no seas indio" es una manera de insultarlo. "No muestres el penacho", se le dice en México a quien no exhibe buenos modales en la mesa.

Como es más fácil vivir dentro del grupo de los "elegidos" que en el de los "réprobos", los mecanismos de intolerancia tienden a reforzarse y perpetuarse, aunque asumiendo formas nuevas.

En noviembre de 1980, el joven Pablo D'Aversa, alumno del cuarto año secundario del Colegio Nacional Nº 15 de Buenos Aires, fue elegido escolta izquierda de la bandera para el año siguiente, como fruto de sus excelentes calificaciones. Como Pablo pertenecía a la secta de los Testigos de Jehová, comunicó a la dirección que respetaba los símbolos patrios, pero que su religión no le permitía adorarlos o venerarlos, por lo que se veía obligado a declinar la distinción. Ante tamaña "osadía", el rectorado lo suspendió con prohibición de rendir exámenes y luego la Dirección Nacional de Educación Media y Superior sancionó al estudiante separándolo de todos los establecimientos educacionales del país, de modo que no podía en el futuro acceder al derecho más elemental, cual es el de educarse y superarse.

El caso de Pablo D'Aversa no fue el único en aquella época, ya que muchos de sus compañeros de credo fueron excluidos de todas las escuelas de la Argentina por idénticas razones. En la provincia de Buenos Aires, incluso, las sanciones contra estos jóvenes creyentes se adoptaron en virtud de una antológica resolución Nro. 9/78 del Ministerio de Educación, que disponía la expulsión de las escuelas primarias de todos los alumnos impúberes que no cumplieran sus "obligaciones de culto patriótico"(*).

Un criterio similarmente rígido sostuvieron en la Argenti-

(*) Un atinado fallo del juez Juan Ramón de Estrada revocó los efectos de la sanción a Pablo D'Aversa (*El Derecho*, tomo 95, pág. 351). Hubo también otros pronunciamientos similares en el orden provincial y nacional (*El Derecho*, tomo 95, pág. 351 y tomo 90, pág. 593).

na los opositores al divorcio vincular, ya que esta institución fue introducida recién en 1987 por la ley 23.515 (luego de una efímera y frustrada instauración entre 1954 y 1956), de tal modo que los adversarios de la figura entendían lógico obligar a todos los habitantes a privarse de ella.

En cuanto a la "objeción de conciencia", es decir la posibilidad de variar la obligación militar a quienes su religión les impide usar armas, cabe señalar que fue acogida por primera vez en la Argentina recién en abril de 1989, mediante un fallo de la Corte Suprema (*).

Es innegable que en España y los países católicos que hemos mencionado en este trabajo, y aun en aquellos en los que no hicimos hincapié, como Polonia e Irlanda, se ha vivido y se vive en una incesante lucha por la libertad que parece hoy consolidarse en muchos lugares.

Italia es democrática desde fines de la segunda guerra; Francia se ha estabilizado después de De Gaulle; España se encuentra en una singular transición hacia la democracia, proceso que también existe en Portugal, la Argentina y otros países latinoamericanos.

Mas no podemos desconocer que sin espíritu personal de autonomía, sin sentido de responsabilidad y sin acendrado criterio de tolerancia por parte de la mayoría de nuestros habitantes, la historia secular de nuestras sociedades ha mostrado heroicos movimientos para conseguir la libertad, pero dificultades posteriores para mantenerla; rebeldías ejemplares en contra del autoritarismo, pero incapacidad para ejercer y conservar la república.

Hemos llegado así a elaborar una especie de amor plató-

(*) En el caso "Alfredo Portillo", la Corte resolvió que, como su religión le impedía el uso de armas, podría cumplir con su deber sin el empleo de aquéllas, es decir, en "servicios sustitutivos de los armados". El Congreso de los Estados Unidos, mediante la sección 305 (b) de la "Selective Training and Service Act", había consagrado una solución casi idéntica en 1940, muy poco antes de la entrada de dicho país en la Segunda Guerra Mundial (ver Julio Oyhanarte, "El caso Portillo y la imagen de la Corte", en diario *La Nación* de Buenos Aires del 6 de mayo de 1989, pág. 7).

nico por la democracia: la amamos, pero no la poseemos; la deseamos, pero la mantenemos lejos.

La práctica del autogobierno y la comprensión de nuestra estructura de pensamiento y su relación con nuestros orígenes históricos, ayudarán sin duda en el complejo camino hacia los goces más amplios de la vida cívica.

NOTAS

[1] Federico Hoffet, *ob. cit.*, pág. 58.

[2] Federico Hoffet, *ob. cit.*, pág. 134.

[3] Enrique Krauze, *ob. cit.*, págs. 134, 223 y 224.

[4] Federico Hoffet, *ob. cit.*, pág. 57.

[5] Alexis de Tocqueville, *ob. cit.*, tomo I, pág. 51; y Federico Hoffet, *ob. cit.*, pág. 57.

[6] Federico Hoffet, *ob. cit.*, pág. 58.

[7] "Estrada como modelo del laico católico" por el Presbítero José Amado Aguirre, en *La Nación* del 6 de julio de 1988, pág. 9.

[8] Carlos Escudé, *Argentina, ¿paria internacional?*, Editorial de Belgrano, Buenos Aires, 1984, pág. 17.

[9] Marcos Aguinis, *ob. cit.*, pág. 19.

[10] José Fernández Amador de los Ríos, *Historia social, política y religiosa de los judíos en España y Portugal*, Madrid, 1875; citado por Salvador de Madariaga, *Vida del muy magnífico señor Don Cristóbal Colón*, pág. 172.

[11] Salvador de Madariaga, *ob. cit.*, capítulos 4 y 5.

[12] Salvador de Madariaga, *ob. cit.*, capítulo 11; y *Encyclopædia Britannica*, 1987, volumen 22, voz "Judaism", pág. 402.

[13] Marcos Aguinis, *ob. cit.*, pág. 192.

[14] Alice Miller, *Por tu propio bien*, Tusquets, Barcelona, 1985, pág. 165.

[15] Salvador de Madariaga, *ob. cit.*, pág. 178.

[16] "Las opiniones del Prior Ceriani", en el diario *La Nación* de Buenos Aires, contratapa, 10 de julio de 1988.

Capítulo X

La raigambre del nazismo

A la luz de todo lo que hemos visto, ¿cómo se explica el fenómeno del nazismo en Alemania?

De acuerdo con lo que sabemos, el pueblo alemán tiene muchas de las características propias del hombre protestante. Es trabajador, disciplinado y, ejercitando estas condiciones, llegó a obtener un alto nivel económico de vida. Metódico y responsable, sus ciudades son modelo de orden y limpieza.

Si los hombres de formación protestante tienen rasgos que los hacen más propensos a vivir en libertad y democracia, ¿cómo es posible que en un país de mayoría luterana y con gente que presenta esas características se haya producido la barbarie nazi?

Para responder a este interrogante, que parece echar por tierra todo lo que hemos expuesto sobre las influencias religiosas, pueden formularse dos explicaciones.

La primera nos dice que, en realidad, Alemania no es un país protestante, sino esencialmente mixto. Ya en tiempos de Bismarck, los católicos constituían la tercera parte de la población y, en 1927, sobre 63 millones de habitantes, los protestantes sumaban 40 millones y los católicos 20.

Aun en Prusia, que siempre se consideró el corazón del luteranismo, la proporción en 1927 era la misma: 24 millones de protestantes contra 12 millones de católicos, es decir, dos a uno.

Pero en los días de la expansión hitleriana, la proporción

se había invertido y, sobre 75 millones de habitantes, los católicos constituían el 53 por ciento, es decir, la mayoría. Esto ocurrió porque los países anexados por Alemania, como Austria y los Sudetes, eran católicos. En definitiva, Hitler imperaba sobre una población mayoritariamente católica[1].

Además, el mismo Hitler, como Goebbels, Himmler y otros miembros de la llamada "guardia vieja" del partido nazi eran católicos, aunque en general no practicaban.

Joseph Goebbels, considerado el intelectual del partido, había sido educado por los jesuitas, e incluso llegó a ser seminarista antes de dedicarse a la política. En sus escritos pueden encontrarse muchos de los elementos que caracterizan a sus maestros, en particular el énfasis por la obediencia, virtud principal de la Compañía de Jesús y también la más pregonada por los nazis. Goebbels expresaba un gran desprecio por las masas "sin cerebro, cuyos instintos indisciplinados es necesario canalizar para utilizarlos"[2], concepto que obviamente justificaba la existencia de una elite que las manejara y condujera a esos fines altruistas y superiores que las propias gentes no podrían comprender en su totalidad.

Por ello, los nazis elaboraron a la perfección un sistema educativo y de formación de dirigentes, con prácticas muy similares a las utilizadas por los jesuitas. Los jóvenes militantes se educaban en escuelas situadas lejos de las grandes ciudades, donde permanecían entrenándose algunos años, alejados de las multitudes y en un clima de austeridad y compromiso. Luego de pasar difíciles pruebas, los futuros jefes prestaban finalmente juramento de lealtad y sumisión al partido.

También manifestaba Goebbels un notorio desdén por el concepto de verdad, señalando que, como nunca podemos acercarnos totalmente a ella, su único valor consiste en su eficacia para un fin. "Hay mentiras útiles como el buen pan", sostenía con un relativismo moral que todo puede justificarlo y tolerarlo.

Heinrich Himmler, el jefe de las SS, planeó esa siniestra organización sobre el modelo de las órdenes religiosas de consagración incondicional, hasta el punto de que el propio Hitler llegó a compararlo con San Ignacio de Loyola[3].

En atención a que Alemania fue, durante casi mil años, el Sacro Imperio Romano Germánico, hay quienes piensan que el fenómeno del nazismo se hizo posible sobre esa base de cristianismo católico que hemos dejado expuesta.

Sin embargo, esta explicación deja de lado el hecho de que Prusia ha sido el corazón del luteranismo, como ya dijimos; y que, a partir de 1929, el pueblo alemán se identificó mayoritariamente con el nazismo sin manifestar ninguna contradicción con sus cuatro siglos de protestantismo.

Por el contrario, una proporción sustancial de los germanos se encontró cómoda dentro del nazismo, en forma simultánea con su integración al luteranismo.

Teniendo en cuenta esta circunstancia, Erich Fromm elaboró en su libro *El miedo a la libertad* una singular explicación de cómo la base social del luteranismo pudo provocar el fenómeno totalitario que eclosionó con la barbarie nazi.

Fromm reconoce que "Lutero dio al hombre independencia en las cuestiones religiosas; que despojó a la Iglesia de su autoridad, otorgándosela en cambio al individuo; que su concepto de la fe y de la salvación se apoya en la experiencia individual subjetiva, según la cual toda la responsabilidad cae sobre el individuo y ninguna sobre una autoridad susceptible de darle lo que él mismo es incapaz de obtener".

Alaba explícitamente este aspecto de las doctrinas de Lutero y Calvino, destacando que "ellas constituyen una de las fuentes del desarrollo de la libertad política y espiritual de la sociedad moderna; un desarrollo que, especialmente en los países anglosajones, se halla conexo de modo inseparable con las ideas puritanas"[4].

Pero añade que la libertad de la edad moderna tiene otro aspecto —el aislamiento y sentimiento de impotencia que ha aportado al individuo—, y que también este elemento tiene sus raíces en el protestantismo, al igual que el espíritu de independencia.

Precisamente, el objetivo del trabajo de Fromm es tratar de desentrañar este segundo aspecto, es decir, cómo las ideas de Lutero y Calvino exaltaron la maldad e impotencia fundamentales del ser humano, y cómo estas postulaciones terminaron por ser, en el caso de Alemania, el caldo de cultivo del totalitarismo[5]. Veamos.

En la Edad Media, el hombre no tenía libertad, pero gozaba de seguridad. La estructura feudal era rígida y la falta de independencia se expresaba en varios sentidos.

En el campo, el siervo de la gleba estaba unido a la tierra y tenía una sujeción directa a su señor.

En las ciudades o burgos, los trabajadores pertenecían a una corporación y, dentro de la misma, los ascensos estaban reglamentados: se ingresaba como aprendiz, se ascendía a oficial y, cumpliendo requisitos de antigüedad y laborales, se llegaba a maestro. Tampoco existía movilidad social y no era posible pasar fácilmente de una actividad a otra. Las profesiones se sucedían por generaciones y, normalmente, se nacía carpintero o albañil y se moría dentro del mismo oficio. No existía prácticamente la competencia y cada corporación fijaba los precios de los artículos que producían sus miembros. Asimismo, los beneficios de las compras de materias primas se compartían dentro del gremio: si un panadero o talabartero conseguía materiales a bajo precio, debía participar estas ventajas a sus colegas.

De más está decir que tampoco en el orden político o religioso había la más mínima libertad.

No obstante esta falta de autonomía e independencia, el hombre medieval podía sentirse seguro, protegido. "Al poseer desde su nacimiento un lugar determinado, inmutable y fuera de discusión dentro del mundo social, el hombre se hallaba arraigado en un todo estructurado, y de este modo la vida poseía una significación que no dejaba lugar ni necesidad para la duda. Una persona se identificaba con su papel dentro de la sociedad; era campesino, artesano, caballero, y no un individuo a quien le había ocurrido tener esta o aquella ocupación. El orden social era concebido como un orden natural, y el ser una parte definida del mismo proporcionaba al hombre un sentimiento de seguridad y pertenencia", dice Fromm en descriptiva síntesis[6].

Es cierto que había miseria, privaciones y sufrimientos,

pero los señores feudales cumplían ciertas funciones de protección y, además, estaba la Iglesia, que explicaba el dolor por medio del pecado original y ofrecía un lugar en su seno (y eventualmente otro en el cielo) a todos sus hijos.

La gente no tenía libertad ni siquiera para los desplazamientos geográficos, que en general eran bastante limitados, pero dentro de ese mundo cerrado no se hallaba sola ni sumida en el aislamiento.

Cuando el orden feudal comienza a resquebrajarse y es reemplazado por formas mercantilistas y capitalistas, el hombre va cortando vínculos y recupera libertades. Se posibilita la movilidad social y la estructura económica se basa cada vez más en la formación de capital, la iniciativa individual y la competencia.

En la jerarquía social no interesa ya tanto el nacimiento o la sangre, como la tenencia de riqueza, que los comerciantes suelen arriesgar en la producción y el intercambio. El ciudadano, a su vez, puede desplazarse dentro de las actividades y ofrece libremente su fuerza de trabajo y habilidad artesanal.

El cambio en la estructura social es paralelo a las modificaciones en la personalidad del ser humano, que va desarrollando un individualismo creciente en casi todas sus manifestaciones, incluidas las culturales y artísticas.

Los principados italianos van a la vanguardia de este fenómeno y son la cuna del Renacimiento, una de cuyas características es, precisamente, la exaltación de la personalidad.

El avance y la difusión del capitalismo rompen la estructura feudal y se acaban los privilegios de los nobles, entre ellos algunos tan odiosos como el ya mencionado derecho de pernada, que otorgaba al caballero la facultad de tener el primer contacto sexual con la hija del vasallo que contraía matrimonio(*).

_____

(*) Ejercido este derecho por el señor feudal, en la casa de los recién casados se colocaban unos cuernos, que indicaban que el marido tenía derecho de caza en las tierras del noble. Éste es el origen del símbolo con que hoy se identifica jocosamente a las víctimas del adulterio en nuestra sociedad. Véase Gustavo Bossert y Eduardo Zannoni, *Manual de*

Los siervos de la gleba pueden movilizarse y en el orden económico deja de haber lugares fijos y permanentes, que pudieran considerarse naturales e inmutables.

Los artesanos y productores tienen libre acceso a los mercados de compra de materias primas y venta de sus productos y pueden, por lo tanto, mejorar y prosperar de acuerdo con sus esfuerzos y habilidades.

Ha quedado atrás el sistema reglamentado y pueden independizarse y tentar suerte. Es posible arriesgar y saben que ese camino puede conducir al éxito[7].

Es precisamente en esta época cuando en el terreno religioso Lutero inicia la gran revolución protestante, que también en ese plano viene a dar libertades al hombre, separándolo de la tutela de las jerarquías eclesiásticas, como lo hemos descripto ya con detenimiento.

La Reforma lo libera en el aspecto confesional, como el capitalismo lo hace en el campo productivo y las ideas iluministas tenderán a hacerlo en el área política.

Pero todo este clima de independencia y libertad, celebrado en el mundo europeo civilizado, trae también su contrapartida para el individuo: el nuevo ordenamiento lo ha dejado solo y no puede ampararse en su posición tradicional.

Progresará, sin duda; podrá enriquecerse y acumular poder económico y hasta político según su tarea e inteligencia, pero ahora debe moverse en un ambiente de incertidumbre y aislamiento, determinado por la inestabilidad de los mercados y los precios.

En el orden medieval le bastaba con producir buenos panes, muebles o monturas, pues sabía que el gremio le garantizaba materias primas y precios de venta para sus productos. Ahora no es suficiente elaborar buenas mercaderías, ya que son las leyes de la oferta y la demanda en

_____

derecho de familia, Astrea, Buenos Aires, 1988, pág. 3. Fernando el Católico abolió tempranamente en Aragón esta costumbre, estableciendo que ni siquiera podía el señor poner simbólicamente la pierna encima de la joven que se casaba, que al parecer era costumbre usada por quienes no querían o no podían llegar a mayores.

mercados ampliados y que no controla, las que determinarán si se enriquece o quiebra.

Debe moverse en un mundo de competidores, muchas veces hostiles, que amenazan su estabilidad y futuro económicos. El mercado puede darle éxito y riquezas, pero no seguridad. Al contrario, el día de feria es la jornada de la angustia y de la incertidumbre, en un mundo que es abierto pero también amenazador.

El ser humano está libre, pero aislado y solitario. Las doctrinas de Lutero y Calvino interpretan y expresan a estos individuos, acentuándoles el concepto de libertad pero también intensificando sus sentimientos de insignificancia y soledad.

¿Cómo hace el hombre para evadirse de su soledad? ¿Cómo hace el ser humano para escapar al aislamiento y a la conciencia de su separatividad?

El psicoanalista que hay en Fromm nos recuerda dos mecanismos de evasión: el del autoritarismo y el de la conformidad automática.

Este último mecanismo es el habitual en las sociedades modernas de consumo; consiste en la adopción casi total, por parte del individuo, de las pautas culturales del medio en que vive.

En los países desarrollados y aun en algunos subdesarrollados que siguen sus tendencias, el hombre abandona su propia personalidad, deja de ser él mismo, para transformarse en un ser parecido a todos los demás y tal como la sociedad espera que sea.

Usa la ropa que le sugieren los avisos de televisión, conduce los autos que las fábricas imponen, fuma los cigarrillos que dan status, consume las comidas que todos comen y compra los libros y lee las obras que los medios recomiendan. Se amolda a los gustos y los hábitos dominantes en su ambiente y hasta suele pensar, razonar y actuar según los cánones habituales de su esfera social. Tanto en lo formal como en lo sustancial, el ciudadano se ha despojado de su yo individual y se ha transformado casi en un autómata, igual a todos los otros individuos que lo circundan.

De este modo ha eliminado, sin darse cuenta, las diferencias entre él y el mundo y por tanto se siente menos solo. Está acompañado por quienes visten, comen, piensan, fuman y conducen autos en forma parecida a él; y su angustia y sentimiento de impotencia y soledad será mucho menor. Ha actuado en cierto modo como los animales que se mimetizan y ha ganado en compañía y seguridad, pero este sentimiento de protección y cobertura que ha ido adquiriendo en forma espontánea e inconsciente a través de su acomodamiento a las pautas generales, le ha valido la pérdida de una buena cuota de personalidad.

Cuando se trata de gustos estéticos sobre música, pintura o literatura, de posturas políticas o sociales, o de simples alternativas sobre el consumo diario o incluso de carreras laborales, la gente muchas veces cree que está adoptando decisiones propias, sin advertir que no está haciendo otra cosa que someterse a convenciones, presiones sociales y hábitos generales que ha ido internalizando durante toda su existencia.

A pesar del valioso precio en pérdida de autonomía y carácter que entraña el mecanismo de conformidad automática, es mucho más inofensivo y menos patológico que el del autoritarismo.

El escape de la soledad a través del mecanismo autoritario es más dañino y peligroso, puesto que se expresa en tendencias compulsivas hacia la sumisión y la dominación, es decir, los impulsos sádicos y masoquistas de los seres humanos.

Si mediante el proceso de la conformidad, el individuo trata inconscientemente de parecerse cada vez más a los demás, de estar al mismo nivel y con las mismas características que los otros hombres, en el mecanismo autoritario también el hombre tiende a abandonar la independencia y autonomía de su propio yo, pero esta vez para fundirse en forma enfermiza con algo, o alguien, que está por arriba o por abajo de él mismo. La persona masoquista pierde su personalidad y libertad para vincularse y adquirir la fuerza de aquel a quien considera que está más alto y tiene más fuerza que él; pero también el sádico está en realidad abandonando parte de su individualidad para dominar a su víctima, a quien considera un ser inferior.

La personalidad masoquista se siente baja, impotente e insignificante. Tiene tendencia a depender de poderes exteriores, sean éstos otras personas, instituciones o la naturaleza misma. Le parece que no puede dominar las circunstancias y suele autocastigarse de un modo u otro, con impulsos contra sí mismo que asumen distintas formas.

El carácter sádico, a su vez, tiende a dominar y someter al prójimo, hasta el punto de que trata de arrancarle todo lo que puede. Incluso, se complace en provocar sufrimiento a los demás, a través de castigos corporales o espirituales. Disfruta al humillar, al hacer pasar vergüenza a los otros, al colocarlos en situación de inferioridad, aunque en muchos de estos casos la actitud se encubra en un supuesto deseo de lograr el bien de los dominados.

El sádico parece autónomo, libre, y el masoquista dependiente e inferior, pero el ejemplo clásico del esposo que maltrata a su mujer demuestra la relación dialéctica que se establece entre ambos temperamentos.

Así, el marido castiga y humilla permanentemente a su cónyuge y le dice a menudo que ella es una inútil, que puede irse cuando quiera de la casa puesto que él no la necesita y se alegrará de su alejamiento. Pero el día que la esposa reúne fuerzas y le avisa que deja su hogar, el hombre se desespera, le dice que la ama, le pide y hasta le ruega que no lo abandone.

Si la mujer, que tampoco tiene en realidad la firme decisión de irse, opta por creerle y acepta quedarse, la comedia empezará otra vez. El marido volverá a maltratarla y agredirla hasta que una nueva crisis se avecine, demostrando que en realidad se necesitan mutuamente, pero dentro de esa relación patológica. El sádico parece el fuerte y la masoquista la débil, pero en verdad ambos se precisan para dejar de estar solos, para abandonar el aislamiento y el sentimiento de insignificancia.

Cuando el marido sádico se desespera y le dice a la mujer que no puede vivir sin ella, está diciendo en cierto modo la verdad. Al menos, en el sentido de que no puede vivir sin dominar a alguien, que necesita una persona sobre quien ejercer su poder, aunque esto no sea precisamente el verdadero amor.

Psiquiatras y sociólogos han tratado *in extenso* la naturaleza y las características de la relación sadomasoquista, constitutiva de la estructura autoritaria, pero Fromm es quien ha destacado con nitidez que en su base se encuentra la necesidad humana de evitar o atenuar el insoportable sentimiento de soledad en ambos términos del fenómeno.

El masoquista suele estar acosado por un profundo miedo derivado de su soledad. Por ello busca a quién unirse, a quién encadenarse, a quién someterse. Por eso mismo muchas veces intentará convertirse en miembro o parte integrante de algo o alguien superior a su propia persona, como puede ser otro hombre, una entidad, asociación, institución, Dios o la patria. Al integrarse a esa persona, comunidad o ideal, que siente poderosa y a veces hasta eterna, el individuo va a sentirse fortalecido, acompañado y protegido, aunque pierda parte de su libertad, personalidad o dignidad.

El sádico aparenta mucha valentía y no parece estar invadido por temores, pero el ejemplo del marido nos demuestra que su impulso de provocar el dolor ajeno, dominar y humillar, entraña también el rechazo y el miedo a la soledad. El deseo de poder, tantas veces lindante con la patología y el delirio, "no se arraiga en la fuerza, sino en la debilidad. Es la expresión de la incapacidad del yo individual de mantenerse solo y subsistir. Constituye el intento desesperado de conseguir un sustituto de la fuerza al faltar la fuerza genuina"[8].

Como el mismo Fromm lo destaca, es la impotencia la que suele originar el impulso sádico hacia la dominación. "En la medida en que un individuo es potente, es decir, capaz de actualizar sus potencialidades sobre la base de la libertad y la integridad del yo, no necesita dominar y se halla exento del apetito de poder"[9].

La comprensión intelectual del mecanismo autoritario de evasión de la soledad ayuda a entender lo ocurrido con el nazismo.

Después de la derrota en la Primera Guerra Mundial, la estructura social de la baja clase media alemana era muy particular. Siempre había experimentado amor por el fuerte y desprecio por el débil, y se había caracterizado por su mezquindad, hostilidad y avaricia, acompañado todo ello por una estrecha concepción de la existencia que le hacía desconfiar del extranjero y, a veces, hasta odiarlo.

Dentro de esos cánones de pequeñez económica y psicológica que muchas veces se manifestaban bajo un supuesto matiz de moralismo, la monarquía había representado para la clase media una autoridad sólida e indiscutible en cuya fuerza se amparaba.

Bajo la majestad del Káiser y a la sombra de instituciones vigorosas como la religión y la familia bien constituida, el integrante de la pequeña burguesía experimentaba un sentimiento de protección y hasta de orgullo, al sentirse parte de un ambiente cultural y político que lo albergaba y le proporcionaba estabilidad.

Pero en el período de posguerra y particularmente a partir de la crisis de 1929, toda esta estructura de protección pareció desaparecer bajo sus pies.

La inflación galopante no sólo le quitaba sus ahorros y lo dejaba arruinado, sino que también le hacía perder la confianza que siempre había tenido en el Estado, que ahora no cumplía las promesas estampadas en billetes de banco y títulos públicos. Instituciones venerables, como la monarquía, eran reemplazadas; se escarnecía a los militares derrotados y en el Parlamento y el gobierno podía verse a "agitadores rojos" y a personas sin nivel.

Todo ese orden jerárquico que durante décadas había sostenido a su sector, parecía haberse derrumbado. Los miembros de las clases medias tenían razones para sentirse solos y desamparados.

No es de extrañar, entonces, que la novedosa ideología nazi, que preconizaba la sumisión incondicional al líder y simultáneamente el odio a las minorías raciales y políticas, con ansias de conquista y dominación mundial y de creación de una nueva estructura de masas fuerte y poderosa a la cual incorporarse —el partido nazi—, haya arraigado rápida y fuertemente en esos grupos sociales, otorgándoles un nuevo marco de referencia y seguridad.

El sentimiento de insignificancia que se había apoderado de los sectores medios alemanes —y de muchos otros grupos—, acentuado por las humillaciones del Tratado de Versalles y la impotencia que los profesionales y obreros capacitados experimentan siempre frente al fenómeno de la desocupación y la falta de oportunidades laborales, impulsaba a la incorporación masiva a un movimiento electrizante que declaraba ser la encarnación y la exaltación del espíritu elevado del pueblo alemán y la representación viva de una raza aria pura que simbolizaba el ancestral anhelo militar germano.

Incorporado a ese partido nazi que tendía a expandirse dentro de la sociedad y a representar la totalidad de la nación, el individuo se sentía nuevamente protegido y amparado, miembro de una entidad superior que le daba cobertura y, además, volvía a disfrutar el sentimiento de la dignidad perdida.

El temperamento masoquista comenzó a funcionar y, a través del mecanismo autoritario, los ciudadanos alemanes experimentaban en los actos masivos grandes satisfacciones emocionales provenientes de su integración a una entidad fuerte y poderosa que representaba la superioridad alemana sobre un mundo débil y decadente. Habían perdido su individualidad y libertad, pero ello no significaba nada frente a la seguridad y fortaleza que ahora habían desplazado al antiguo sentimiento de desamparo y soledad.

Como ni el sadismo ni el masoquismo se dan en puridad, sino que suelen acompañarse y relacionarse dialécticamente, también las masas dominadas y ahora cautivas podían tener sus expresiones de dominio y crueldad sobre las minorías étnicas que —como la judía— debían ser castigadas por sus imaginarios ataques contra la pureza de la raza o el espíritu de la nación.

Fieles a la estructura del mecanismo autoritario que suele reproducirse en el mundo militar, las masas nazis eran sumisas ante el Führer y altivas frente a los débiles y perseguidos. Como decía Sancho Panza, "soberbias con los humildes y humildes con los soberbios".

La personalidad del propio Hitler estaba imbuida de esta estructura mental autoritaria, como lo ha mostrado Fromm ejemplificando con párrafos de su libro *Mi lucha*.

Así, el afán de poder típico del sádico se expresaba en su relación con las multitudes a quienes despreciaba pero a la vez amaba, en la forma en que lo hacía el marido del ejemplo que hemos visto. Por ello expresaba que las masas se satisfacen al ser dominadas, pues lo que "ellas quieren es la victoria del más fuerte y el aniquilamiento o la rendición incondicional del más débil"[10].

"Como una mujer que prefiere someterse al hombre fuerte antes que dominar al débil —puntualizaba en otra parte—, así las masas aman más al que manda que al que ruega, y en su fuero íntimo se sienten mucho más satisfechas por una doctrina que no tolera rivales que por la concepción de la libertad propia del régimen liberal"[11].

La misma tendencia al dominio y la posesividad exhibía Hitler cuando manifestaba cómo el orador debe quebrar la voluntad política de su auditorio. "Parece que durante la mañana y hasta durante el día —decía— el poder de la voluntad de los hombres se rebela con sus más intensas energías contra todo intento de verse sometido a una voluntad y una opinión ajena. Por la noche, sin embargo, sucumben más fácilmente a la fuerza dominadora de una voluntad superior. En verdad, cada uno de tales mítines representa una esforzada lucha entre dos fuerzas opuestas. El talento oratorio superior, de una naturaleza apostólica dominadora, logrará con mayor facilidad ganarse la voluntad de personas que han sufrido por causas naturales un debilitamiento de su fuerza de resistencia, que la de aquellos que todavía se hallan en plena posesión de sus energías espirituales y fuerza de voluntad"[12].

Como en los casos anteriores, tampoco el carácter de Hitler dejaba de tener rasgos masoquistas, que se expresaban en su notoria tendencia a someterse y entregarse a una fuerza superior que él identificaba con Dios, la Naturaleza o el Destino Manifiesto del Pueblo Alemán, según las circunstancias[13](*).

(*) En oposición a Erich Fromm, Alice Miller piensa que la característica principal de la personalidad de Hitler no fue el sadomasoquismo, sino una conducta reactiva derivada de los golpes y humillaciones recibidos de su padre cuando era niño. Como al chico desamparado le resulta casi imposible experimentar odio contra sus progenitores violentos y, por el contrario, debe olvidar las crueldades e idealizar al agresor,

Cuando ese hombre y ese partido llegaron al poder, el fenómeno de la agrupación masoquista se generalizó, debido a que mucha gente llegó a identificar el nazismo con Alemania, según la idea totalitaria, antidemocrática y antipluralista que el propio Hitler preconizaba.

Desde el momento en que hay un partido único que es el exclusivo intérprete de la nación, quien se opone al nazismo está en contra de Alemania. La difusión y penetración de este dogma a través de la maquinaria propagandística oficial derrumbó las barreras y trabas de muchos indiferentes o tibios, que terminaron sumándose a la dictadura y haciéndose cómplices del genocidio, por el temor de quedar excluidos de esa comunidad nacional y partidaria que les daba protección.

Aunque muchos ciudadanos alemanes seguramente no aprobaban todas las políticas de Hitler, el sentido de pertenencia a su nación les hizo claudicar en sus principios, demostrando que los seres humanos suelen tener miedo a ser apartados de un organismo o comunidad mayoritaria.

Por ello el temor al aislamiento y a la soledad —como lo ha dicho Fromm en pensamientos memorables— contribuirá a que los partidos políticos que toman el poder se consoliden, hasta que toda la humanidad comprenda que la vigencia de los principios éticos está por encima de la existencia de cualquier nación y que, al adherirse a tales principios, "el individuo pertenece a la comunidad constituida por todos los que comparten, han compartido en el pasado y compartirán en el futuro esa misma fe"[14].

Si la libertad produce aislamiento, si la emergencia de la naturaleza y la ruptura de los vínculos primarios provoca

---

en la edad adulta suele descargar inconscientemente aquella ira a través de castigos a sus propios hijos. Al no haber tenido descendencia, Hitler habría canalizado su odio reprimido hacia los judíos y, precisamente, este desplazamiento del objeto le impedía una descarga adecuada. Por ello en su testamento, después de haber asesinado a seis millones de israelitas, el Führer manifestaba que los restos del judaísmo debían ser exterminados. Ver Alice Miller, *Por tu propio bien*, Tusquets, Barcelona, 1985, págs. 143 y siguientes. Desde un punto de vista profano, sin embargo, las posturas de Fromm y Miller no parecen demasiado excluyentes.

soledad, ¿no hay otro medio para eliminar ese sentimiento de insignificancia que el automatismo conformista o la evasión autoritaria? ¿Debemos resignarnos a la integración consumista o a fenómenos patológicos de sumisión y servilismo político que a veces lindan con el delirio, como sucedió con el nazismo y como llegó a ocurrir en la Argentina, cuando se enviaban obleas al exterior afirmando que "los argentinos somos derechos y humanos", mientras el gobierno militar secuestraba, torturaba y hacía desaparecer a ciudadanos?(*)

Así como en el amor personal la relación no debe basarse en la subordinación o el dominio que implica la pérdida de la integridad de uno de los amantes (o de los dos), sino en el respeto de la espontaneidad y libertad de cada uno de los miembros de la pareja; no en la disolución de uno en el otro ni en la posesión absorbente sino en la aceptación de la igualdad e independencia de ambos; así también en la esfera social y política el hombre puede comunicarse y relacionarse con los demás a través de un trabajo creativo y espontáneo, que le permita crecer como persona y actualizar sus potencialidades sin afectar a los demás ni conectarse con el mundo de un modo enfermizo o pervertido.

En el plano del amor individual, en la esfera laboral, en el mundo cultural que desarrolla los placeres estéticos o en el campo de la participación en la vida política de la comunidad, el hombre moderno puede ejercitar con grandeza su libertad, demostrando que la dignidad y la nobleza de la autonomía humana sólo encuentran su plenitud en el marco de la tolerancia y el respeto irrestricto de la persona y los derechos ajenos.

Si bien es ineludible que el hombre en gran medida nazca, viva y muera solo, la única cobertura y protección verdadera y efectiva contra el aislamiento que puede adquirir en su existencia es la que proviene de la considera-

_____

(*) La promotora de la remisión de estas tarjetas fue una tradicional revista de mujeres de Buenos Aires.

ción propia y ajena que logra con un quehacer creativo incesante y una conducta recta y respetuosa hacia los demás seres.

Finalmente, nos permitimos esbozar una explicación que podría ser complementaria de las dos anteriores.

Como ya lo hemos puntualizado, en Roma y las sociedades latinas el Estado estuvo siempre antes que los particulares, la colectividad fue más importante que el individuo. Los intereses del Imperio, su honra, su fama, su prestigio, se antepusieron a la suerte de los ciudadanos, concepto que es heredado por la Iglesia Católica como institución. Los miembros de la misma, aun los más encumbrados como los sacerdotes y obispos, deben renunciar a veces incluso a sus propias convicciones, en aras de la unidad y la grandeza de la Santa Madre (*).

Aunque nació en Roma, la Reforma no fue aceptada en Italia ni en España, países de fuerte tradición latina, sino que arraigó en aquellas naciones del norte de Europa en que la influencia de la cultura romana era menos intensa, como Inglaterra y los reinos escandinavos.

Así como las doctrinas de Cristo, nacido y criado en Judea, no prendieron entre los judíos (y por ello Paulo de Tarso decidió predicarlas entre los gentiles), también las ideas de la Reforma necesitaron otra base cultural para poder afianzarse y fructificar.

Entendemos que los conceptos fuertemente individualistas y liberadores de tutelas de Lutero no podían ser asimilados por mentalidades tan colectivas como las latinas.

Alemania estaba a mitad de camino entre aquellos dos grupos de países europeos en cuanto a influencia de la cultura latina, y acaso por ello la reforma fue aceptada, aunque

---

(*) El jesuita Pierre Teilhard de Chardin renunció a publicar sus libros en vida, acatando las instrucciones de su orden. "El evolucionismo es, sí, admisible, pero... siempre que sea moderado", le decía el Padre General. Después de su muerte, su obra impregnó algunos documentos del Concilio Vaticano II. Alain Woodrow, *Los jesuitas*, Sudamericana-Planeta, Buenos Aires, 1986, pág. 111.

muchos territorios y sectores hayan permanecido católicos.

Cuando las circunstancias psicológicas lo posibilitaron (ya hemos mencionado las humillaciones de haber perdido la primera guerra y del Tratado de Versalles; la inflación alucinante; la pérdida del prestigio internacional; la desocupación; el "desorden" gubernamental y algunos avances de la izquierda), desde el fondo de la antigua tradición latina renació el atavismo colectivista que plasmó en el nazismo, autodenominado nacionalsocialismo y, mezclado con la tradición guerrera germánica, arrasó con el respeto a los derechos individuales y a las minorías que las ideas protestantes habían ido desarrollando.

Mientras en Italia el fascismo fue el resurgimiento directo de las antiguas concepciones estatistas, imperiales y guerreras, el nazismo alemán sería el renacimiento de las tendencias colectivistas que los principios individualistas de la Reforma parecían haber superado.

Todo quedó subordinado a los supremos intereses del partido nazi o a la grandeza de Alemania, y hasta las mayores crueldades, como el holocausto de los judíos, pretendieron estar justificadas por ese fin.

Los demenciales principios y prácticas del hitlerismo, por lo tanto, encontrarían basamento cultural y habrían arraigado por estas vías tanto dentro de las concepciones católicas como protestantes.

Por la ruta del catolicismo, que tiende a hacer del hombre un ser tutelado; o por la vertiente protestante, que acentúa su sensación de soledad, el ciudadano alemán se dejó arrastrar al episodio autoritario y a su secuela genocida.

A los pueblos hispanoamericanos y latinos, que somos tan propensos al autoritarismo, nos conviene tener muy presente estas circunstancias, aunque con la precaución de entender que el tema del nazismo no está del todo esclarecido.

El político socialdemócrata e intendente de la ciudad de Giessen, Manfred Muntz, nos manifestaba en 1988 que, siendo un niño, siempre le preguntaba a su progenitor sobre el nazismo y acerca de qué había hecho él durante aquel régimen. "Mi padre nunca me contestó", nos dijo, añadiendo que hasta 1960 la gente en Alemania no quería hablar del tema, "unos por miedo y otros por vergüenza"[15].

221

Sólo después de esa fecha, el episodio del nazismo empezó a ser tratado profusamente en universidades, ateneos, academias y en los hogares. En general, se coincide en que la catástrofe final del hitlerismo, el colapso de ciudades arrasadas y destruidas en más de un noventa por ciento, determinó que la gente comprendiera que las ilusiones iniciales de todo autoritarismo suelen terminar en el abismo. El desarrollo completo del proceso, su trágica maduración y culminación, ayudó a los alemanes a aprender la lección.

En algunos de nuestros países, encandilados todavía por espejismos, ¿faltará que el fenómeno autoritario se complete hasta límites aún no alcanzados?

NOTAS

[1] Federico Hoffet, *ob.cit.* pág. 28.

[2] Federico Hoffet, *ob.cit.*, pág. 97.

[3] Roger Manwell y Heinrich Fraenkel, *Heinrich Himmler*, Grijalbo, Barcelona, 1967, pág. 64.

[4] Erich Fromm, *El miedo a la libertad*, Planeta-Agostini, Barcelona, 1985, pág. 97.

[5] Erich Fromm, *ob.cit.* pág. 98.

[6] Erich Fromm, *ob.cit.*, pág. 84.

[7] Erich Fromm, *ob.cit.*, pág. 84.

[8] Erich Fromm, *ob.cit.*, pág. 186.

[9] Erich Fromm, *ob.cit.*, pág. 186.

[10] Adolf Hitler, *Mi lucha*, Hurst and Blackett, Londres, 1939, pág. 469, citado por Erich Fromm, *ob.cit.*, pág. 247.

[11] Adolf Hitler, *ob.cit.*, pág. 56, citado por Erich Fromm, *ob.cit.*, pág. 248; y por Alice Miller, *ob.cit.*, pág. 191.

[12] Adolf Hitler, *ob.cit.*, pág. 710, citado por Erich Fromm, *ob.cit.*, pág. 248.

[13] Adolf Hitler, *ob.cit.*, págs. 1, 3, 309, 339, 452 y 892, citado por Erich Fromm, *ob.cit.*, págs. 260 y 261.

[14] Erich Fromm, *ob.cit.*, pág. 236.

[15] Entrevista con el autor en Giessen, Alemania, el 7 de octubre de 1988. Véase también Alice Miller, *ob.cit.*, pág. 140.

EPÍLOGO

Hemos intentado mostrar la formación y evolución de algunos ingredientes que componen nuestra cultura autoritaria e improductiva y el funcionamiento de ciertos mecanismos de la misma.

Advertimos que mientras algunos rasgos (el absolutismo, por ejemplo) tuvieron su origen en la España del descubrimiento y luego se acentuaron en América, otros (como el incumplimiento de la ley) encuentran su mejor desarrollo en América, sin que hayamos podido encontrar arraigo tan hondo en la península.

Aunque los países de América Latina presentan diferencias entre sí, la mayoría de los elementos aquí descriptos son de propiedad común, por lo que bien puede hablarse de una cultura hispanoamericana del autoritarismo y el atraso económico.

¿Significa todo esto que nos encontramos dentro de un cierto determinismo cultural que nos impide romper con estas tradiciones? En modo alguno.

No estamos de acuerdo con quienes opinan que la tradición jurídica española obra como una suerte de atmósfera o "noosfera cultural", para decirlo con palabras de Teilhard de Chardin, que impide la vida en democracia y el desarrollo económico de sus herederos. Si bien es cierto que hasta los términos "pronunciamiento" y "juntas militares", que forman parte del abecé básico del militarismo y el autoritarismo, han sido creados en España, debemos reconocer que estos fenómenos no pertenecen solamente a los países de tradición ibérica, como lo demuestra el proceso que viven las nuevas repúblicas africanas o el caso del golpe de

Estado producido en Surinam, territorio americano colonizado por Holanda.

Además, la evolución de la propia España desde la muerte de Francisco Franco ha mostrado una sostenida transición hacia la democracia junto a un creciente progreso económico, que la ha acercado al resto de los países europeos.

No pensamos que existan atavismos culturales absolutos que impidan las transformaciones dentro del seno de una comunidad. La sociedad es un organismo vivo que permanentemente se modifica. Precisamente, el caso argentino puede ser tomado como evidencia de ello.

En efecto, podemos ver que, producido el movimiento del 25 de mayo de 1810, se imponen en esa década y la siguiente importantes transformaciones políticas que implican una quiebra con la tradición cultural que hemos venido estudiando.

En 1810 se realiza la integración de indígenas y blancos en las milicias, con base en la igualdad entre españoles y aborígenes; al año siguiente se suprime el tributo de los naturales y se establece una cierta libertad de prensa, al derogarse la censura previa. En 1812 se prohíbe la trata de esclavos y se elimina el estanco o monopolio del tabaco, ofreciéndose incentivos a la entrada de inmigrantes extranjeros. En 1813, la labor de la famosa Asamblea es notable: se decretan la libertad de vientres y la abolición de la mita y el servicio personal de los indios; se eliminan la Inquisición y los tormentos y se suprimen los mayorazgos y los títulos de nobleza. En 1815, el Estatuto Provisional concede el derecho de sufragio a todo hombre libre que "tenga un oficio lucrativo y útil al país".

En la década siguiente, la legislación liberal promovida por Bernardino Rivadavia en la provincia de Buenos Aires tiende a profundizar la ruptura con el legado ideológico colonial: en 1821 se concede el voto a todo hombre libre, sin restricciones, mientras se refuerzan los estímulos al ingreso de inmigrantes. En 1822 se deja sin efecto el fuero mercantil y se liberan las tasas de interés. En el plano religioso, se eliminan el fuero eclesiástico y los diezmos, mientras se transfieren a la esfera laica el cementerio de la

Recoleta y los hospitales. Posteriormente, se resuelve abolir todos los fueros, sin excepción.

En 1826 se anula la costumbre de compeler a los artesanos urbanos a trabajar en las cosechas y, en 1827, se dispone el cese del control de precios de la carne y el pan, de acuerdo con "la experiencia de los pueblos más civilizados".

El advenimiento de la sangrienta tiranía de Juan Manuel de Rosas significó un retorno al absolutismo y a la intolerancia de la colonia, pero acotamos que en el plano económico se conservaron algunos rasgos liberales: no hace falta autorización estatal para formar sociedades comerciales y se mantiene la liberación de las tasas de interés. La supuesta ley proteccionista de aduana de 1835, según lo ha puntualizado David Bushnell, no preocupa mayormente a los ingleses, puesto que no había condiciones naturales ni objetivas para una industrialización de las Provincias Unidas[1].

Como va a ocurrir un siglo y medio después con la dictadura del general Jorge Videla, que torturaba y hacía desaparecer sin juicio a supuestos subversivos mientras liberaba los alquileres, el autoritarismo político más cruel y medieval convivía con ciertas medidas económicas progresistas.

Con posterioridad al derrocamiento de Rosas en la batalla de Caseros, la sanción de la Constitución de 1853 coloca al país entre los pueblos más adelantados de la Tierra en cuanto a ordenamiento institucional: la división de poderes reemplazó al absolutismo político; la libertad de cultos al exclusivismo confesional; la iniciativa individual y la defensa de la propiedad privada al estatismo económico; el fomento de la inmigración al odio al extranjero; el principio de juridicidad al incumplimiento de la ley; y la igualdad a los rasgos estamentales propios de una sociedad militarista.

Producida la reincorporación de Buenos Aires a la Confederación, la sucesión de presidentes liberales que se inicia con Bartolomé Mitre en 1862 pone en ejercicio continuado dichos postulados, promueve efectivamente la inmigración, y el desarrollo económico y educativo de la nación alcanza niveles que sorprenden al mundo. Se extienden las fronteras productivas internas y la exportación de carnes y cereales lleva a la nación a ubicarse entre los principales países del orbe. En 1913 el producto bruto interno es de 470 dólares por habitante, mientras que el de Francia es de 400, el de Italia 225 y el de Japón 90[2]. Una comparación entre el salario por hora entre Buenos Aires, Marsella y París entre 1911 y 1914 mostraba que los de Buenos Aires eran mayores a los de Marsella en un ochenta por ciento; y superiores a los de París en un veinticinco por ciento. Hasta la Primera Guerra Mundial, el salario medio del inmigrante que se incorporaba al mercado de trabajo en Buenos Aires era similar al de Nueva York[3].

Aunque en general se respetan las libertades y derechos cívicos, es interesante señalar que en el plano político no existe la garantía del sufragio: se practica el fraude y una minoría aristocrática se turna en el poder. En este aspecto, el sistema recuerda al despotismo ilustrado.

En 1912 la ley Sáenz Peña establece la plena y efectiva pureza electoral a través del voto universal, secreto y obligatorio. Tal como había ocurrido alrededor de 1880 con la ley de educación laica, gratuita y obligatoria, estas grandes reformas entrañan una cierta contradicción: son medidas liberales, es decir, que tienden a la libertad, pero a la vez se imponen obligatoriamente a los ciudadanos, o sea que no permiten opción (*).

En 1916 se elige presidente en elecciones limpias a Hipólito Yrigoyen y la marcha hacia la democracia plena y el desarrollo económico parecía indefinida. Sin embargo, desde principios del siglo XX habían empezado a resurgir, a

---

(*) La misma contradicción existió en el caso de las reformas religiosas de 1822. La actitud verdaderamente liberal habría sido permitir que cada culto se desenvolviera como quisiera en el plano privado; sin embargo, Rivadavia suprimió los conventos masculinos de menos de 18 monjes y prohibió que ninguno tuviera más de 30, entre otras reglamentaciones no menos rígidas (Véase David Bushnell, *Reform and Reaction in the Platine Provinces*, University Presses of Florida, Florida, EE.UU., 1983, págs. 26 a 30). Esto se explica por cuanto a la sazón existía una religión única y oficial (recién en 1825 se dicta una ley de tolerancia confesional) y confirma lo ya expresado en el sentido de que en los países de tradición católica, la implantación de los ideales democráticos ha debido hacerse a través de medidas que restaban poder a la Iglesia, como fue la secularización de los cementerios y los registros civiles. En el caso de México, las medidas contra la Iglesia fueron aun más contundentes, quizás porque el poder eclesiástico detentaba allí la quinta parte de las riquezas nacionales.

través del derecho o por usos y costumbres, antiguos rasgos coloniales.

En 1908, con el propósito de homogeneizar a los hijos de inmigrantes, se había iniciado una campaña de educación patriótica que presentó a los hombres de la independencia y la organización nacional como seres sobrenaturales, casi sagrados, capaces de hazañas propias de dioses o héroes mitológicos, más que de seres humanos.

Motorizada a través de la escuela pública y el servicio militar obligatorio, a través de esta campaña se exaltó sin mesura al país, lo que generó un exagerado sentido de grandeza e hizo creer al ciudadano que la riqueza deriva en forma directa de los recursos naturales, sin necesidad del trabajo humano. Este retorno a la enseñanza dogmática (en la cual la religión fue reemplazada por el patriotismo y se subestimaba el pensamiento de los niños rebajándolo a nivel de la magia) inculcó un intenso sentimiento de pérdida territorial y predicó la necesidad de recuperar las islas Malvinas[4].

Ya hemos visto que, en 1907, el presidente José Figueroa Alcorta dictó un decreto por el cual reservó para el estado los hidrocarburos del subsuelo, con desmedro de la propiedad de los superficiarios.

Durante el primer gobierno de Yrigoyen se dictó una ley que congelaba el precio de los alquileres de inmuebles. Ante el reclamo de los particulares damnificados, la Corte Suprema de Justicia (con la única disidencia del juez Antonio Bermejo) convalidó la norma y afirmó que la misma no violaba la Constitución. Esta medida afectó el derecho de propiedad privada y la vigencia de la autonomía de las voluntades individuales.

El presidente Yrigoyen aumentó significativamente la burocracia y generalizó la práctica de designar en la administración a empleados con tareas imprecisas o inexistentes, como retribución por tareas políticas realizadas en los comités.

En 1930 este mandatario fue derrocado por un golpe de estado, el que fue convalidado por la Corte Suprema de Justicia de la Nación. El gobierno de facto cerró el Congreso de la Nación, clausuró periódicos y creó una policía política para perseguir y encarcelar a los opositores, la que inició la práctica de inferir torturas con un instrumento llamado "picana eléctrica".

Las autoridades educativas del gobierno militar resolvieron ampliar la "educación patriótica" extendiéndola a la escuela secundaria y a la universidad.

Por esos años se realizó una campaña cultural tendiente a identificar los orígenes y las "esencias de la nacionalidad" con lo católico y lo militar. Varios autores de tendencia "nacionalista" resolvieron "reescribir la historia nacional" para demostrar que los próceres de la independencia habían sido fervientes católicos y no masones o libre pensadores, como los habían presentado los textos de los autores liberales de la segunda mitad del siglo XIX[5].

El gaucho Martín Fierro, a quien la leva forzosa había convertido en pendenciero y asesino, fue visto por los escritores Leopoldo Lugones y Ricardo Rojas como modelo de honestidad.

En 1932 se realizaron elecciones y la nueva administración, encabezada por Agustín P. Justo, creó Juntas reguladoras de la producción de carnes, granos y otras producciones, con una activa intervención del estado en estas actividades.

Un nuevo régimen militar, en 1943, restableció por decreto la educación religiosa en las escuelas, en violación a lo dispuesto por la ley 1420 y retornando, en alguna medida, al exclusivismo confesional.

En 1946 accedió a la presidencia de la nación el general Juan Domingo Perón, cuyo gobierno continuó la práctica de congelar los arrendamientos urbanos y rurales. Promovió el juicio político a los miembros de la Corte Suprema de Justicia y los reemplazó por jueces adictos, además de eliminar la libertad de prensa y sofocar a la oposición encarcelando a los líderes opositores.

En el plano educativo se utilizó la escuela primaria para adoctrinar políticamente a los niños (y a través de ellos llegar a sus padres) y se impuso un libro firmado por la esposa del presidente, Eva Duarte de Perón, como texto obligatorio. Procedimientos similares se utilizaron en los colegios secundarios y aún en las universidades. Una campaña propagandística pretendía identificar al presidente Perón con José de San Martín, uno de los generales de la independencia. Una ley declaró al año de 1950 como "Año del Libertador General San Martín" y obligaba a todos los niños de las escuelas, a todos los periódicos y a los escribanos, a poner diariamente, después de la fecha, tal aditamento. Se clausuraron decenas de diarios en todo el país por haber omitido en alguna de sus páginas, después de la fecha, dicho enunciado[6].

Si en la tradición judía se prohíbe nombrar al Ser Supremo, en el Olimpo argentino el pecado era no mencionar cotidianamente al Padre de la Patria, cuyos restos se pusieron en la Catedral y a quien el poeta Belisario Roldán consagró una oración laica: "Padre nuestro que estás en el bronce".

También se insistió en que San Martín, el "Santo de la Espada", había muerto en la pobreza (situación que no fue real), con lo cual se estableció la indigencia como paradigma.

El gobierno de Perón estatizó los servicios eléctricos, de teléfonos, de ferrocarriles y de transporte urbano automotor, de radiodifusión, electricidad, gas y de comercio exterior. Esta enorme ampliación del área estatal, sumada al clientelismo político y a un régimen de subsidios a sectores del trabajo y a empresarios, fue aumentando el déficit público.

Los superávit de la balanza comercial producidos en las dos guerras mundiales (en las que la neutral Argentina vendió productos agrícolas a ambos bandos contendientes) permitieron atenuar estos desequilibrios.

Pero, a partir de 1950, el estado empezó a financiar los déficits con emisión de moneda, lo que provocó una creciente inflación. Posteriormente se recurrió a empréstitos provenientes del extranjero, lo que produjo un aumento de la deuda pública.

Perón fue derrocado en 1955 por un golpe militar, el que dictó medidas de persecución contra los partidarios del "peronismo" y prohibió a los diarios, mediante un decreto, mencionar el nombre del mandatario depuesto.

En 1962 un golpe militar derrocó al presidente Arturo

Frondizi y, en 1966, otro depuso al presidente Arturo Illia. En este último año asumió la presidencia de facto el general Juan Carlos Onganía, quien prohibió la difusión en el teatro Colón de la ópera "Bomarzo" de Alberto Ginastera y Manuel Mujica Lainez, y "consagró el país" a la Inmaculada Concepción de la Virgen María durante una solemne y nutrida procesión al santuario de Luján.

En 1976 asumió el poder una Junta Militar, que instaló numerosas cárceles clandestinas en las que se torturaba a mujeres embarazadas y llegó a sustraer los hijos recién nacidos a las detenidas, alterándose su identidad. Hizo desaparecer a casi 9.000 personas y llevó la deuda externa desde 7.800 millones de dólares hasta 45.100. En 1978 promovió una intensa campaña bélica contra Chile a raíz de la islas del canal de Beagle y, en 1982, ocupó las Islas Malvinas, lo que produjo una guerra contra Gran Bretaña.

En 1983, con la recuperación de la democracia y el inicio del mandato del presidente Raúl Alfonsín, el país retornó a la vigencia de la normalidad constitucional. El juicio realizado a los integrantes de las Juntas Militares que cometieron violaciones a los derechos humanos significó la vuelta al principio de juridicidad. Pero las leyes llamadas de Punto Final y de Obediencia Debida ya mencionadas, verdaderas amnistías encubiertas a los militares que habían cometido delitos, significaron la acentuación de la vigencia de una sociedad jerarquizada, con privilegios corporativos para los hombres de armas y clara violación al principio de igualdad ante la ley.

Desde 1989, el presidente Carlos Menem inició una política de privatizaciones de empresas públicas, desregulación y apertura económica. El proceso de privatización fue amplio y tuvo un sentido modernizador: abarcó los ferrocarriles, teléfonos, electricidad, puertos y transportes marítimos, radio y televisión, combustibles, mantenimiento de caminos y fabricaciones militares. Pero en su libro *Raíces de la pobreza*, Guillermo Yeatts ha hecho notar que se realizó a través de concesiones en las que se reservaron los mercados a los adjudicatarios y se les garantizó los niveles de tarifas, de tal modo que se trató de "transferencia de monopolios" del estado a grupos particulares que se convirtieron en sectores privilegiados, con enorme poder de negociación. Esto reactualizó las estructuras del mercantilismo rentístico de la Colonia, en que los beneficios no venían como una consecuencia de ofrecer el mejor producto al menor precio en un mercado abierto, sino de un monopolio artificial o una restricción gubernativa a la competencia[7].

El estado, por otra parte, no disminuyó sus desembolsos de manera significativa, sino que sustituyó sus erogaciones en empresas deficitarias de servicios públicos por los llamados "gastos sociales" (subsidios y prebendas clientelísticas) y mantuvo, e incluso acrecentó, su participación en la economía.

El sistema de convertibilidad del peso en relación al dólar evitó la emisión inflacionaria. Pero ese control de la inflación no se logró mediante la disminución o el reordenamiento del gasto público (concentrándolo en las funciones básicas de justicia, seguridad o educación), sino a través del artificio de cambiar su financiamiento por el endeudamiento externo, particularmente en el segundo mandato del presidente Menem (1995-1999). A pesar de los ingresos originados en el precio de venta de las empresas públicas, esta administración elevó la deuda pública de 65.300 a 146.210 millones de dólares.

Las ventajas de un cambio fijo (estabilidad, confianza en las transacciones) se contrarrestaron por el endeudamiento del estado, que aumentó los costos de la actividad privada. La situación llevó al incumplimiento interno y externo de los compromisos gubernamentales, el que a su vez provocó una corrida de los particulares hacia los bancos.

Aunque positiva, la apertura económica fue insuficiente, ya que se limitó a los países del Mercosur (Brasil, Uruguay y Paraguay), de modo que se progresó desde el aislamiento nacional a una restringida "insularidad regional" consistente en un área más estrecha que la del monopolio mercantil de la Colonia, sin aportar la competitividad y demás beneficios del intercambio con todo el mundo.

Este gobierno amplió el número de miembros de la Corte Suprema para controlarla, indultó a los comandantes en Jefe condenados por violaciones a los derechos humanos y promovió una reforma de la Constitución (apoyada por el ex presidente Alfonsín mediante el llamado "pacto de Olivos") para posibilitar la reelección del presidente en ejercicio, lo que significó un retorno a la antigua tradición de absolutismo político.

Las reformas del noventa no llegaron a modificar los rasgos negativos que habían ido resurgiendo desde principios del siglo XX: un poder ejecutivo hegemónico y personalista, con capacidad de asignar recursos económicos y cambiar las reglas de juego discrecionalmente (a través de decretos de necesidad y urgencia y hasta por leyes obtenidas utilizando falsos legisladores o sobornos); falta de una Justicia independiente que controlara a los otros poderes y defendiera a los ciudadanos; un amplio estado supuestamente "benefactor" (simbolizado por funcionarios que sumaban a sus sueldos jubilaciones de privilegio, dispensando subsidios a desocupados) con facultades para fijar tarifas y alterar los contratos privados.

La inmovilización de los depósitos bancarios de los particulares practicada por el gobierno de Fernando de la Rúa, y la alegre declaración del default anunciado por el presidente Adolfo Rodríguez Saá a fines de diciembre del 2001 ante el aplauso irresponsable de los legisladores de todas las bancadas, pueden ser consideradas como la culminación de un proceso de despilfarro de los bienes públicos, desconocimiento del derecho de propiedad y del orden jurídico iniciado cien años antes, combinado con una renovada tradición cultural de rechazo hacia el extranjero.

En síntesis, podríamos afirmar que, si bien los movimientos de 1810, 1853 y la llamada "generación del 80" impulsaron, promovieron o impusieron cambios de estructuras y mentalidad en favor de la libertad política y el desarrollo económico, las fuerzas tradicionales del autoritarismo y el atraso pugnaron desde el fondo de la época colonial y terminaron por emerger en el siglo XX con las manifestaciones ya descriptas.

¿Qué papel jugó la inmigración dentro de este proceso? La Argentina tenía en 1869 1.737.000 habitantes y, en 1914, alcanzaba los 7.885.000. En ese momento más del 30 por ciento de la población era extranjera, aunque ya muchos inmigrantes tenían hijos argentinos. Entre 1857 y

1930 el país recibió una cantidad neta de 3.385.000 inmigrantes, descontando los trabajadores temporarios que regresaban a sus naciones. Del total de extranjeros arribados, el 47,4 por ciento eran italianos y el 32,3 por ciento españoles, de modo que estas dos nacionalidades integraban el 80 por ciento de los inmigrantes[8].

Podríamos inferir entonces que el absolutismo, el estatismo y, en general, las relaciones autoritarias propias de la tradición católica de estos pueblos latinos venían a sumarse a la base cultural que ya hemos descripto y de la cual mucho no distaban. Los cambios en los hábitos de libertad que Alberdi preconizaba y avizoraba a través de la venida de los pueblos anglosajones no habrían de producirse, al menos por esa vía[9].

Acaso la declinación argentina en buena parte del siglo XX pueda explicarse por el predominio de una base ideológica común que, ayudada por una campaña de "educación patriótica" xenófoba, militarista y exaltadora de la pobreza, ha terminado por sobresalir en la sociedad y hacer retornar valores antiguos. Pero esto no nos impide ver los notables cambios experimentados por el país desde el pasado colonial hasta nuestros días.

La historia de México nos muestra también esa permanente lucha en busca de las transformaciones y del progreso.

Las teocracias y la sociedad colonial hispánica han sido vistas por Octavio Paz como una sucesión de distintas modalidades de autocracia religiosa, basadas en la obediencia o sumisión.

El grito de Dolores, pronunciado en setiembre de 1810 por el cura insurgente Miguel Hidalgo, inició una etapa de combates, violencia, anarquía y desmembramiento territorial en busca de nuevas formas sociales. Enrique Krauze, precisamente, ha sintetizado ese proceso afirmando que un sector de mexicanos, vueltos hacia el pasado, quiso conservar una legalidad católica, jerárquica y centralizada, mientras otro miraba hacia el futuro e intentaba establecer un orden republicano, laico, democrático y constitucional.

Claro que en una historia tan rica y tumultuaria, en una sociedad tan variada y compleja como la mexicana, muchas veces los roles y los protagonistas se confunden. El sacerdote Hidalgo abolió la esclavitud, los tributos y ordenó restituir tierras a las comunidades indígenas, aunque también imprimió a su sublevación el carácter de una intolerante e irracional guerra religiosa en contra de los "herejes franceses y españoles".

También el cura Morelos postuló modernas ideas igualitarias que eliminasen odiosas disparidades entre los hombres de distintas razas o diferente color, estableciesen la división de poderes y respetasen la libertad de expresión, pero simultáneamente sostenía que no debía permitirse otra religión que la católica, obligaba a celebrar el día de la Virgen de Guadalupe y aspiraba a que la Iglesia recobrara privilegios reducidos por los borbones.

La independencia mexicana se logró en 1821 mediante un pacto firmado entre el jefe de las fuerzas peninsulares, Agustín de Iturbide, y el comandante de los insurgentes, Vicente Guerrero. Se le llamó Trigarante porque debía asegurar tres principios fundamentales: la independencia de España, la unión entre todos los grupos sociales y la exclusividad de la religión católica. Poco después era consagrado emperador el propio Iturbide, quien luego entró en conflicto con el mismo congreso que lo había elegido. Mientras el emperador se mostraba republicano y aceptaba compartir el poder, el congreso actuaba de un modo absolutista. "Educados en una tradición de despotismo —comentó con ironía un observador inglés—, los mexicanos pretenden injertar las teorías más avanzadas del constitucionalismo francés".

Tras la abdicación y la ejecución de Iturbide, el hombre fuerte fue Antonio López de Santa Anna. Elegido presidente, Santa Anna se retiró a su hacienda alegando razones de salud y dejó gobernar al vicepresidente: éste introdujo una serie de importantes reformas contra los privilegios corporativos de la iglesia: libertad de opinión, supresión de la coacción civil para el cobro de diezmos, destrucción del monopolio educativo clerical, eliminación de la intervención del clero en los asuntos civiles.

Las medidas despertaron una violenta reacción bajo el

lema de "Religión y Fueros". Paradójicamente, el presidente Santa Anna se puso al frente de la misma y fue proclamado "Supremo Dictador".

Con temperamento impulsivo e histriónico dominó el país por varias décadas, durante las cuales Estados Unidos se apoderó de Texas. En 1853, Santa Anna dijo: "Tengo mucha experiencia y conozco que este país necesita el gobierno de uno solo, y palos a diestra y siniestra". Su ministro, el historiador Lucas Alamán, sintetizaba los primeros treinta años de vida independiente diciendo que debido a las derrotas, convulsiones y endeudamiento México había pasado de "la infancia a la decrepitud".

Derrocado Santa Anna en 1854, el gobierno dictó una ley de "desamortización de bienes en manos muertas", que disponía la salida al mercado de todos los bienes inmuebles de las corporaciones religiosas y civiles: escuelas, conventos, monasterios y comunidades indígenas. Aunque la legislación establecía también que los adjudicatarios de esas propiedades debían pagar a la Iglesia su valor real, los sectores clericales se levantaron en armas y en todo el país circulaban proclamas llamando a defender la religión.

Dos años después, en 1857, se sancionaba una constitución liberal que ratificaba la extinción de los privilegios eclesiásticos. Se consagraba también la libertad de enseñanza, de expresión, de tránsito, de asociación y de conciencia; se abolían los fueros y tribunales especiales y la prisión por deudas; se garantizaba el amparo ante los abusos de autoridad y se otorgaba supremacía al poder legislativo sobre el ejecutivo.

Pero el país se encontraba ya dividido en dos partidos irreconciliables y la confrontación estalló: los conservadores se pronunciaron en Tacubaya contra la Constitución y las hostilidades se iniciaron.

Benito Juárez se consolidó al frente del bando liberal y, en 1859, dictó una serie de leyes que reformaban la estructura tradicional de la nación: se nacionalizaron los bienes del clero; se decretó la exclaustración de monjas y frailes y la extinción de las corporaciones eclesiásticas; se estableció la libertad de cultos; se crearon registros civiles, matrimonio civil y secularización de cementerios; se limitaron los días festivos y se prohibió la asistencia oficial de funcionarios públicos a las ceremonias religiosas.

Al cabo de tres años de Guerra de Reformas, el triunfo liberal produjo una serie de excesos: altares destruidos, bilbliotecas eclesiásticas arruinadas, obispos lapidados y expulsados del país.

La moratoria de pago de la deuda externa decretada por el presidente Benito Juárez le traería a México una nueva calamidad. Las tropas francesas invadirían el país en 1864 para instalar como emperadores a Maximiliano de Habsburgo y su esposa Carlota, apoyados éstos por dirigentes conservadores mexicanos que buscaban retornar a las raíces monárquicas y católicas de la nación.

El emperador Maximiliano, sin embargo, iba a darle a los tradicionalistas una sorpresa. Instalado en la capital, en el palacio de Chapultepec (Juárez había debido retirarse hacia el norte), empezó a gobernar "liberalmente" y tomó distancia de los conservadores y de la iglesia. Así, rompió relaciones con el Nuncio Papal, ratificó la libertad de cultos y la nacionalización de los bienes del clero.

En relación a los indígenas, dictaría dos progresistas medidas: reconoció la personería jurídica de los pueblos para defender sus derechos y exigir a los particulares la devolución de sus tierras y aguas; y dispuso la restitución de suelos a sus legítimos dueños, además de la concesión de terrenos a los pueblos aborígenes que los necesitaran. En el nuevo emperador los naturales habían encontrado una autoridad que escuchara sus reclamos —dice Krauze— no en los términos del derecho romano de dominio, sino en los del derecho divino y ancestral que sentían poseer sobre sus tierras.

El fusilamiento de Maximiliano y sus principales aliados conservadores (los generales Miramón y Mejía) en Querétaro significó el triunfo de la tendencia y las ideas republicanas. Benito Juárez regresó a la ciudad de México y debía aprestarse a reencaminar a la nación sobre las bases de la Constitución de 1857 y las Leyes de Reforma.

Pero don Benito, que durante la invasión francesa y el efímero imperio de Maximiliano había debido gobernar su territorio con facultades extraordinarias y suspensión de garantías, continuó ejercitando estas prácticas de excepción. Ahora estaban motivadas por algunas insurrecciones de jefes liberales del interior, que protestaban contra el "continuismo" de Juárez, quien en 1865 había prorrogado unilateralmente su mandato y luego de la restauración había sido reelegido en 1867 y 1871.

Aunque republicano e idólatra de la ley, como se lo ha llamado, Juárez controló políticamente a los gobernadores y continuó la antigua tradición mexicana de centralismo, aunque esta vez bajo normas y ropajes federales.

Muerto Benito Juárez por enfermedad en 1872, en 1876 asumió la presidencia Porfirio Díaz. Aunque proveniente también del partido liberal, Porfirio se hizo reelegir hasta 1910 y su régimen fue caracterizado como de "vida monárquica bajo formas republicanas". No sólo manejó a los gobernadores, sino que también controló a los legisladores, jueces, militares y hasta a periodistas y religiosos.

Según su propia definición, a sus camaradas del ejército los arreglaba con "pan o palo": el pan era la prebenda económica; el palo la represión.

Con la iglesia ejerció una "política de conciliación". Atenuó la aplicación de las Leyes de Reforma y permitió el regreso de los jesuitas. Durante el Porfiriato se multiplicaron las órdenes religiosas y las actividades clericales y, en devolución de atenciones, los obispos ordenaron a los fieles obedecer a las autoridades civiles.

Porfirio instauró un sistema paternalista basado en el fraude electoral y la concesión de beneficios a cambio de lealtad política.

En 1909, un joven liberal, Francisco Madero, creaba el Partido Nacional Antirreeleccionista y lanzaba su candidatura a presidente para las elecciones del siguiente año: su propósito era restaurar la vigencia de las prácticas republicanas establecidas en la Constitución de 1857 y asegurar el cumplimiento efectivo del sufragio libre y la convivencia democrática. Porfirio Díaz se impuso nuevamente mediante trampas electorales, pero a los pocos meses estallaría la Revolución Mexicana.

Derrocado Porfirio en 1911, Francisco Madero fue consagrado presidente mediante elecciones efectuadas ese mismo año.

Se inicia así un período de vigencia de todas las libertades, pero que no duraría más de quince meses: opositores virulentos a Madero y ex porfiristas se sublevan en 1913 y se apoderan de un recinto militar en la capital mexicana, denominado la Ciudadela. El general designado para sofocar a los rebeldes, Victoriano Huerta, traiciona al presidente constitucional y lo ejecuta, sustituyéndolo en el cargo.

El gobernador de Cohauila, Venustiano Carranza, desconoce la autoridad del presidente Huerta y se inicia nuevamente la guerra civil: los "federales" de Huerta son combatidos por los "constitucionalistas" de Carranza, apoyado este último por los caudillos Pancho Villa (en el norte) y Emiliano Zapata (en el sur).

Carranza se impone, pero luego debe luchar contra las rebeliones de Villa y Zapata, sus ex aliados. En 1917 se dictó una nueva constitución, la que establecía la enseñanza laica y prohibía a las iglesias, cualquiera fuera su credo, poseer o administrar bienes raíces. También establecía que correspondía a la nación el dominio inalienable e imprescriptible del subsuelo, es decir los minerales y combustibles, aunque aceptaba las concesiones a particulares.

Venustiano Carranza es asesinado al final de su mandato por los partidarios de Álvaro Obregón, quien luego es elegido presidente. Obregón realiza una activa labor de apoyo a la educación pública y a las artes, pero se mostró duro con los opositores y ordenó la muerte de Pancho Villa.

Lo sucedió Plutarco Elías Calles, quien reglamentó en forma rígida las restricciones constitucionales a la libertad de cultos y la enseñanza religiosa.

Esto produjo una reacción católica conocida como la "guerra de los cristeros", que provocó casi 80.000 muertos.

Paralelamente, se derogaba también la prohibición de la reelección presidencial, de modo de permitir el regreso de Álvaro Obregón.

Obregón fue asesinado poco después de ser electo y ello prolongó el predominio de Plutarco Elías Calles, a quien se lo conocía como el jefe "máximo" y por ello se bautizó a su etapa como el maximato. Desde entonces se evitó la reelección presidencial, pero esto no impidió una tendencia clara hacia un sistema de partido hegemónico.

En 1934 fue elegido presidente el general Lázaro Cárdenas, hasta entonces el favorito de Calles. Para acentuar su poder, Cárdenas se apoyó en los sindicatos obreros y agrupaciones campesinas y Plutarco Elías debió marchar al exilio. En ese mismo año se reformó la constitución y se estableció que la "educación debía ser socialista": en las clases de música se enseñaba la marcha "La Internacional".

Cárdenas estatizó los ferrocarriles y luego las explotaciones petroleras. También se reformó la constitución para establecer que la explotación de hidrocarburos sólo podía ser hecha por el gobierno.

A partir de Lázaro Cárdenas se acentuó la identificación entre el Estado y el partido hegemónico, que en 1946 pasó a denominarse Partido Revolucionario Institucional (PRI) y se asentó sobre una poderosa estructura corporativa.

Durante largas décadas de predominio del PRI, el presidente saliente solía elegir al candidato del partido para el siguiente mandato. Pero en 1999 el candidato oficialista fue seleccionado mediante elecciones internas y, en los comicios generales posteriores, se impuso Vicente Fox, postulante de la oposición. Tras un prolongado período de monopolio en el poder, el PRI entregó el gobierno nacional.

La historia del país de los aztecas continúa así su ciclo de tensiones, oscilando entre una tradición teocrática, paternalista y una modernidad igualitaria y republicana.

La trayectoria y las frustraciones posteriores a la independencia de los países de Hispanoamérica, ¿implican que debamos resignarnos a una suerte de destino inexorable, de fijación terminante al pasado cultural?

Aceptar este criterio estático, pasivo, significaría coincidir con los postulados racistas, que consideran que las diferentes etnias tienen sus propias limitaciones y condicionamientos que nunca podrán superar, por lo que concluyen en establecer presuntas jerarquías entre las mismas.

Creemos que los hombres tenemos las mismas posibilidades y, precisamente, la riqueza del fenómeno histórico hispanoamericano nos confirma que los cambios son posibles, aunque se produzcan con altibajos.

En definitiva, todas las sociedades han vivido otrora en el autoritarismo y en la pobreza, y la marcha de la humanidad nos muestra un tránsito sostenido desde la autocracia hacia la libertad, desde el infraconsumo hacia la satisfacción de las necesidades primarias. La lucha por la autonomía y por una vida económica digna parece ser un proceso constante en todos los pueblos, aunque algunos lleguen antes a ciertos estadios mientras otros experimentan mayores tropiezos. En este camino, todas las comunidades tienen antecedentes positivos y negativos y lo que importa es la intención de promover los rasgos progresistas y atenuar las tendencias regresivas.

Para esto, nada más importante que un sincero autoanálisis, partiendo de la convicción de que cualquier pueblo puede ser democrático y desarrollado, si primero toma conciencia de que ha sido autoritario y poco productivo.

Ayudar a conocernos a nosotros mismos, para favorecer en el seno de nuestra sociedad las fuerzas liberadoras y constructivas, ha sido el objetivo de este trabajo, elaborado en la seguridad de que, entender, es el primer paso para mejorar.

Buenos Aires, Tucumán,
julio de 1989, junio de 2002.

[1] David Bushnell, ob. cit., págs. 8 a 67.

[2] A. Maizels, *Industrial Growth and World Trade*, Cambridge University Press, 1963, pág. 17.

[3] Carlos Díaz Alejandro, *Essays on the Economic History of the Argentina Republic*, New Haven, Yale University Press, 1970, págs. 43-44.

[4] Carlos Escudé, *El fracaso del proyecto argentino, educación e ideología*, Editorial de Belgrano, Buenos Aires, 1990, págs. 91-93.

[5] Loris Zanatta, *Del estado liberal a la nación católica: Iglesia y ejército en los orígenes del peronismo*, 1930-1943, Quilmes, Pcia. de Buenos Aires, Universidad Nacional de Quilmes, 1997, págs. 20, 35, 90.

[6] Hugo Gambini, *Historia del peronismo: el poder total (1943-1951)*, Buenos Aires, Editorial Planeta, 1999, págs. 196-304.

[7] Guillermo Yeatts, *Raíces de pobreza*, Buenos Aires, Editorial Abeledo Perrot, 2000, págs. 207-241.

[8] Gino Germani, *La inmigración masiva y su papel en la modernización del país*, en "Política y Sociedad en una Época de Transición. De la Sociedad Tradicional a la Sociedad de Masas", Paidós, Buenos Aires, 1962; y Maurice Davie, "World Immigration", Macmillan, Nueva York, 1936; citados por Alain Rouquié, "Poder Militar...", págs. 32 y 33.

[9] Juan B. Alberdi, *Bases y puntos de partida para la organización política de la República*, Editorial Depalma, 1964, capítulo XV, pág. 39.

BIBLIOGRAFÍA

Abad de Santillán, Diego.
Historia Institucional Argentina, Editorial TEA, Buenos Aires, 1966.

Alberdi, Juan Bautista.
Bases en El Pensamiento Político Hispanoamericano, Ediciones Depalma, Buenos Aires, 1964.
El Crimen de la Guerra, Edic. El Tonel, Buenos Aires, 1958.

Anuario Estadístico de la UNESCO, 1991.

Aguinis, Marcos.
Un País de Novela, Planeta, Buenos Aires, 1988.

Bayle, Constantino.
Los Cabildos Seculares en la América Española, Ediciones Sapientia, Madrid, 1952.

Borges, Jorge Luis.
Historia Universal de la Infamia, Emecé, Buenos Aires, 1966.

Bossert, Gustavo y Zannoni, Eduardo.
Manual de Derecho de Familia, Editorial Astrea, Buenos Aires, 1988.

Botana, Natalio.
El Orden Conservador, Editorial Sudamericana, Buenos Aires, 1977.

Brueziere, Maurice.
Pages d'Auteurs Contemporains, Ed. Hachette, París, 1980.

Busaniche, José Luis.
Historia Argentina, Editorial Solar-Hachette, Buenos Aires, 1976.

Bushnell, David.
Reform and Reaction in the Platine Provinces. 1810-1852, University Presses of Florida, 1983.

Cardoso, Fernando Henrique y Faletto, Enzo.
Dependencia y Desarrollo en América Latina, Siglo XXI Editores, Buenos Aires, 1974.

Carpentier, Alejo.

El Recurso del Método, Editorial Siglo XXI, México, 1976.

Colón, Cristóbal.

Diarios. Relaciones de Viaje, Ed. Sarpe, Madrid, 1985.

Comisión Nacional sobre la Desaparición de Personas.

Informe Nunca Más, Eudeba, Buenos Aires, 1985.

Del Paso, Fernando.

Noticias del Imperio, Diana, México, 1995.

Díaz Alejandro, Carlos.

Essays on the Economic History of the Argentina Republic, New Haven, Yale University Press, 1970.

Einaudi, Luis.

Florilegio del Buen Gobierno, editado por Organización Techint, Buenos Aires, 1970.

Escudé, Carlos.

La Argentina, ¿Paria Internacional?, Editorial de Belgrano, Buenos Aires, 1984.

Patología del Nacionalismo, Editorial Tesis, Buenos Aires, 1987.

El fracaso del proyecto argentino, Educación e Ideología, Editorial de Belgrano, Buenos Aires, 1990.

Fassi, Santiago y Gebhardt, Marcelo.

Concursos, Editorial Astrea, Buenos Aires, 1987.

Frank, André Gunder.

Lumpenburguesía: Lumpendesarrollo, Dependencia, Clase y Política en Latinoamérica, Ediciones Periferia, Buenos Aires, 1973.

Fuentes, Carlos.

Nuevo Tiempo Mexicano, Aguilar, México, 1995.

Fromm, Erich.

El Miedo a la Libertad, Planeta-Agostini, Barcelona, 1985.

Galeano, Eduardo.

Las Venas Abiertas de América Latina, Editorial Siglo XXI, Buenos Aires, 1979.

Gambini, Hugo.

Historia del Peronismo: el poder total (1943-1951), Buenos Aires, 1999.

García, Juan Agustín.

La Ciudad Indiana, Hyspamérica, Buenos Aires, 1986.

García Gallo, Alfonso.
Manual de Historia del Derecho Español, edición del autor, Madrid, 1979.

Germani, Gino.
"La inmigración masiva y su papel en la Modernización del País", en *Política y Sociedad en una Época de Transición. De la Sociedad Tradicional a la Sociedad de Masas*, Buenos Aires, 1962.

Giussani, Pablo.
Montoneros, la Soberbia Armada, Sudamericana- Planeta, Buenos Aires, 1984.

Gondra, Luis Roque.
Historia Económica de La República Argentina, Editorial Sudamericana, Buenos Aires, 1983.

Halperín Donghi, Tulio.
Historia Contemporánea de América Latina, Alianza Editorial, Madrid, 1970.

Haring, Clarence.
El Imperio Hispánico en América, Editorial Solar-Hachette, Buenos Aires, 1972.

Harrison, Lawrence E.
El Subdesarrollo está en la Mente, Editorial Rei, Buenos Aires, 1989.

Hoffet, Federico.
El Imperialismo Protestante, Editorial La Aurora, Buenos Aires, 1949.

Iaccoca, Lee.
Autobiografía de un Triunfador, Editorial Grijalbo, Buenos Aires, 1986.

Informe Anual del Banco Mundial 1993, Washington.

Krauze, Enrique.
Siglo de Caudillos, Tusquets Editores, México, 1994.

Las Casas, Fray Bartolomé de.
Brevísima Relación de la Destrucción de las Indias, Eudeba, Buenos Aires, 1966.

Lacy, Dan.
El Significado de la Revolución Norteamericana, Editorial Troquel, Buenos Aires, 1969.

Levene, Ricardo.
Introducción a la Historia del Derecho Indiano, en Obras

de Ricardo Levene, publicación de la Academia Nacional de la Historia, Buenos Aires, 1962.

Manual de Historia del Derecho Argentino, Ediciones Depalma, Buenos Aires, 1969.

Madariaga, Salvador de.

Bolívar, Editorial Sarpe, Madrid, 1985.

El Auge y Ocaso del Imperio Español en América, Editorial Sarpe, Madrid, 1985.

Hernán Cortés, Editorial Sudamericana, Buenos Aires, 1943.

Vida del Muy Magnífico Señor Don Cristóbal Colón, Editorial Sudamericana, Buenos Aires, 1973.

Maizels, A.

Industrial Growth and World Trade, Cambridge University Press, 1963.

Manwell, Roger y Fraenkel Heinrich.

Heinrich Himmler, Ediciones Grijalbo, Barcelona, 1967.

Mayer, Jorge.

Alberdi y su Tiempo, Academia Nacional de la Historia, Abeledo Perrot, Buenos Aires, 1973.

Mariluz Urquijo, José María.

El Régimen de la Tierra en el Derecho Indiano, Editorial Perrot Buenos Aires, 1978.

Martiré, Eduardo.

Guión sobre el Proceso Recopilador de las Leyes de Las Indias, Editorial Perrot, Buenos Aires, 1978.

Historia del Derecho Minero Argentino, Editorial Perrot, Buenos Aires, 1979.

Meissner, Jochen.

La Introducción de los Regidores Honorarios en el Cabildo, XI Congreso del Instituto Internacional de Historia del Derecho Indiano, Instituto de Investigaciones de Historia del Derecho, Buenos Aires, 1997.

Miguens, José Enrique.

Honor Militar, Conciencia Moral y Violencia Terrorista, Sudamericana-Planeta, Buenos Aires, 1986.

Miller, Alice.

Por tu Propio Bien, Tusquets Editores, Barcelona, 1985.

Orozco Linares, Fernando.

Historia de México, Panorama Editorial, México, 1993.

Ortiz, Ricardo.
Historia Económica de la Argentina, Editorial Plus Ultra, Buenos Aires, 1978.

Ots Capdequí, José María.
Manual de Historia del Derecho Español en las Indias, Facultad de Derecho y Ciencias Sociales, Instituto de Historia del Derecho Argentino, Buenos Aires, 1943.

Pazos, Luis.
Historia Sinóptica de México, Editorial Diana, México, 1993.

Pigretti, Eduardo.
Derecho de los Recursos Naturales, Editorial La Ley, Buenos Aires, 1982.

Piossek Prebisch, Teresa.
Los Hombres de la Entrada. Historia de la Expedición de Diego de Rojas, 1543-1548, edición de la autora, Tucumán, 1986.
La rebelión de Pedro Bohorquez, el Inca del Tucumán, Juárez Editor, Buenos Aires, 1976.

Pirenne, Henri.
Historia Económica y Social de la Edad Media, Fondo de Cultura Económica, México, 1939.

Prescott, William.
Historia de los Reyes Católicos, Editorial Argonauta, Buenos Aires, 1947.

Ramos, Demetrio.
Colón y el Enfrentamiento de los Caballeros. Un serio problema del segundo viaje que nuevos documentos ponen al descubierto, Revista de Indias, Madrid, 1979.

Rangel, Carlos.
Del Buen Salvaje al Buen Revolucionario, Monte Avila Editores, Caracas, 1982.

Richter, Werner.
Breve Historia de los Estados Unidos, Editorial Ateneo, Buenos Aires, 1962.

Rouquié, Alain.
El Estado Militar en América Latina, Emecé, Buenos Aires, 1984.
Poder Militar y Sociedad Política en la Argentina, Hyspamérica, Buenos Aires, 1988.

Rozenzvaig, Eduardo.

Historia Social de Tucumán y del Azúcar. Ayllu, Encomienda, Hacienda, Universidad Nacional de Tucumán, Tucumán, 1987.

Sabsay, Fernando.

Historia Económica y Social Argentina, Editorial Bibliográfica Argentina, Buenos Aires, 1967.

Salas, Alberto Mario.

Las Armas de la Conquista de América, Editorial Plus Ultra, Buenos Aires, 1986.

Silva Herzog, Jesús.

Breve Historia de la Revolución Mexicana, Tomo I "Los Antecedentes y la etapa Maderista" y Tomo II "La Etapa Constitucionalista y la Lucha de Facciones", Fondo de Cultura Económica, México, 1995.

Tau Anzoátegui, Víctor y Martiré, Eduardo.

Manual de Historia de las Instituciones Argentinas, Ediciones Macchi, Buenos Aires, 1975.

Terán, Juan B.

El Nacimiento de la América Española, Universidad Nacional de Tucumán, Tucumán, 1982.

La Salud de la América Española, Universidad Nacional de Tucumán, Tucumán, 1980.

El Descubrimiento de América en la Historia de Europa, Universidad Nacional de Tucumán, Tucumán, 1981.

Terragno, Rodolfo.

La Argentina del Siglo XXI, Sudamericana-Planeta, Buenos Aires, 1986.

Tocqueville, Alexis de.

La Democracia en América, Editorial Sarpe, Buenos Aires, 1984.

Tomás y Valiente, Francisco.

La Venta de Oficios en Indias (1492-1606), Instituto de Estudios Administrativos, Madrid, 1972.

Ventas y Renuncias de Oficios Públicos, Revista de la Facultad de Derecho de México, Tomo XXVI, Nº 101-102, Universidad Nacional Autónoma de México, México, 1977.

Tournier, Alain.

Vendredi ou la Vie Sauvage, Editions Gallimard, París, 1987.

Troeltsch, Ernst.
El Protestantismo y el Mundo Moderno, Fondo de Cultura Económica, México, 1979.

United Nations.
Demographic Year Book 1995, New York, 1997.

Velázquez Chávez, María del Carmen.
La Estructura del Ejército Colonial, Revista del Ejército y Fuerza Aérea Mexicanos, tomo II, Época XVI, 1978.

Weber, Max.
La Ética Protestante y el Espíritu del Capitalismo, Premia Editores, Buenos Aires, 1984.

Woodrow, Alain.
Los Jesuitas, Sudamericana-Planeta, Buenos Aires, 1986.

Yeatts, Guillermo
Raíces de Pobreza, Buenos Aires, Editorial Abeledo Perrot, 2000.

Zamorano, Carlos.
Prisionero Político, Ediciones Estudio, Buenos Aires, 1983.

Zanatta, Loris.
Del estado liberal a la Nación Católica: Iglesia y ejército en los Orígenes del Peronismo, 1930-1943, Quilmes, Pcia. de Buenos Aires, Universidad Nacional de Quilmes, 1997.

Zorraquín Becú, Ricardo.
Historia del Derecho Argentino, Editorial Perrot, Buenos Aires, 1978.
La Organización Judicial Argentina en el Período Hispánico, Editorial Perrot, Buenos Aires, 1981.
La Organización Política Argentina en el Período Hispánico, Editorial Perrot, Buenos Aires, 1981.
Las Bases Fundamentales del Derecho Indiano, en sobretiro de la Revista de la Facultad de Derecho de la Universidad Autónoma de México, tomo XXVI, enero-julio 1976, Nro. 101/ 102.

Índice